Diplomatisches Asyl

Europäische Hochschulschriften

Publications Universitaires Européennes
European University Studies

Reihe II
Rechtswissenschaft

Série II Series II
Droit
Law

Bd./Vol. 4814

PETER LANG
Frankfurt am Main · Berlin · Bern · Bruxelles · New York · Oxford · Wien

Irena Klepper

Diplomatisches Asyl

Zulässigkeit und Grenzen

PETER LANG
Internationaler Verlag der Wissenschaften

Bibliografische Information der Deutschen Nationalbibliothek
Die Deutsche Nationalbibliothek verzeichnet diese Publikation in der Deutschen Nationalbibliografie; detaillierte bibliografische Daten sind im Internet über <http://www.d-nb.de> abrufbar.

Zugl.: Köln, Univ., Diss., 2008

Gedruckt auf alterungsbeständigem,
säurefreiem Papier.

D 38
ISSN 0531-7312
ISBN 978-3-631-58471-2

Printed in Germany 1 2 3 4 5 7

www.peterlang.de

Meiner Familie

Vorwort

Die vorliegende Arbeit wurde im Wintersemester 2007/2008 von der Rechtswissenschaftlichen Fakultät der Universität zu Köln als Dissertation angenommen. Das Manuskript wurde im Sommer 2007 abgeschlossen.

Für die Hilfe und Unterstützung, die ich während der Erstellung erfahren habe, bin ich vielen zu Dank verpflichtet.

Dabei ist zunächst mein Doktorvater Prof. Dr. Kempen zu nennen und seine Assistenten Dr. Herbst, Dr. Dorf und Dr. Funke, die die Arbeit im wesentlichen betreut haben. Prof. Dr. Hobe, dem Koreferenten, danke ich insbesondere für seine zügige Korrektur. Das Dissertationsvorhaben wurde von der Universität zu Köln mit einem Graduiertenstipendium gefördert.

Mein Dank gilt außerdem Dr. Peter W. Tettinger für seine hilfreichen Anmerkungen bei der Ausarbeitung des Konzeptes der Arbeit.

Besonders danke ich meinem Mann, Dr. Marian Klepper, der mir jederzeit geduldig und mit kritischen Anregungen zur Seite stand, und dem darüber hinaus die letzte Durchsicht des Manuskriptes oblag.

Vor allem aber danke ich meinen Eltern. Ihr Rückhalt und ihre vielfältige Förderung haben diese Arbeit erst möglich gemacht.

Düsseldorf, im September 2008

Irena Klepper

Inhaltsverzeichnis

Literaturverzeichnis

Akehurst, Michael

Custom as a Source of International Law, The British Year Book of International Law, 1974 – 1975, Forty-Seventh Year of Issue, S. 1 ff.

Auswärtiges Amt

Von der KSZE zur OSZE, Grundlagen, Dokumente und Texte zum deutschen Beitrag, 1993-1997, Remscheid 1998.

Bayer, Hermann-Wilfried

Staatsbesuch und politische Demonstration, Die öffentliche Verwaltung, 1968, S. 709 ff.

Beitz, Wolfgang G. / Wollenschläger, Michael (Hrsg.)

Handbuch des Asylrechts, Unter Einschluß des Rechts der Kontingentflüchtlinge, Baden-Baden 1980

Berber, Friedrich

Lehrbuch des Völkerrechts, Dritter Band, Streiterledigung, Kriegsverhütung, Integration, 2. Auflage, München 1977

Lehrbuch des Völkerrechts, Erster Band, Allgemeines Friedensrecht, 2. Auflage, München 1975

Lehrbuch des Völkerrechts, Zweiter Band, Kriegsrecht, 2. Auflage, München 1969

Bernhardt, Rudolf (Hrsg.)

Encyclopedia of Public International Law, North-Holland, Amsterdam, London New York, Tokio 1992-2003

Bernhardt, Rudolf

Ungeschriebenes Völkerrecht, Zeitschrift für ausländisches öffentliches Recht und Völkerrecht, Band 36 (1976), S. 50 ff.

Berstmann, Jost

Das Einmischungsverbot im Völkerrecht, Frankfurt a. M. 1991

Beyerlin, Ulrich / Strasser, Wolfgang

Völkerrechtliche Praxis der Bundesrepublik Deutschland im Jahre 1973, Zeitschrift für ausländisches öffentliches Recht und Völkerrecht, Band 35 (1975), S. 768 ff.

Beyerlin, Ulrich

Die humanitäre Aktion zur Gewährleistung des Mindeststandards in nicht-internationalen Konflikten, Berlin 1975

Intervention, in: Wolfrum, Rüdiger; Prill, Norbert J.; Brückner, Jens A. (Hrsg.), Handbuch Vereinte Nationen, München 1977, S. 229 ff.

Menschenrechte und Intervention, Analyse der west-östlichen Menschenrechtskontoverse von 1977/78, in: Simma, Bruno; Blenk-Knocke, Edda (Hrsg.), Zwischen Intervntion und Zusammenarbeit, Interdisziplinäre Arbeitsergebnisse zu Grundfragen der KSZE, Berlin 1979

Bindschedler, Rudolf L.

Der Schutz der Menschenrechte und das Verbot der Einmischung, in: Münch, Ingo von (Hrsg.), Festschrift für Hans-Jürgen Schlochauer, zum 75. Geburtstag, am 28. März 1981, Berlin, New York 1981

Blanke, Hermann-Josef

Menschenrechte als völkerrechtlicher Interventionstitel, Archiv des Völkerrechts 36 (1998), S. 257 ff..

Blumwitz, Dieter

Die humanitäre Intervention, Aus Politik und Zeitgeschehen, B 47 (1994), S. 3 ff.

Bockslaff, Klaus

Das völkerrechtliche Interventionsverbot als Schranke außenpolitisch motivierter Handelsbeschränkungen, Berlin 1987

Bortloff, Jens

Die Organisation für Sicherheit und Zusammenarbeit in Europa, Eine völkerrechtliche Bestandsaufnahme, Berlin 1996

Bryde, Brun-Otto

Die Intervention mit wirtschaftlichen Mitteln, in: Münch, Ingo von (Hrsg.), Festschrift für Hans-Jürgen Schlochauer, zum 75. Geburtstag, am 28.03.81, Berlin, New York 1981

Verpflichtungen Erga ommnes aus Menschenrechten, in: Berichte der Deutschen Gesellschaft für Völkerrecht, Aktuelle Probleme des Menschenrechtsschutzes, (Current Problems of Human Rights Protection), Heidelberg 1994

Buergenthal, Thomas

The Evolving International Human Rights System, American Journal of International Law, Volume 100 (2006), S. 783 ff.

Caflisch, Lucius

La Pratique Suisse en Matière de Droit International Public 1974, Schweizerische Jahrbuch für internationales Recht, Band XXXI 1975, S. 155 ff.

La Pratique Suisse en Matière de Droit International Public 1975, Schweizerische Jahrbuch für internationales Recht, Band XXXII 1976, S. 96 ff.

La Pratique Suisse en Matière de Droit International Public, 1986, Schweizerische Jahrbuch für internationales Recht, Band XLIII 1987, S. 131 ff.

Callies, Christian / Ruffert, Matthias

Kommentar zu EU-Vertrag und EG-Vertrag

Carrie, Heiko

Das Diplomatische Asyl im gegenwärtigen Völkerrecht, Baden-Baden 1994

Cassese, Antonio

Ex iniuria ius oritur: Are We Moving towards International Legitimation of Forcible Humanitarian Countermeasures in the World Community?, European Journal of International Law, Volume 10 (1999), S. 23 ff.

Charpentier, Jean

Pratique Française du Droit International, Annuaire Française de Droit International, XVI, 1970, S. 941 ff.

Pratique Française du Droit International, Annuaire Française de Droit International, XX, 1974, S. 1027 ff.

Pratique Française du Droit International, Annuaire Française de Droit International, XXII, 1976, S. 947 ff.

Pratique Française du Droit International, Annuaire Française de Droit International, XXVI, 1980, S. 870 ff.

Pratique Française du Droit International, Annuaire Française de Droit International, XXVII, 1981, S. 855 ff.

Pratique Française du Droit International, Annuaire Française de Droit International, XXX, 1984, S. 943 ff.

D´Amato, Anthony A.

The Concept of Special Custom in International Law, American Journal of International Law, Volume 63, 1969, S. 211 ff.

Dahm, Georg

Völkerrecht, Band I, Stuttgart 1958

Völkerrecht, Band III, Stuttgart 1961

Dembinski, Ludwik

The Modern Law of Diplomacy, External missions of states an international organizations, Dordrecht, Boston, Lancaster 1988

Denecke, Uwe

Die humanitäre Intervention und ihr Verhältnis zum Rechtsschutzsystem der europäischen Menschenrechtskonvention, Ein Beitrag zum Stand der Menschenrechte im Völkerrecht und zur Problematik der völkerrechtlichen Intervention, Würzburg 1972

Denza, Eileen

Diplomatic Law, A Commentary on the Vienna Convention on Diplomatic Relations, 2. Auflage, Oxford 1998

Derpa, Rolf M.

Das Gewaltverbot der Satzung der Vereinten Nationen und die Anwendung nichtmilitärischer Gewalt, Bad Homburg 1970

Dicke, Detlev Christian

Die Intervention mit wirtschaftlichen Mitteln im Völkerrecht, Zugleich ein Beitrag zu den Fragen der wirtschaftlichen Souveränität, Baden-Baden 1978

Dicke, Klaus

Interventionen zur Durchsetzung internationalen Ordnungsrechts: Konstitutives Element der neuen Weltordnung?, Jahrbuch für Politik 1993, S. 259 ff.

Dischl, Michael

Westliche Demokratien und Humanitäre militärische Intervention, Eine Analyse der NATO-Intervention im Konflikt um den Kosovo, Zürich 2002

Doehring, Karl

Völkerrecht, Ein Lehrbuch, 2. Auflage, Heidelberg 2004

(teilweise auch 1. Auflage, Heidelberg 1999)

Ermacora, Felix

Human Rights and Domestic Jurisdiction (Article 2, § 7, of the Charter), Recueil des Cours, 1968 II, S. 371f.

Über die völkerrechtliche Verantwortlichkeit für Menschenrechtsverletzungen, in: Miehsler, Herbert; Mock, Erhard; Simma, Bruno; Tammelo, Ilmar (Hrsg.), Ius Humanitatis, Festschrift zum 90. Geburtstag von Alfred Verdross, Berlin 1980, S. 357 ff.

Fitzmaurice, Gerald

The General Principles of International Law, Considered from the Standpoint ot the Rule of Law, Recueil des Cours 1957 II, S. 1 ff.

The Law and Procedure of the International Court of Justice 1951-4: Treaty Interpretation and other Treaty Points, British Year Book of International Law, 1957 Thirty-Third Year of Isssue, S. 203 ff.

Frowein, Jochen Abr.

Die Verpflichtungen erga omnes im Völkerrecht und ihre Durchsetzung, in: Bernhadrt, Rudolf; Geck, Wilhelm Karl; Jaenicke, Günther; Steinberger, Helmut (Hrsg.) Völkerrecht als Rechtsordnung, Internationale Gerichtsbarkeit, Menschenrechte, Festschrift für Hermann Mosler, Berlin, Heidelberg, New York 1983

The Interrelationship between the Helsinki Final Act, the International Covenants on Human Rights, and the European Convention on Human Rights, in: Buergenthal, Thomas (Hrsg.), Human, Rights, International Law and the Helsinki Accord, 2. Auflage, Montclair, New York 1979

Geck, Wilhelm Karl

Der internationale Stand des Schutzes der Freheitsrechte: Anspruch und Wirklichkeit, Zeitschrift für ausländisches öffentliches Recht und Völkerrecht, Bd 38 (1978), S. 182 ff.

Geiger, Rudolf

EUV / EGV, Vertrag über die Europäische Union und Vertrag zur Gründung der Europäischen Gemeinschaft, 4. Auflage, München 2004

Gerlach, Axel

Die Intervention, Versuch einer Definition, Hamburg 1967

Gfrörer, Wilhelm

Das Asyl in diplomatischen Gebäuden, Eine Untersuchung der neuerern Staatenpraxis unter besonderen Berücksichtigung der Frage des freien Abgangs, 1954

Grabitz, Eberhard / Hilf, Meinhard

Das Recht der Europäischen Union, Band I, EUV / EGV, München 2005

Greenwood, Christopher

Gibt es ein Recht auf humanitäre Intervention?, Europa-Archiv 4/1993, S. 93 ff.

International Law and the NATO Intervention in Kosovo, International and Comparative Law Quarterly, Volume 49, 2000, S. 926 ff.

Hackworth, Green Haywood

Digest of International Law, Volume II, Chapters VI – VIII, Washington 1941

Hailbronner, Kay

Diplomatischer Schutz bei mehrfacher Staatsangehörigkeit, in: Ress, Georg; Stein, Thorsten (Hrsg.), Der diplomatische Schutz im Völker- und Europarecht, Aktuelle Probleme und Entwicklungstendenzen, Baden-Baden 1996

Hanz, Martin

Zur völkerrechtlichen Aktivlegitimation zum Schutze der Menschenrechte, München 1985

Henkin, Louis

Human -rights and „Domestic Jurisdiction", in: Buergenthal, Thomas (Hrsg.), Human, Rights, International Law and the Helsinki Accord, 2. Auflage, Montclair, New York 1979

Herdegen, Matthias

Völkerrecht, 6. Auflage, München 2006

Hillgruber, Christian

The Rights of Third States to Take Countermeasures, in: Tomuschat, Christian; Thouvenin Jean-Marc (Hrsg.), The Fundamental Rules of the International Legal Order, Jus Cogens and Obligations Erga Omnes, Leiden, Bosten 2006

Ipsen, Knut

Völkerrecht, Ein Studienbuch, 5. Auflage, München 2004

Isensee, Josef

Weltpolizei für Menschenrechte, Zur Widerkehr der humanitären Intervention, Juristenzeitung 1995, S. 421 ff.

Jennings, Robert / Watts, Arthur

Oppenheim´s International Law, Volume I, Peace, Introduction and Part 1, Ninth Edition, 1992

Kadelbach, Stefan

Zwingendes Völkerrecht, Berlin 1992

Kempen, Bernhard / Hillgruber, Christian

Völkerrecht, München 2007

Kewenig, Wilhelm A.

Die Anwendung wirtschaflicher Zwangsmaßnahmen im Völkerrecht, Berichte der Deutschen Gesellschaft für Völkerrecht, Heft 22, 1981, S. 7 ff.

Kimminich, Otto / Hobe, Stefan

Einführung in das Völkerrecht, 8. Auflage, Tübingen, Basel 2004.

Kimminich, Otto

Asylrecht, Berlin, Neuwied am Rhein 1968

Der Internationale Rechtsstatus des Flüchtlings, Köln, Berlin, Bonn, München 1962

Einführung in das Völkerrecht, 5. Auflage, Tübingen, Basel 1993

Grundprobleme des Asylrechts, Darmstadt 1983

Humanitäres Völkerrecht – humanitäre Aktion, München 1972

Menschenrechte im Völkerrecht und die Möglichekeit ihrer Durchsetzung, in: Uertz, Rudolf (Hrsg.), Menschenrechte in Ost und West, Mainz 1989, S. 149 ff.

Völkerrechtsfragen der exilpolitischen Betätigung, Archiv des Völkerrechts, 10. Band, 1962/1963, S. 132 ff.

Kirchheimer, Otto

Politische Justiz, Verwendung juristischer Verfahrensmöglichkeiten zu juristischen Zwecken, Neuwied, Berlin 1965

Kitschenberg, Helmut

Das Diplomatische Asyl, unter besonderer Berücksichtigung des Asylstreits zwischen Kolumbien und Peru, Koblenz 1965

Kitschlat, Wolf

Völkerrechtliche Praxis der bundesrepublik Deutschland im Jahre 1975, Zeitschrift für ausländisches öffentliches Recht und Völkerrecht, Band 37 (1977), S. 711 ff.

Klein, Eckart

Statusverträge im Völkerrecht, Rechtsfragen territorialer Sonderregime, Berlin, Heidelberg, New York 1980

Koenig, Matthias

Menschenrechte, Frankfurt, New York 2005

Kunig, Philip

Das völkerrechtliche Nichteinmischungsprinzip, Zur Praxis der Organisation der afrikanischen Einheit (OAU) und des afrikanischen Staatenverkehrs, Baden-Baden 1981

Lee, Edward G.

Canadian Practice in International Law during 1974 as Reflected Mainly in Public Correspondense and Statements of the Department of External Affairs, Canadian Yearbook of International Law, 1975, S. 329 ff.

Lieber, Viktor

Die neuere Entwicklung des Asylrechts im Völkerrecht und Staatsrecht, unter besonderer Berücksichtigung der schweizerischen Asylpraxis, Zürich 1973

Magliveras, Konstatinos D. / Naldi Gino J.

The African Court of Justice, Zeitschrift für ausländisches öffentliches Recht und Völkerrecht, 66 (2006), S. 187 ff.

Malanczuk, Peter

Zur Repressalie im Entwurf der International Law Commission zur Staatenverantwortlichkeit, Zeitschrift für ausländisches öffentliches Recht und Völkerrecht, Band 45 (1985), S. 293 ff.

Meron, Theodor

Human Rights and Humanitarian Norms as Customary Law, Oxford 1989

Moncada, Hugo Cabral de

Das interne völkerrechtliche Asyl auf Grund der Staatenpraxis seit dem Wiener Kongreß, ZöR 1944 (Bd. XXIII), S. 403 ff.

Moore, John Bassett

A Digest of International Law, Volume II, Washington

Morgenstern, Felice

„Extra-Territorial“ Asylum, The British Yearbook of International Law, 1948 (Vol. XXV), S. 236 ff.

Diplomatic Asylum, The Law Quarterly Review, 67 (1951), S. 362 ff.

Münch, Ingo von

Das völkerrechtliche Delikt in der modernen Entwickling der Völkergemeinschaft, Fankfurt a. M. 1963

Murswiek, Dietrich

Souveränität und humanitäre Intervention, Zu einigen neuen Tendenzen im Völkerrecht, Der Staat, Band 35, 1996, S. 31 ff.

Nash, Marian L.

Contemporary Practice of the United States Relating to International Law, American Journal of International Law, Volume 75, 1981, S. 142 ff.

O´Connell, D. P.

International Law, Volume Two, 2. Auflage, London 1970

Oppenheim, L. / Lauterpacht, H.

International Law, A Treatise, Vol. I. - Peace, 8. Auflage, Edinburgh 1955

Oppermann, Thomas

Nichteinmischung in innere Angelegenheiten, Zur Abgrenzung der Nichteinmischung gegenüber Intervention und Interzession, Archiv des Völkerrechts, 14. Band, 1969/1970, S. 321 ff.

Pape, Matthias

Humanitäre Intervention, Zur Bedeutung der Menschenrechte in den Vereinten Nationen, Baden-Baden 1997

Partsch, Karl Josef

Repressalie in: Strupp/Schlochauer, Wörterbuch des Völkerrechts, Band 3, Berlin 1962, S. 103 ff.

Vor- und Nachteile einer Regionalisierung des internationelen Menschenrechtsschutzes, Europäische Grundrechte Zeitschrift, 16. Jahrgang, 1989, S. 1 ff.

Pauer, Alexander

Die humanitäre Intervention, Militärische und wirtschaftliche Zwangsmaßnahmen zur Gewährleistung der Menschenrechte, Basel und Frankfurt am Main 1985

Pergantis, Vasileios

Towards a „Humanization" of Diplomatic Protection?, Zeitschrift für ausländisches öffentliches Recht und Völkerrecht, 66 (2006), S. 351 ff.

Philipp, Otmar M.

Internationale Maßnahmen zur Bekämpfung von Handlungen gegen die Sicherheit der Zivilluftfahrt, Berlin 1977

Pollern, Hans-Ingo von

Das moderne Asylrecht, Völkerrecht und Verfassungsrecht der Bundesrepublik Deutschland, Berlin 1980

Richtsteig, Michael

Wiener Übereinkommen über diplomatische und konsularische Beziehungen, Entstehungsgeschichte, Kommentierung, Praxis, Baden-Baden 1994

Riepe, Claudia

Der Minderheitenschutzstandard in der KSZE/OSZE, Hamburg 1997.

Ritterband, Charles E.

Universeller Menschenrechtsschutz und völkerrechtliches Interventionsverbot, Bern 1982

Roberts, Adam

Humanitarian war: military intervention and human rights, International Affairs, Volume 69, 1993, S. 429 ff.

Ronning, Neale C.

Diplomatic Asylum, Legal Norms and Political Reality in Latin American Relations, Den Haag 1965

Rumpf, Helmut

Der internationale Schutz der Menschenrechte und das Interventionsverbot, Baden-Baden 1981

Schachter, Oscar

International Law in Theory and Practice, General Course in Public International Law, Recueil des Cours, 1982 V, S. 11 ff.

Scheuner, Ulrich

Intervention und Interventionsverbot, Das Gebot der Achtung der wirtschaftlichen und politischen Selbständigkeit der Staaten, Vereinte Nationen, 28. Jahrgang, 1980, S. 149 ff.

Schilling, Theodor

Diplomatischer und konsularischer Schutz zwischen Völker- und Europarecht, Archiv des Völkerrechts 35 (1997), S. 459 ff.

Zur Rechtfertigung der einseitigen gewaltsamen humanitären Intervention als Repressalie oder Nothilfe, Archiv des Völkerrechts 35 (1997), S. 430 ff.

Schmidt, Markus G.

Kein stilles Dulden, Beschwerdeverfahren vor Menschenrechtsgremien der Vereinten Nationen, Vereinte Nationen, 42. Jahrgang, 1994, S. 7 ff.

Schubert, Hans-Werner

Das Asylrecht der Gesandten, Königsberg 1937

Schweisfurth, Theodor

Operations to Rescue Nationals in Third States Involving the Use of Force in Relation to the Protection of Human Rights, German Yearbook of International Law 23 (1980), S. 159 ff.

Schwelb, Egon

The International Court of Justice and the Human Rights Clauses of Charter, American Journal of International Law, Volume 66, 1972, S. 337 ff.

Seidl-Hohenveldern, Ignaz (Hrsg.)

Lexikon des Rechts, Völkerrecht, Neuwied am Rhein 2001

Seidl-Hohenveldern, Ignaz / Stein, Torsten

Völkerrecht, 10. Auflage, Köln, Berlin, Bonn, München 2000

Sen, B.

A Diplomat´s Handbook of International Law and Practice, Den Haag 1965

Shaw, Malcom N.

International Law, 5. Auflage, Cambridge 2003

Siekmann, R. C. R.

Netherlands State Practice for the Parliamentary Year 1984-1985, Netherlands Yearbook of International Law, Volume XVII, 1986, S. 127 ff.

Sik, Ko Swan / Oostvogels, S. A. M.

Netherlands State Practice for the Parliamentary Year 1973-1974, Netherlands Yearbook of International Law, Volume VI, 1975, S. 246 ff.

Simma, Bruno

Das Reziprozitätselement in der Entstehung des Völkergewohnheitsrechts, München, Salzburg 1970

Fragen der zwischenstaatlichen Durchsetzung vertraglich vereinbarter Menschenrechte, in: Münch, Ingo von (Hrsg.), Festschrift für Hans-Jürgen Schlochauer, zum 75. Geburtstag, am 28. März 1981, Berlin, New York,1981

NATO; the UN and the Use of Force: Legal Aspects, European Jopurnal of International Law, Volume 10 (1999), S. 1 ff.

Souveränität und Menschenrechtsschutz nach westlichem Völkerrechtsverständnis, Europäische Grundrechte Zeitschrift 4 (1977), S. 235 ff.

Zur bilateralen Durchsetzung vertraglich verankerter Menschenrechte: Aktivlegitimation und zulässige Mittel nach allgemeinem Völkerrecht, in: Schreuer, Christoph (Hrsg.), Autorität und internationale Ordnung, Aufsätze zum Völkerrecht, Berlin 1979, S. 129 ff.

Sinha, Prakash S.

Asylum and International Law, Den Haag 1971

Starke, J. G.

An Introduction to International Law, 4th Edition, London 1958

Stein, Torsten / Buttlar, Christian von

Völkerrecht, 11. Auflage, Köln, Berlin, München 2005

Steinberger, Helmut

Entwicklungslinien in der neueren Rechtsprechung des Bundesverfassungsgerichts zu völkerrechtlichen Fragen, Zeitschrift für ausländisches öffentliches Recht und Völkerrecht, Band 48 (1988), S. 1 ff.

Stowell, Ellery C.

Humanitarian Intervention, The American Journal of International Law, 1939 (Vol. 33), S. 733 ff.

Intervention in International Law, Washington D. C. 1921

Strachwitz, Stanislaus Graf

Das Asylrecht in Gesandtschaften und Konsulaten, unter besonderer Berücksichtigung seiner praktischen Entwicklung in den letzten Jahrzehnten, Würzburg 1924

Streinz, Rudolf

EUV / EGV, Vertrag über die Europäische Union und Vertrag zur Gründung der Europäischen Gemeinschaft, München 2005

Thomas, Ann van Wynen / Thomas, A. J. Jr.

Non-Intervention, The Law and Its Import in the Americas, Dallas 1956

Tomuschat, Christian

Die Bundesrepublik Deutschland und die Menschenrechtspakte der Vereinten Nationen, Neue Perspektiven weltweiter Verwirklichung der Menschenrechte, Vereinte Nationen, 26. Jahrgang, 1978, S. 1 ff.

Repressalie und Retorsion, Zu einigen Aspekten ihrer innerstaatlichen Durchführung, Zeitschrift für ausländisches öffentliches Recht und Völkerrecht, Bd 33 (1973), S. 179 ff.

Trautner, Tobias

Die Einmischung in innere Angelegenheiten und die Intervention als eigenständige Verbotstatbestände im Völkerrecht, Frankfurt a. M., 1999

Tretter, Hannes

Das Kopenhagener Abschlußdokument über die menschliche Dimension der KSZE, Europäische Grundrechte Zeitschrift, 17. Jahrgang, 1990, S. 235 ff.

Die Menschenrechte im Abschließenden Dokument des Wiener KSZE-Folgetreffens vom 15. Januar 1989, Europäische Grundrechte Zeitschrift, 16. Jahrgang, 1989, S. 79 ff.

Ungerer, Werner

Das diplomatische Asyl, in deutschen Vertretungen Lateinamerikas, Hamburg 1955

Verdross, Alfred / Simma, Bruno

Universelles Völkerrecht, Theorie und Praxis, 3. Auflage, Berlin 1984

Verdross, Alfred

Entstehungsweise und Geltungsgrund des universellen völkerrechtlichen Gewohnheitsrechts, Zeitschrift für ausländisches öffentliches Recht und Völkerrecht, Band 29, 1969, S. 634 ff.

Völkerrecht, 5. Auflage, Wien 1964

Visscher, Charles de

Cours Général de Principes de Droit International Public, Recueil de Cours, 1954 – II, S. 445 ff.

Vitzthum, Wolfgang Graf (Hrsg.)

Völkerrecht, 3. Auflage, Berlin 2004

Wellhausen, Malte

Humanitäre Intervention, Probleme der Anerkennung des Rechtsinstituts unter besonderer Berücksichtigung des Kosovo-Konflikts, Baden-Baden 2002

Wengler, Wilhelm

Völkerrecht, Band I, erster und zweiter Teil, Berlin, Göttingen, Heidelberg 1964

Wenig, Marcus

Möglichkeiten und Grenzen der Streitbeilegung ethnischer Konflikte durch die OSZE – dargestellt am Konflikt im ehemaligen Jugoslawien, Berlin 1996.

Weschke, Katrin

Internationale Instrumente zur Durchsetzung der Menschenrechte, Berlin 2001

Whiteman, Marjorie M.

Digest of International Law, Volume 6, Washington 1968

Zemanek, Karl

The Unilateral Enforcement of International Obligations, Zeitschrift für ausländisches öffentliches Recht und Völkerrecht, Band 47 (1987), S. 32 ff.

Abkürzungsverzeichnis

a. A.	anderer Ansicht
AAP	Association of American Publishers
Abs.	Absatz
AdG	Archiv der Gegenwart
AdV	Archiv des Völkerrechts
AFDI	Anuuaire Française de Droit International
AJIL	American Journal of International Law
AMRK	Amerikanische Menschenrechtskonvention
APuZ	Aus Politik und Zeitgeschehen
Art.	Artikel
ASS	Associated Press
AU	African Union
BBC	British Broadcasting Corporation
Bd.	Band
BGBl.	Bundesgesetzblatt
BYIL	The British Yearbook of International Law
CYbIL	Canadian Yearbook of International Law
d. h.	das heisst
DGVR	Deutsche Gesellschaft für Völkerrecht
DÖV	Die öffentliche Verwaltung

dt.	Deutsch
E-A	Europa-Archiv
ECOSOC	Economic and Social Council
EGV	Vertrag zur Gründung der Europäischen Gemeinschaft
EJIL	European Journal of International Law
EMRK	Europäische Menschenrechtskonvention
EPIL	Encyclopedia of Public International Law
ETS	European Treaty Series
EU	Europäische Union
EuGRZ	Europäische Grundrechte Zeitschrift
FAZ	Frankfurte Allgemeine Zeitung
FN	Fußnote
FS	Festschrift
G/H	Grabitz / Hilf – Kommentar
GYIL	German Yearbook of International Law
Hrsg.	Herausgeber
i. d. S.	in dem Sinne
ICJ	International Court of Justice
ICJ	International Court of Justice

IGH	Internationaler Gerichtshof
IKRK	Internationales Komitee des Roten Kreuzes
ILC	International Law Commission
ILCQ	International and Comparative Law Quarterly
IPBPR	Internationaler Pakt über bürgerliche und politische Rechte
JfP	Jahrbuch für Politik
JZ	Juristenzeitung
KSZE	Konferenz über Sicherheit und Zusammenarbeit in Europa
LdR	Lexikon des Rechts (Völkerrecht)
lit.	litera
LQR	The Law Quaterly Revies
m. w. N.	mit weiteren Nachweisen
NYbIL	Netherlands Yearbook of International Law
NZZ	Neue Zürcher Zeitung
OAS	Organization of American States
OAU	Organization of African Unity

OSZE	Organisation für Sicherheit und Zusammenarbeit in Europa
PCIJ	Permanent Court of International Justice
PCIJ	Permanent Court of International Justice
RdC	Recueil des Cours
RN	Randnummer
S.	Seite
s.	siehe
SchwJbIR	Schweizer Jahrbuch für internationales Recht
StIGH	Ständiger Internationaler Gerichtshof
u. a.	unter anderem / unter anderen
UN	United Nations
UN Doc.	United Nations Document
UN-Charta	Charta der Vereinten Nationen
UPI	United Press International
USA	United States of America
v. (Datum)	vom
Vgl.	vergleiche
VN	Vereinte Nationen (Zeitschrift)

Vol.	Volume
WÜD	Wiener Übereinkommenüber diplomatische Beziehungen
WÜK	Wiener Übereinkommen über konsularische Beziehungen
ZaöRVR	Zeitschrift für ausländisches öffentliches Recht und Völkerrecht
ZöR	Zeitschrift für Öffentliches Recht

A) Einleitung

Die Frage, ob eine Botschaft einem Flüchtling in einem fremden Staat diplomatisches Asyl gewähren darf, ist so alt wie die Botschaften selbst.[1] Bereits im 15. Jahrhundert wurden die ersten Gesandtschaften eingerichtet, die weitreichende Privilegien zur Sicherung ihrer Unabhängigkeit gegenüber dem Empfangsstaat, also dem Staat, in dem sie sich befanden, erhielten. Die Botschaften wurden als „exterritorial" angesehen. Das bedeutete, dass sie dem Territorium des entsendenden Staates, dem sogenannten Entsendestaat, zugeordnet wurden.[2]

Zwischen dem 16. und dem 18. Jahrhundert wurden diese Privilegien ausgeweitet. Nach dem „ius quarteriorum" (auch „franchise des quartiers" genannt) durften die Organe des Empfangsstaates das gesamte Viertel, in dem sich eine Botschaft befand, nicht ohne die Zustimmung des entsprechenden Entsendestaates betreten.[3] Dies führte zu einer Ausuferung der Asylgewährungen in Botschaften an „gewöhnliche Verbrecher", also Personen, die aus nicht politischen Gründen verfolgt wurden. Ganze Botschaftsviertel wurden damit zu einer „Verbrecherzuflucht". Diese Missstände zeigten sich insbesondere in Rom. Aber auch in Madrid, Genua, Venedig und Frankfurt a. M. nahm die Asylgewährung „unhaltbare Ausmaße" an.[4]

Schon 1677 erließ Papst Innozenz der XI daher ein Dekret, das von den Botschaftern unter Androhung der Exkommunikation den Verzicht auf das ius quarteriorum forderte.[5] In den 80er Jahren des 17. Jahrhunderts erklärten die meisten Botschafter den geforderten Verzicht. Allein der Botschafter Frankreichs bestand auf seine bisherigen Rechten. Weder der Papst, der am 12.5.1687 den Bann über den französischen König Ludwig den XIV verhängte,[6] noch Frankreich, das auch eine gewaltsame Auseinandersetzung nicht scheute,[7] gaben in dieser Frage nach. Erst 1693, nach dem Tod des Papstes Innozenz des XI, gab Frankreich seine Haltung bezüglich des ius quarteriorum auf.[8]

---

1 Vgl. *Carrie*, Diplomatisches Asyl, S. 29; EPIL-*Barberis*, Vol. 1, S. 281; *Kitschenberg*, Diplomatisches Asyl, S. 13; *Moore*, Digest, S. 759; *Sinha*, Asylum, S. 21; *Ungerer*, Diplomatisches Asyl, S. 21; *v. Pollern*, Modernes Asylrecht, S. 92.

2 Vgl. dazu ausführlicher S. 9.

3 Vgl. *Carrie*, Diplomatisches Asyl, S. 31; EPIL-*Barberis*, Vol. 1, S. 281; *Kimminich*, Asylrecht, S. 35; *Strachwitz*, Asylrecht, S. 19; vgl. auch *Ungerer*, Diplomatisches Asyl, S. 21 f.

4 Hierzu *Carrie*, Diplomatisches Asyl, S. 31; *Gfrörer*, Asyl, S. 7; *Schubert*, Asylrecht, S. 11 f.; *Sinha*, Asylum, S. 23; *Strachwitz*, S. 19, 21; *v. Pollern*, Modernes Asylrecht, S. 92; vgl. auch *Moore*, Digest, S. 759; *Ungerer*, Diplomatisches Asyl, S. 22 (FN 52).

5 Dazu *Carrie*, Diplomatisches Asyl, S. 31; *Schubert*, Asylrecht, S. 12; *Strachwitz*, Asylrecht, S. 21; *v. Pollern*, Modernes Asylrecht, S. 92.

6 Dazu *Carrie*, Diplomatisches Asyl, S. 31; *v. Pollern*, Modernes Asylrecht, FN 431 (S. 221).

7 Es besetzte die Grafschaft Venaissin und rüstete eine Flotte (dazu *Carrie*, Diplomatisches Asyl, S. 31; *Schubert*, Asylrecht, S. 13; *v. Pollern*, Modernes Asylrecht, S. 93). Der Gesandte zog außerdem mit 800 Bewaffneten in Rom ein (hierzu *Carrie*, Diplomatisches Asyl, S. 31; *Schubert*, S: 13; *v. Pollern*, Modernes Asylrecht, FN 431 (S. 221).

8 Vgl. *Carrie*, Diplomatisches Asyl, S. 31; *Sinha*, Asylum, S. 23; *Strachwitz*, Asylrecht, S. 21; *v.*

Gegen Ende des 17. Jahrhunderts wurde das ius quarteriorum als Folge der Auseinandersetzung zwischen Frankreich und dem Papst in allen europäischen Staaten abgeschafft.[9] Darüber hinaus wurde nun auch die Immunität der Botschaften eingeschränkt und dem Empfangsstaat gestattet, mit Waffengewalt in eine Botschaft einzudringen und Flüchtlinge von dort zu entfernen.[10] Auch diese Praxis führte jedoch zu enormen Spannungen zwischen den Staaten. In den Fällen Ripperda (1726) und Springer (1747)[11] führte sie zum Abbruch der diplomatischen Beziehungen und ersterer Fall war sogar mitauslösend für den Ausbruch des englisch-spanischen Krieges von 1729.[12]

Diese Vorfälle führten zu der Einsicht, dass die Immunität der Botschaftsgebäude unbedingt gewahrt werden musste. Aus diesem Grunde wurde nun die Gewährung diplomatischen Asyls in Botschaften wieder respektiert.[13] Ohne allerdings so weit zu gehen, dass auch das „ius quartertiorum" wieder Anerkennung fand.

Im 19. Jahrhundert änderte sich mit Erstarken des Souveränitätsgedankens der Staaten und dem Niedergang der bisher vertretenen „Exterritorialitätstheorie" die Einstellung der Staaten dem diplomatischen Asyl gegenüber. Ein entsprechendes Völkergewohnheitsrecht wurde verneint, weil man in der Gewährung diplomatischen Asyls ein Eingriff in die Territorialhoheit des Empfangsstaates sah.[14]

Auch in jüngerer Zeit hat das diplomatische Asyl nicht an Aktualität verloren. Erst im April 2005 wurde der togische Innenminister von der deutschen Botschaft aufgenommen und im Jahr 2004 erhielt das Thema des diplomatischen Asyls eine besondere Brisanz durch Nordkoreaner, die in großer Zahl in China in diverse westliche Botschaften flüchteten, um von dort nach Südkorea zu gelangen.[15]

Wie aber sieht die rechtliche Bewertung des diplomatischen Asyls heute aus? Ist die Gewährung diplomatischen Asyls durch das Völkerrecht gestattet oder handelt der Botschafter, der einem Flüchtling Asyl gewährt, völkerrechtswidrig? Hatte der französische Außenminister Michel Jobert mit seinen Äußerungen Recht, als er am 5.12.1973 erklärte, „das Asyl, man muß es wiederholen, ist nicht ein Recht, sondern eine Praxis, deren Anwendung fast allein auf lateinamerikanische Staaten begrenzt ist, wo sie Gegenstand eines durch Vertrag geregelten Verfahrens wurde."[16]?

Pollern, Modernes Asylrecht, S. 93.

9 Dazu *Schubert*, Asylrecht, S. 13; *v. Pollern*, Modernes Asylrecht, S. 93. vgl. auch *Sinha*, Asylum, S. 23.

10 Vgl. *Schubert*, Asylrecht, S. 14; *v. Pollern*, Modernes Asylrecht, S. 93.

11 Siehe zu diesen Fällen auch im Anhang unter „III) Großbritannien"

12 Vgl. *Strachwitz*, Asylrecht, S. 24; *v. Pollern*, Modernes Asylrecht, S. 93.

13 Dazu *Ungerer*, Diplomatisches Asyl, S. 22; *v. Pollern*, Modernes Asylrecht, S. 93.

14 Vgl. *Carrie*, Diplomatisches Asyl, S. 33 f.; *Kitschenberg*, Diplomatisches Asyl, S. 14; *Sen*, Diplomat's Handbook, S. 257; *Ungerer*, Diplomatisches Asyl, S. 23; *v. Pollern*, Modernes Asylrecht, S. 93.

15 Vgl. zu den Fällen insbesondere S. 35 ff.

16 Zitiert bei *Carrie*, Diplomatisches Asyl, S. 132 FN 314; im Original bei *Charpentier*, AFDI XX (1974), S. 1034.

Die vorliegende Arbeit stellt einen Versuch dar, diese Fragen zu beantworten. Vorwegnehmend soll an dieser Stelle bereits festgehalten werden, dass die Entwicklung des 19. Jahrhunderts, die zu einer vollständigen Ablehnung des diplomatischen Asyls führte, nicht ohne Spuren im modernen Völkerrecht geblieben ist. Im beginnenden 21. Jahrhundert stellt sich die Rechtslage so dar, dass das diplomatische Asyl allenfalls auf Grund menschenrechtlicher Verpflichtungen in rechtmäßiger Weise gewährt werden kann.

B) Gegenstand der Untersuchung: das diplomatische Asyl

I) Begrifflichkeiten

Vor der Prüfung der Rechtmäßigkeit des diplomatischen Asyls müssen einige Begriffe geklärt werden. Das betrifft zunächst den Begriff des diplomatischen Asyls selbst:

In der Terminologie des Asylrechts werden das landesrechtliche und das völkerrechtliche Asyl unterschieden. Ersteres bezeichnet den Fall, dass einem Flüchtling in dem Staatsgebiet, in dem er verfolgt wird, von Personen oder an Orten Asyl gewährt wird, die ihrerseits sowohl der Territorial- als auch der Personalhoheit des verfolgenden Staates unterstehen.[17] Im Falle des völkerrechtlichen Asyls sind hingegen (mindestens) zwei Staaten beteiligt – der Verfolgerstaat und der Zufluchtsstaat.[18]

Das völkerrechtliche Asyl tritt im Wesentlichen in zwei Erscheinungsformen auf. Dabei wird danach unterschieden, wo dem Flüchtling Schutz gewährt wird. Wird ihm dieser innerhalb des Territoriums eines Staates von einem anderen Staat gewährt, so handelt es sich um internes[19] oder exterritoriales[20] Asyl. Demgegenüber wird die Schutzgewährung eines Staates auf seinem eigenen Territorium als externes[21] oder territoriales[22] Asyl bezeichnet.

Ein Unterfall des internen Asyls ist das diplomatische Asyl. Dabei geht es um das Asyl, das in diplomatischen Missionen gewährt wird.[23] Die beteiligten Staaten werden in diesem Fall als Empfangsstaat, der Staat, auf dessen Territorium sich die Botschaft befindet, und Entsendestaat, der Staat, um dessen Botschaft es sich handelt, bezeichnet.

---

17 So *Kimminich*, Asylrecht, S. 33 f.; *Kimminich*, Grundprobleme, S. 3; *Kimminich*, Rechtsstatus, S. 66; *Lieber*, Asylrecht, S. 9; *Ungerer*, Diplomatisches Asyl, S. 3.

18 So *Kimminich*, Grundprobleme, S. 3; *Lieber*, Asylrecht, S. 9.

19 So Beitz/Wollenschläger, Asylrecht-*Wollenschläger*, S. 67; *Carrie*, Diplomatisches Asyl, S. 19; *Gfrörer*, Asyl, S. 1; *Kimminich*, Asylrecht, S. 33; *Kimminich*, Rechtsstatus, S. 98; *Kimminich*, Grundprobleme, S. 3; *Kitschenberg*, Diplomatisches Asyl, S. 1; *Moncada*, ZöR 1944 (XXIII), S. 403; *Ungerer*, Diplomatisches Asyl, S. 4; *v. Pollern*, Modernes Asylrecht, S. 91.

20 So *Kitschenberg*, Diplomatisches Asyl, S. 1; *Lieber*, Asylrecht, S. 7; *Morgenstern*, BYIL 1948 (XXV), S. 236; vgl. auch *Gfrörer*, Asyl, S. 1.

21 So Beitz/Wollenschläger, Asylrecht-*Wollenschläger*, S. 67; *Carrie*, Diplomatisches Asyl, S. 19; *Kimminich*, Asylrecht, S. 33; *Kitschenberg*, Diplomatisches Asyl, S. 1; *Ungerer*, Diplomatisches Asyl, S. 4; *v. Pollern*, Modernes Asylrecht, S. 91.

22 So *Kitschenberg*, Diplomatisches Asyl, S. 1;*Lieber*, Asylrecht, S. 6; *Morgenstern*, BYIL 1948 (XXV), S. 236.

23 So auch Beitz/Wollenschläger, Asylrecht-*Wollenschläger*, S. 67; *Doehring*, Völkerrecht, RN 928; *Kimminich*, Asylrecht, S. 33; *Kimminich*, Rechtsstatus, S. 98; *Kitschenberg*, Diplomatisches Asyl, S. 1; *Lieber*, Asylrecht, S. 7; *Moncada*, ZöR 1944 (XXIII), S. 403; *Morgenstern*, LQR 67 (1951), S. 362; *Sinha*, Asylum, S. 205, 207; *Thomas*, Non-Intervention, S. 392; *Ungerer*, Diplomatisches Asyl, S. 4; *v. Pollern*, Modernes Asylrecht, S. 91; *Whiteman*, Digest, S. 428.

Weitere Formen des internen Asyls sind das konsularische Asyl, das in Konsulaten gewährt wird, das Kriegsschiffasyl und das Asyl auf Militärstützpunkten und in Militärflugzeugen.[24] Teilweise werden auch die letztgenannten Formen des internen Asyls als diplomatisches Asyl bezeichnet.[25] Doch erscheint es weder nötig noch hilfreich, diese Formen als diplomatisches Asyl zu bezeichnen, da damit der Begriff des diplomatischen Asyls mit dem des internen Asyls gleichgesetzt und die besondere Verwendung des Begriffs „diplomatisches Asyl" für diplomatische Missionen aufgegeben würde.[26]

Die vorliegende Arbeit beschäftigt sich allein mit der Frage der Zulässigkeit des diplomatischen Asyls, also des Asyls, das von einer Botschaft gewährt wird. Dennoch sind der Vollständigkeit halber im Anhang auch Fälle, bei denen es zu einer Gewährung einer anderen Form des internen Asyls gekommen ist, aufgeführt.

Im Zusammenhang mit dem diplomatischen Asyl wird auch der Begriff der vorübergehenden Zuflucht verwendet. Diese ist vom diplomatischen Asyl streng zu unterscheiden und soll an dieser Stelle zu besseren Unterscheidung der beiden Institute kurz erläutert werden.

Unter der vorübergehenden Zuflucht versteht man, den Schutz eines Menschen in einer Mission, wenn außergewöhnliche Umstände (z. B. Bürgerkrieg oder Revolution) vorliegen, die dazu führen, dass der Empfangsstaat nicht mehr in der Lage ist, die in seinem Herrschaftsgebiet befindlichen Personen zu schützen oder ein ordentliches Gerichtsverfahren durchzuführen.[27] Gerade weil der Empfangsstaat seinen Aufgaben (dem Schutz der Personen in seinem Hoheitsgebiet und die Durchführung ordentlicher Gerichtsverfahren) nicht nachkommen kann, stellt die vorübergehende Zuflucht keinen Eingriff in die Territorialhoheit des Empfangsstaates dar.[28] Der Entsendestaat nimmt

---

24 Vgl. Beitz/Wollenschläger, Asylrecht-*Hailbronner*, S. 73; *Gfrörer*, Asyl, S. 1; *Lieber*, Asylrecht, S. 7 f.; *Morgenstern*, BYIL 1948 (XXV), S. 403; *Kimminich*, Asylrecht, S. 33; *Kimminich*, Rechtsstatus, S. 110 ff.; *v. Pollern*, Modernes Asylrecht, S. 91.

25 So bei *Carrie*, Diplomatisches Asyl, S. 19; EPIL-*Barberis*, Vol. 1, S. 282.

26 So auch *Kimminich*, Asylrecht, S. 36; *Kimminich*, Rechtsstatus, S. 110.

27 Vgl. Beitz/Wollenschläger, Asylrecht-*Hailbronner*, S. 75; *Berber*, Völkerrecht, Bd. 1, S. 290; *Carrie*, Diplomatisches Asyl, S. 123; *Kimminich*, Asylrecht, S. 35; *Kimminich*, Rechtsstatus, S. 101; *Kitschenberg*, Diplomatisches Asyl, S. 7; *v. Pollern*, Modernes Asylrecht, S. 96 f.
hierzu auch die Äußerungen von **Dänemark**: UN-Doc. A/10139, I, S. 19; **Deutschland**: *Carrie*, Diplomatisches Asyl, S. 128; Moersch (Staatsminister im Auswärtigen Amt), Fragenbeantwortung, 7. BT., 162. Sitzung, Sten. Ber., S. 11448, Anlage 32 und 159. Sitzung, Sten. Ber. S. 11131 f.; Zitat einer Dienstanweisung von 1954 und 1968 bei *v. Pollern*, Modernes Asylrecht, S. 97; **Großbritannien**: vgl.: *Morgenstern*, BYIL 1948 (XXV), S. 236, 249 f.; **Schweiz**: Zitat des Département politique fédéral bei *Carrie*, Diplomatisches Asyl, S. 135; **Kanada**: *Carrie*, Diplomatisches Asyl, S. 143; *Lee*, CYbIL (1975), S. 329, 338 f.; **USA**: 1925 zitiert bei *Hackworth*, Digest, S. 628 f.; William T. Lake (Deputy Legal Adviser of the Department of State – USA) zitiert bei *Nash*, AJIL 75 (1981), S. 142 f.; **Nigeria**: *Carrie*, Diplomatisches Asyl, S. 145; UN-Doc. A/C.6/SR.1555 (para. 21)
vgl. auch *Schubert*, Asylrecht, S. 28, der von Asyl in Notsituatuionen spricht; *Gfrörer*, Asyl, S. 43, 58 f. und 97 f.

28 Dazu Beitz/Wollenschläger, Asylrecht-*Hailbronner*, S. 75; *Kimminich*, Asylrecht, S. 35 und

im Gegenteil die Aufgabe des Empfangsstaates, nämlich den Schutz von Leib und Leben seiner Bürger und anderer sich in seinem Territorium befindlicher Personen, wahr.[29]

Voraussetzung für die Gewährung vorübergehender Zuflucht ist allerdings, dass die aufgenommene Person sich in unmittelbarer Gefahr für Leib und Leben befindet.[30] Die Schutzgewährung ist sofort zu beenden, wenn die Gefahr vorüber ist[31] und der Empfangstaat wieder selber für den Schutz des Flüchtlings sorgen kann.[32] Wenn die zuständigen Behörden die Übergabe des Flüchtlings verlangen, ist dem direkt Folge zu leisten.[33] Wenn die Schutzgewährung trotz Übergabeverlangen oder Beendigung der Gefahrenlage weiter fortgeführt wird, verwandelt sich die vorübergehende Zuflucht in diplomatisches Asyl. Allein dessen rechtliche Beurteilung ist Gegenstand dieser Arbeit.

Rechststatus, S. 101 u. 103; *Kitschenberg*, Diplomatisches Asyl, S. 8; *Ronning*, Diplomatic Asylum, S. 8; *Ungerer*, Diplomatisches Asyl, S. 54; *v. Pollern*, Modernes Asylrecht, S. 97.

29 Vgl. *Kitschenberg*, Diplomatisches Asyl, S. 8 f.; *Ungerer*, Diplomatisches Asyl, S. 54.

30 Hierzu *Kitschenberg*, Diplomatisches Asyl, S. 7; *Sen*, Diplomat's Handbook, S. 360; *v. Pollern*, Modernes Asylrecht, S. 96; **Deutschland**: Dienstanweisungen des Auswärtigen Amtes vom 19.8.1954 und vom 16.4.1968, zitiert bei *v. Pollern*, Modernes Asylrecht, S. 97; Aussage des Staatsministers im Auswärtigen Amt Moersch am 10.4.1975, zitiert bei *Carrie*, Diplomatisches Asyl, S. 128; Zitat eines Briefes von 1993 bei *Carrie*, Diplomatisches Asyl, S. 129; **Kanada**: Bureau of Legal Affaires am 1.2.1974, zitiert bei *Carrie*, Diplomatisches Asyl, S. 143; **Schweiz**: Bundesrat am 22.3.1974, zitiert bei *Carrie*, Diplomatisches Asyl, S. 134; Rechtsgutachten des Département politique fédéral vom 12.12.1971, zitiert bei *Carrie*, Diplomatisches Asyl, S. 135; **USA**: Aussage eines Vertreters des Depatment of State am 9.8.1978, zitiert bei *Carrie*, Diplomatisches Asyl, S. 126.

31 Vgl. *Kimminich*, Asylrecht, S. 35 und Rechststatus, S. 101; *Kitschenberg*, Diplomatisches Asyl, S. 7; *Richtsteig*, Wiener Übereinkommen, S. 49; *Ungerer*, Diplomatisches Asyl, S. 54; *v. Pollern*, Modernes Asylrecht, S. 97; **Deutschland**: Dienstanweisungen des Auswärtigen Amtes vom 19.8.1954 und vom 16.4.1968, zitiert bei *v. Pollern*, Modernes Asylrecht, S. 97; **Schweiz**: Rechtsgutachten des Département politique fédéral vom 12.12.1971, zitiert bei *Carrie*, Diplomatisches Asyl, S. 135; **USA**: Aussage eines Vertreters des Depatment of State am 9.8.1978, zitiert bei *Carrie*, Diplomatisches Asyl, S. 126.

32 Dazu *Kitschenberg*, Diplomatisches Asyl, S. 12; *Ungerer*, Diplomatisches Asyl, S. 55; *v. Pollern*, Modernes Asylrecht, S. 97.

33 Hierzu *Ronning*, Diplomatic Asylum, S. 8; *Sen*, Diplomat's Handbook, S. 360; *Ungerer*, Diplomatisches Asyl, S. 55; *v. Pollern*, Modernes Asylrecht, S. 97; **Deutschland**: Dienstanweisungen des Auswärtigen Amtes vom 19.8.1954 und vom 16.4.1968, zitiert bei *v. Pollern*, Modernes Asylrecht, S. 97; Zitat eines Briefes von 1993 bei *Carrie*, Diplomatisches Asyl, S. 129; vgl. auch Beitz/Wollenschläger, Asylrecht-*Hailbronner*, S. 75.
USA: Instruktionen an den amerikanischen Botschafter in Chile von 1925: „An individual fleeing before a mob might be given temporary refuge in an American misssion, if he entered the same in the course of flight, until the mob dispersed or until the mission could turn him over to the authorities of the country, de facto or otherwise, who were in a position to protect him from similar outbreaks of mob violence." zitiert bei *Ungerer*, Diplomatisches Asyl, S. 54 FN 126.

II) Fallkonstellationen des diplomatischen Asyls

Das diplomatische Asyl tritt in verschiedenen Erscheinungsformen auf. Im Wesentlichen können dabei sechs Fallkonstellationen nach der Staatsangehörigkeit des Flüchtlings und dem aufnehmenden Botschaftsstaat unterscheiden werden. Sie sollen an dieser Stelle kurz aufgeführt werden:

Bei der ersten Fallkonstellation handelt es sich um einen Staatsangehörigen des Empfangsstaates, der in diesem in die Botschaft des Entsendestaates flüchtet.[34]

Die zweite Fallkonstellation betrifft einen Staatsangehörigen des Entsendestaates, der im Empfangsstaat in die Botschaft des Entsendestaates – seines Heimatstaates flüchtet.[35]

Während in der dritten Konstellation ein Staatsangehöriger eines Staates, der einen anderen Staat zur Schutzmacht bestimmt hat, in die Botschaft des Schutzmachtstaates flüchtet.[36]

Im Falle der vierten Erscheinungsform des diplomatischen Asyls flüchtet ein Staatsangehöriger eines Drittstaates im Empfangsstaat in die Botschaft des Entsendestaates.[37]

Die fünfte Fallkonstellation betrifft hingegen den Fall, dass ein Staatenloser im Empfangsstaat in eine Botschaft des Entsendestaates flüchtet.[38]

In der sechsten Konstellation schließlich flüchtet ein Mehrstaatler im Empfangsstaat in eine Botschaft, deren Staatsangehörigkeit er auch besitzt.[39]

Die erste Erscheinungsform kann als der „klassische" Fall des diplomatischen Asyls angesehen werden. Der überwiegenden Anzahl der untersuchten Fälle liegt diese Fallkonstellation zugrunde, so dass sich die nachfolgenden Ausführungen zunächst auf diesen Fall beziehen. Ob sie auch für die anderen Fallkonstellationen Gültigkeit besitzen oder ob für diese Besonderheiten gelten, wird im Anschluss an die nachfolgenden Ausführungen aufgezeigt.[40]

---

34 Siehe dazu S. 8 ff.
35 Vgl. hierzu S. 113 ff.
36 Siehe dazu S. 117 f.
37 Zu diesem Fall, s. S. 118 ff.
38 Siehe hierzu S. 126 f.
39 Zu den daraus resultierende Fallkonstellationen, s. S. 124 ff.
40 Siehe dazu S. 113 ff.

C) Problematik des diplomatischen Asyls

Unter dem Begriff des diplomatischen Asyls ist, wie eingangs dargestellt,[41] das Asyl, das eine Botschaft einem Flüchtling gewährt, zu verstehen. In der Folge soll untersucht werden, wie diese Form des Asyls unter völkerrechtlichen Gesichtspunkten zu bewerten ist.

I) Einmischung in die Ausübung der Territorialhoheit

Das diplomatische Asyl ist – wie gesagt[42] – ein Unterfall des internen Asyls. Dabei gewähren Vertreter eines fremden Staates innerhalb des Territoriums eines anderen Staates einem Flüchtling Asyl. Dadurch entziehen sie den Flüchtling der Hoheitsgewalt des Territorialstaates.[43] Denn grundsätzlich gilt, dass der Territorialstaat die Hoheitsgewalt (also die Befehls- und Zwangsgewalt) über alle Personen und Sachen, die sich auf seinem Staatsgebiet befinden, innehat.[44] Der Entsendestaat mischt sich also faktisch in die Ausübung der Hoheitsgewalt des Empfangsstaates ein, indem er dessem Bürger diplomatisches Asyl gewährt.

Praktisch möglich wird der Entzug des Flüchtlings beim diplomatischen Asyl (unabhängig von der später zu klärenden Frage der Rechtmäßigkeit) auf Grund der Immunität, die eine Botschaft genießt. Diese Botschaftsimmunität ist in Art. 22 I WÜD[45] geregelt. Das Wiener Übereinkommen über diplomatische Beziehungen vom 18.4.1961 (WÜD)[46] stellt eine von fast der gesamten Staatengemeinschaft unterzeichnete Kodifikation völkergewohnheitsrechtlicher Rechtsätze zum Diplomatenrecht dar.[47] Die WÜD kann daher als für alle Staaten verbindlich bezeichnet werden.[48] Nach Art. 22 I WÜD ist es dem Territorialstaat völkerrechtlich verwehrt, in eine fremde Botschaft einzudringen.[49] Dadurch kann der Territorialstaat nicht mehr auf den Flüchtling, dem

41 Siehe S. 4.

42 Siehe S. 4.

43 Vgl. dazu Beitz/Wollenschläger, Asylrecht-*Hailbronner*, S. 73 f. und den IGH (*Haya de la Torre*), ICJ Reports, 1950, S. 265, 274 f.; auch zitiert bei *Carrie*, Diplomatisches Asyl, S. 50; *Kitschenberg*, Diplomatisches Asyl, S. 2; *Lieber*, Asylrecht, S. 7; *Morgenstern*, BYIL 1948 (XXV), S. 236; *Morgenstern*, LQR 67 (1951), S. 362; O'Connell, International Law, S. 734; *Sinha*, Asylum, S. 207; *Thomas*, Non-Intervention, S. 392 f.; *Ungerer*, Diplomatisches Asyl, S. 5 f.

44 Dazu *Berber*, Völkerrecht, Bd. 1, S. 306; *Carrie*, Diplomatisches Asyl, S. 48; *Dahm*, Völkerrecht, Bd. I, S. 250 u. 539 f.; *Doehring*, Völkerrecht, RN 808; *Herdegen*, Völkerrecht, § 23 RN 2, § 26 RN 2, 4 ff.; *Ipsen*, Völkerrecht, § 24 RN 1; *Oppenheim/Lauterpacht*, International Law, § 123; *Ungerer*, Diplomatisches Asyl, S. 32; *Verdross/Simma*, Völkerrecht, § 389.

45 „Die Räumlichkeiten der Mission sind unverletzlich. Vertreter des Empfangsstaates dürfen sie nur mit Zustimmung des Missionschefs betreten."

46 BGBl. 1964 II, S. 957 ff.

47 Vgl. *Ipsen*, Völkerrecht, § 35 RN 3; LdR- *Meyer-Lindenberg*, S. 49.

48 Vgl. *Ipsen*, Völkerrecht, § 35 RN 3.

49 So auch *Denza*, Diplomatic Law, S. 3 und S. 112 ff.; *Kitschenberg*, Diplomatisches Asyl, S. 84 f.; *Richtsteig*, Wiener Übereinkommen, S. 45 ff.; *Vitzthum*, Völkerrecht, 3. Abschnitt RN 58; *v. Pollern*, Modernes Asylrecht, S. 95; vgl. *Doehring*, Völkerrecht, RN 929; *Moncada*, ZöR 1944

in einer Botschaft Asyl gewährt wurde, zugreifen. Die Folge ist, dass der Flüchtling seiner Hoheitsgewalt entzogen ist, obwohl er sich (nach heutigem Verständnis) auf seinem Territorium befindet und ein Zugriff daher grundsätzlich von der Hoheitsgewalt des Staates umfasst ist.

Früher wurde diese Konstellation anders gesehen. Es galt die Exterritorialitätstheorie. Diese besagt in ihrer strengsten Form, dass das Botschaftsgelände dem Gebiet des Entsendestaates, also des Botschaftsstaates zuzuordnen ist.[50] Damit würde der Flüchtling in dem Moment, in dem er die Botschaft betritt, das Territorium eines anderen Staates betreten und unterstünde nicht mehr der Territorialhoheit des Empfangs- oder Territorialstaates.[51] Diese Theorie kann heute aber als überholt bezeichnet werden.[52] Eine Zeit lang wurde sie als eine hilfsweise Denkkonstruktion aufrechterhalten, indem vertreten wurde, dass das Botschaftsgelände so zu behandeln sei, als wäre es Teil des Staatsgebietes des Entsendestaates.[53] Dies ist aber nur eine Hilfskonstruktion zur Erklärung des Sonderstatusses von Botschaften und führt nicht dazu, dass die Botschaft tatsächlich nicht dem Territorium des Empfangsstaates, sondern dem des Entsendestaates zuzuordnen ist. Deshalb ändert dieser Ansatz (abgesehen davon, dass er heute kaum noch vertreten wird[54]) nichts an der Tatsache, dass die Gewährung diplomatischen Asyls die Gebietshoheit des Territorialstaates berührt.

Heute gilt es in der Völkerrechtslehre als anerkannt, dass die Botschaft zum Territorium des Empfangsstaates gehört.[55] Das Gebäude der Botschaft[56] und bestimmte der Botschaft zugehörige Personen[57] - insbesondere der Botschafter selbst[58] - genießen al-

---

(XXIII), S. 403, 431 f.; *Morgenstern*, BYIL 1948 (XXV), S. 236, 239.

50 Vgl. zu diesem Ansatz die Ausführungen bei Beitz/Wollenschläger, Asylrecht-*Hailbronner*, S. 73; *Carrie*, Diplomatisches Asyl, S. 30; *Denza*, Diplomatic Law, S. 113; *Gfrörer*, Asyl, S. 6; *Kimminich*, Rechtsstatus, S. 101; *Kitschenberg*, Diplomatisches Asyl, S. 82; *Morgenstern*, BYIL 1948 (XXV), S. 236, 236 f.; *Sen*, Diplomat's Handbook, 357; *Sinha*, Asylum, S. 22; *Ungerer*, Diplomatisches Asyl, S. 25; *v. Pollern*, Modernes Asylrecht, S. 94.

51 Vgl. dazu Beitz/Wollenschläger, Asylrecht-*Hailbronner*, S. 73; *Lieber*, Asylrecht, S. 7.

52 So auch *Berber*, Völkerrecht, Bd. 1, S. 288; *Kimminich*, Rechtsstatus, S. 102; *Lieber*, Asylrecht, S. 7; *Moncada*, ZöR 1944 (XXIII), S. 403; *Morgenstern*, BYIL 1948 (XXV), S. 236, 238; *Sinha*, Asylum, S. 208; *Sen*, Diplomat's Handbook, S. 357; *Ungerer*, Diplomatisches Asyl, S. 26 f.

53 Vgl. dazu EPIL-*Barberis*, Vol. 1, S. 281; *Morgenstern*, BYIL 1948 (XXV), S. 236, 238; *Ronning*, Diplomatic Asylum, S. 6.

54 So auch EPIL-*Barberis*, Vol. 1, S. 281; *Morgenstern*, BYIL 1948 (XXV), S. 236, 238; *Ronning*, Diplomatic Asylum, S. 6; *v. Pollern*, Modernes Asylrecht, S. 94.

55 So auch *Carrie*, Diplomatisches Asyl, S. 34; *Lieber*, Asylrecht, S. 7; *Seidl-Hohenveldern/Stein*, Völkerrecht, RN 1016; *Sinha*, Asylum, S. 208; *Strachwitz*, Asylrecht, S. 16; *Thomas*, Non-Intervention, S. 393; *Ungerer*, Diplomatisches Asyl, S. 27.

56 Vgl. den bereits in FN erwähnten Art. 22 I WÜD.

57 Vgl. dazu insbesondere Art. 37 WÜD, der die Immunität der Familienangehörigen des Diplomaten (Abs. 1) und der Botschaftsangestellten (Abs. 2 und 3) regelt.

58 Vgl. dazu insbesondere Art. 29 WÜD, der festlegt, dass „(d)ie Person des Diplomaten (...) unverletztlich (ist).“, Art. 30 WÜD, der die Unverletzlichkeit der Privatwohnung (Abs. 1) und der Korrespondenz (Abs. 2) des Botschafters regelt und Art. 31 WÜD, in dem die Immunität des Diplomaten von der Gerichtsbarkeit geregelt ist.

lerdings Privilegien[59], die zur Einschränkung der Territorialhoheit des Empfangsstaates führen.[60] Der Grund für diese Privilegien liegt in dem Sinn und Zweck der Botschaften selbst. Sie sollen den Verkehr und die Beziehungen zwischen den Staaten erleichtern. Um dies zu erreichen, also die Botschaftsfunktionen zu erfüllen, sind gewisse Handlungsfreiheiten und Privilegien erforderlich.[61] So ist über die bereits erwähnten Immunitäten des Botschaftsgebäudes, des Botschafters, seiner Familienangehörigen und der Botschaftsangestellten[62] hinaus insbesondere Art. 27 WÜD zu erwähnen, der den freien Verkehr der Botschaften und damit die Unverletzlichkeit ihrer Kommunikation festlegt. Diese „funktionelle Immunität“[63] ist es, welche die Möglichkeit der Asylgewährung auf dem Territorium eines anderen Staates eröffnet [64]. Sie führt aber nicht zu einer Gestattung des diplomatischen Asyls.

Es ist nach alldem festzuhalten, dass das diplomatische Asyl den Empfangsstaat in der Ausübung seiner Hoheitsgewalt über die Personen und Sachen, die sich auf seinem Staatsgebiet befinden, (Territorialhoheit) beeinträchtigt. Eine andere Frage ist, ob diese Beeinträchtigung rechtswidrig ist. Dem soll in der Folge nachgegangen werden.

II) Vereinbarkeit mit dem Interventionsverbot

Eben wurde festgestellt, dass das diplomatische Asyl die Ausübung der Territorialhoheit beschränkt. Dies Beschränkung könnte völkerrechtswidrig sein, weil sie möglicherweise das Interventionsverbot verletzt. Das Interventionsverbot schützt die inneren Angelegenheiten eines Staates. Die Ausübung der Befehls- und Zwangsgewalt über die eigenen Bürger (die, wie gezeigt, ein wesentliches Element der Territorialhoheit bildet) könnte eine innere Angelegenheit darstellen, in die ein fremder Staat nicht intervenieren darf.

1) Rechtsgrundlage und Begriffsklärung des Interventionsverbotes

Bevor die Frage beantwortet werden kann, ob die Ausübung der Befehls- und Zwangsgewalt auf dem eigenen Territorium eine innere Angelegenheit im Sinne des Interventionsverbots ist, sind zunächst die Rechtsgrundlage und der Begriff des Interventionsverbotes zu untersuchen. Dies soll in der Folge geschehen.

---

59 Vgl. dazu *Kitschenberg*, Diplomatisches Asyl, S. 84; *Ungerer*, Diplomatisches Asyl, S. 28.

60 Vgl. *Ungerer*, Diplomatisches Asyl, S. 32.

61 So auch die **USA** 1930 bei *Morgenstern*, BYIL 1948 (XXV), S. 236, 239; Beitz/Wollenschläger, Asylrecht-*Hailbronner*, S. 73; *Kitschenberg*, Diplomatisches Asyl, S. 86; *Ungerer*, Diplomatisches Asyl, S. 27 ff.; *Schubert*, Asylrecht, S. 16 f.; *Sinha*, Asylum, S. 208; *Sen*, Diplomat's Handbook, S. 357; *Vitzthum*, Völkerrecht, 3. Abschnitt RN 57 f.; *v. Pollern*, Modernes Asylrecht, S. 95.

62 Siehe FN , und .

63 *Doehring*, Völkerrecht, 1. Auflage, RN 930.

64 Dazu *Kitschenberg*, Diplomatisches Asyl, S. 84 f.; *Ungerer*, Diplomatisches Asyl, S. 29.

Das Interventionsverbot hat seine Grundlage im völkergewohnheitsrechtlich anerkannten Grundsatz der souveränen Gleichheit aller Staaten[65]. Dieser Grundsatz ist auch in Art. 2 Nr. 1 UN-Charta[66] kodifiziert. Aus ihm wird völkergewohnheitsrechtlich[67] abgeleitet, dass die territoriale und politische Unabhängigkeit eines Staates gegen Eingriffe von außen geschützt ist.[68]

Schon *Grotius* betrachtete das Interventionsverbot als ein bestimmendes Prinzip im Völkerrecht.[69] Auch die nach dem damaligen US-amerikanischen Präsidenten benannte *Monroe*-Doktrin von 1823 wandte sich ausdrücklich gegen eine Einmischung in interne Angelegenheiten, namentlich in die Einmischung in die Befreiungskämpfe der lateinamerikanischen Staaten gegen Spanien.[70] Allerdings war zu dieser Zeit das Interventionsverbot noch auf den sogenannten „klassischen Interventionsbegriff", der ein Eingreifen mit militärischen Mitteln voraussetzte, beschränkt.[71] Erst nach der Gründung der Vereinten Nationen 1945 wurde der Interventionsbegriff, auch auf nichtmilitärische Maßnahmen erweitert („erweiterter Interventionsbegriff").[72] Dies geschah, nachdem sich die Erkenntnis durchgesetzt hatte, dass die Staatensouveränität auch durch andere als militärische Maßnahmen gefährdet sein kann.[73]

Das Interventionsverbot besagt in seiner heutigen Form, dass sich kein Staat in diejenigen Angelegenheiten eines anderen Staates einmischen darf, die dessen alleiniger Zuständigkeit (domestic jurisdiction / domaine réservé) unterfallen.[74] Eine solche

---

65 Dazu und zu dem nachfolgenden Gedanken *Blanke*, AdV 36 (1998), S. 257, 263; EPIL-*Oppermann*, Vol. 2, S. 1436 f.; *Ipsen*, Völkerrecht, § 59 RN 51; *Kempen/Hillgruber*, Völkerrecht, § 29 RN 7; *Kimminich/Hobe*, Völkerrecht, S. 342; *Murswiek*, Der Staat 35 (1996), S. 31; *Pape*, Humanitäre Intervention, S. 14 u. 88; *Ritterband*, Menschenrechtsschutz, S. 278 u. 300; *Rumpf*, Menschenrechte, S. 41 m. w. N.; *Shaw*, International Law, S. 1039; *Seidl-Hohenveldern/Stein*, Völkerrecht, RN 1444; *Stein/v. Buttlar*, Völkerrecht, RN 635; *Thomas*, Non-Intervention, S. 11; vgl. *Isensee*, JZ 1995, S. 421, 423 und den IGH (*Nicaragua*-Fall), ICJ Reports, 1986, S. 12, 106.

66 „Die Organisation beruht auf dem Grundsatz der souveränen Gleichheit aller ihrer Mitglieder."

67 So auch *Ipsen*, Völkerrecht, § 59 RN 51; *Stein/v. Buttlar*, Völkerrecht, RN 635.

68 Vgl. *Kempen/Hillgruber*, Völkerrecht, § 29 RN 7; *Kimminich/Hobe*, Völkerrecht, S. 343; *Herdegen*, Völkerrecht, § 35 RN 3; vgl. zur territorialen Integrität auch *Ipsen*, Völkerrecht, § 59 RN 55.

69 Vgl. *Stein/v. Buttlar*, Völkerrecht, RN 631.

70 Dazu *Stein/v. Buttlar*, Völkerrecht, RN 631; weitere Ausführungen zur *Monroe*-Doktrin finden sich in LdR-*Caflisch*, S. 285.

71 Vgl. dazu *Kempen/Hillgruber*, Völkerrecht, § 29 RN 8; *Ipsen*, Völkerrecht, § 59 RN 55; *Stein/v. Buttlar*, Völkerrecht, RN 632.

72 Vgl. *Ipsen*, Völkerrecht, § 59 RN 55 und 57; *Kempen/Hillgruber*, Völkerrecht, § 29 RN 8; *Stein/v. Buttlar*, Völkerrecht, RN 633.

73 Dazu *Ipsen*, Völkerrecht, § 59 RN 55; *Stein/v. Buttlar*, Völkerrecht, RN 633.

74 Vgl. *Beyerlin*, in: Simma/Blenk-Knocke, S. 157, 173 u. 190; *Bindschedler*, FS Schlochauer, S. 179, 182; *Dahm*, Völkrerrecht, Bd. I, S. 207; *Henkin*, in: Buergenthal, S. 21, 22; *Ipsen*, Völkerrecht, § 59 RN 50; *Kempen/Hillgruber*, Völkerrecht, § 29 RN 9; *Kimminich/Hobe*, Völkerrecht, S. 343; *Seidl-Hohenveldern/Stein*, Völkerrecht, RN 1444; *Shaw*, International Law, S. 1039; *Stein/v. Buttlar*, Völkerrecht, RN 633; *Verdross/Simma*, Völkerrecht, § 490; *Wellhausen*, Humanitäre Intervention, S. 30; IGH (*Nicaragua*-Fall), ICJ Reports 1986, S. 12, 108.

Einmischung muss allerdings, damit das Interventionsverbot zur Anwendung kommt, unter der Anwendung oder Androhung von Zwang erfolgen.[75] Andernfalls bestünde die Gefahr, dass beispielsweise schon die Andeutung von Kritik an der internen Politik eines anderen Staates als ein Verstoß gegen das Interventionsverbot angesehen würde. Damit wäre eine internationale Politik zwischen den Staaten, unabhängig von einer großen Missbrauchsgefahr, kaum mehr möglich. Das Zwangselement stellt daher einen wichtigen korrigierenden Bestandteil des Begriffs der verbotenen Intervention dar.

2) Verstoß gegen das Interventionsverbot

Ob die Gewährung diplomatischen Asyls mit dem Interventionsverbot vereinbar ist, soll im Folgenden geklärt werden. Die Frage wäre grundsätzlich zu verneinen, wenn das diplomatische Asyl eine mit Zwang erfolgende Einmischung in die alleinige Zuständigkeit des Empfangsstaates darstellte. Als alleinige Angelegenheit, in die sich das diplomatische Asyl einmischen könnte, kommt die Ausübung der Territorialhoheit in Betracht.

a) Einmischung in die alleinige Zuständigkeit

Ein Konflikt mit dem Interventionsverbot könnte sich dann ergeben, wenn die Ausübung der Hoheitsgewalt über Personen, die Schutz in einer fremden Botschaft gesucht haben, zu den alleinigen Angelegenheiten eines Staates gehört. Denn dann würde das diplomatische Asyl in eine innere Angelegenheit des Empfangsstaats eingreifen.

Alleinige Angelegenheiten eines Staates sind all diejenigen Angelegenheiten, die weder durch völkerrechtliche Verträge, noch durch Völkergewohnheitsrecht oder andere Bestimmungen des Völkerrechts geregelt sind.[76] Das bedeutet, dass der Bereich der alleinigen Zuständigkeit für jeden Staat gesondert bestimmt werden muss.[77] In dem

---

75 So auch *Beyerlin*, in: Simma/Blenk-Knocke, S. 157, 173 u. 190; *Beyerlin*, in: Handbuch Vereinte Nationen, S. 229 f.; *Bindschedler*, FS Schlochauer, S. 179, 182; *Blanke*, AdV 36 (1998), S. 257, 258; *Dahm*, Völkerrecht, Bd. I, S. 202; *Henkin*, in: Buergenthal, S. 21, 22; *Ipsen*, Völkerrecht, § 59 RN 50; *Kempen/Hillgruber*, Völkerrecht, § 29 RN 9; *Kimminich/Hobe*, Völkerrecht, S. 343; *Oppenheim's* International Law, S. 432; *Pauer*, Humanitäre Intervention, S. 11; *Shaw*, International Law, S. 1039; *Stein/v. Buttlar*, Völkerrecht, RN 633; *Trautner*, Einmischung, S. 23; *Verdross/Simma*, Völkerrecht, § 490; *Wellhausen*, Humanitäre Intervention, S. 30; IGH (*Nicaragua*-Fall), ICJ Reports 1986, S. 12, 108; vgl. auch die weiteren Nachweise bei *Trautner*, Einmischung, S. 3 f. (FN 13); S. 59 f.; kritisch: *Stowell*, Intervention, S. 318.

76 Vgl. dazu *Berstmann*, Einmischungsverbot, S. 84; *Henkin*, in: Buergenthal, S. 22; *Ipsen*, Völkerrecht, § 59 RN 53; *Kimminich/Hobe*, Völkerrecht, S. 343; vgl. auch *Pape*, Humanitäre Intervention, S. 89; *Trautner*, Einmischung, S. 37; Definition des Institut des Droit International in: Annuaire de l'Institut 45 (1954), Bd. II, S. 292; vgl. *Bindschedler*, FS Schlochauer, S. 179, 181 f; *Kempen/Hillgruber*, Völkerrecht, § 29 RN 11; StIGH PCIJ Series B, Nr. 4 (1923), S. 6, 24

77 So bei *Berstmann*, Einmischungsverbot, S.133; *Dahm*, Völkerrecht, Bd. I, S. 213 f.; *Kempen/Hillgruber*, Völkerrecht, § 29 RN 11; *Pape*, Humanitäre Intervention, S. 89; *Stein/v. Buttlar*, Völkerrecht, RN 939; StIGH, PCIJ Series B Nr. 4 (1923), S. 6, 24; vgl. *Ipsen*, Völkerrecht, § 59 RN 53.

Maße, in dem ein Staat völkerrechtliche Verpflichtungen eingeht, engt sich der Bereich seiner alleinigen Zuständigkeit ein.[78]

Jedenfalls unterfällt dem Bereich der alleinigen Zuständigkeit die Souveränität eines Staates, die teilweise auch als das Schutzgut des Interventionsverbotes bezeichnet wird.[79] Die Souveränität des Staates macht einen Staat überhaupt erst aus. Ohne Souveränität ist ein Staat nicht denkbar.[80] Bestandteil der staatlichen Souveränität ist die Ausübung seiner Hoheitsgewalt über alle Personen und Sachen, die sich auf seinem Staatsgebiet befinden, also der Territorialhoheit.[81] Diese wird teilweise auch als innere Souveränität der Staaten bezeichnet.[82] Eben diese „innere Souveränität" des Empfangsstaates wird durch die Gewährung diplomatischen Asyls beschränkt.[83]

Festzuhalten ist daher, dass die Gewährung diplomatischen Asyls zu einer Einmischung in die ausschließliche Zuständigkeit des Empfangsstaates führt. Der Entzug des Flüchtlings vor der Hoheitsgewalt des Empfangsstaates und die damit verbundene Verletzung der Ausübung der Territorialhoheit stellen eine Einmischung in den Bereich der alleinigen Zuständigkeit des Empfangsstaates dar.[84]

b) Das Zwangselement

Über die nun festgestellte Einmischung in die alleinige Zuständigkeit des Empfangsstaates hinaus, müsste - wie bereits ausgeführt[85] - die Gewährung diplomatischen Asyls „mit Zwang" erfolgen. Nur dann ist ein Verstoß gegen das Interventionsverbot gegeben.

Ob die Aufnahme eines fremden Staatsangehörigen in eigene Botschaften gegenüber dem Empfangsstaat die Ausübung von „Zwang" darstellt, muss allerdings mit einem Fragezeichen versehen werden. Schließlich setzt der Entsendestaat hierbei in der Regel keine gewaltsamen Mittel gegen den Empfangsstaat ein.

---

78 Vgl. *Dahm*, Völkrerrecht, Bd. I, S. 211; *Pape*, Humanitäre Intervention, S. 89; der Permanent Court of International Justice erklärte 1923: „The question of whether a certain matter is or is not solely within the jurisdiction of a state is an essetially relative question; it depends on the development of international relations" (Nationalities Decrees in Tunis and Morocco, PCIJ, Series B, No. 4, S. 24 (1923)); vgl. auch *Trautner*, Einmischung, S. 37.

79 So *Trautner*, Einmischung, S. 24; vgl. auch *Oppenheim/Lauterpacht*, International Law, S. 306 und *Oppermann*, AdV 14 (1969/70), S. 321, 334.; vgl. auch die Friendly Relations Deklartation, Zitat auf S. 14

80 Vgl. dazu *Oppenheim/Lauterpacht*, International Law, S. 118.

81 Vgl. auch *Seidl-Hohenveldern/Stein*, Völkerrecht, RN 1291; *Verdross/Simma*, Völkerrecht, § 1038 f.

82 So bei *Ipsen*, Völkerrecht, § 23 RN 67; *Berber*, Völkerrecht, Bd. 1, S. 306; *Doehring*, Völkerrecht, RN 88.

83 Siehe S. 8 ff.

84 Ähnliche Bemerkung bei *Oppenheim*, S. 306: „(A)n intervention violates either the external independence or the territorial or personal supremacy."

85 Siehe dazu S. 11.

aa) Der Begriff des „Zwangs“

Der Begriff des „Zwangs“ im Zusammenhang mit dem Interventionsverbot ist umstritten. Jedenfalls unterfallen militärische Maßnahmen diesem Begriff.[86] Diese sind darüber hinaus auch vom Gewaltverbot umfasst,[87] das jede Androhung oder Anwendung von Gewalt verbietet.[88] Die Gewährung diplomatischen Asyls erfolgt jedoch grundsätzlich ohne Anwendung militärischer Gewalt, so dass es auf den ersten Blick scheint, als wäre bei der Gewährung diplomatischen Asyls das Erfordernis des Zwangs nicht gegeben.

Aber auch nicht militärische Maßnahmen, namentlich solche politischer oder wirtschaftlicher Natur, können grundsätzlich „Zwang“ i. S. d. Interventionsverbotes darstellen. Dies ist nach der *Friendly-Relations-Dekleration* dann der Fall, wenn die entsprechenden Maßnahmen dazu benutzt werden,

> „to coerce another State in order to obtain from it the subordination of the exercise of its sovereign rights and to secure from it advantages of any kind“[89]

Ähnlich formuliert auch der IGH im *Nicaragua*-Urteil. Dort heißt es:

> „Intervention is wrongful when it uses methods of coercion in regard to such choices, which must remain free ones.“[90]

Unter welchen genauen Voraussetzungen von „Zwang“ im Sinne des Interventionsverbotes gesprochen werden kann, ist allerdings im Völkerrecht noch nicht endgültig geklärt. So wird seit einiger Zeit über eine erweiternde Auslegung des Zwangsbegriffes nachgedacht, beispielsweise durch die Einbeziehung wirtschaftlichen oder politischen Drucks. Da sich hieraus Rückwirkungen für die Bewertung des diplomatischen Asyls ergeben können, soll der Meinungsstand in der Folge etwas näher beleuchtet werden.

---

86 Dazu *Ipsen*, Völkerrecht, § 59 RN 58; *Kempen/Hillgruber*, Völkerrecht, § 29 RN 13; *Kimminich/Hobe*, Völkerrecht, S. 343; *Pape*, Humanitäre Intervention, S. 89; *Stein/v. Buttlar*, Völkerrecht, RN 642; *Trautner*, Einmischung, S. 75; *Verdross/Simma*, Völkerrecht, § 490; *Wellhausen*, Humanitäre Intervention, S. 32; IGH (*Nicaragua*-Fall), ICJ Reports 1986, S. 12, 108; vgl. *Pauer*, Humanitäre Intervention, S. 10.

87 Vgl. hierzu *Bindschedler*, FS Schlochauer, S. 179, 180 f.; *Dicke*, Intervention, S. 175 f.; *Ipsen*, Völkerrecht, § 59 RN 58; *Trautner*, Einmischung, S. 75; *Verdross/Simma*, Völkerrecht, § 490; vgl. *Kempen/Hillgruber*, Völkerrecht, § 29 RN 13; *Shaw*, International Law, S. 1039. IGH (*Nicaragua*-Fall), ICJ Reports 1986, S. 12, 108.

88 Vgl. *Verdross/Simma*, Völkerrecht, § 490.

89 Friendly-Relations-Dekleration zitiert bei *Verdross/Simma*, Völkerrecht § 491; verschiedene Zitate anderer internationalen Übereinkommen finden sich bei *Rumpf*, Menschenrechte, S. 48 f.

90 IGH (*Nicaragua*-Fall), ICJ Reports 1986, S. 14, 108.

i) Fallgruppen

Wann „Zwang" im Sinne des Interventionsverbotes vorliegt, wurde in Praxis und Literatur anhand verschiedener Fallgruppen zu beurteilen versucht. Im wesentlichen können dabei die folgenden Fallgruppen unterschieden werden.

α) Wirtschaftlicher Druck

Ein Versuch, den Begriff des Zwangs von einer Verengung auf den Fall der Gewaltanwendung zu befreien und ihn weiter zu verstehen, stellen die Ansätze dar, welche unter Zwang i. S. d. Interventionsverbotes auch wirtschaftlichen Druck fassen wollen. Allerdings ist dies nicht unumstritten.

Insbesondere Staaten der „Dritten Welt", die wirtschaftlich von anderen Staaten abhängig sind, sind der Ansicht, dass ein Verstoß gegen das Interventionsverbot durch jede Ausübung wirtschaftlichen Drucks möglich sei.[91] Die Interessenlage, die dieser Ansicht zugrundeliegt, ist klar: Die Staaten der „Dritten Welt" versuchen sich mit dieser Auffassung gegen die wirtschaftliche Übermacht und die daraus resultierende Abhängigkeit und Beeinflussung durch die Industriestaaten zu wehren. Letztere knüpfen bspw. wirtschaftlich lukrative Verträge an bestimmte Bedingungen. Dieser Beeinflussung wollen sich die ärmeren Staaten offenbar entziehen, wenn sie jede Art des wirtschaftlichen Druckes als einen Verstoß gegen das Interventionsverbot werten.

Gegen die genannte Auslegung einiger Staaten der „Dritten Welt" sprechen sich die meisten Stimmen der westlichen Literatur aus, die sich zur Möglichkeit einer Zwangsausübung durch wirtschaftlichen Druck äußern.
Simma beispielsweise verlangt, dass der wirtschaftliche Druck so überwältigend sein muss, dass sich der andere Staat gegen seinen Willen zu einer Maßnahme zwingen lässt, auf die der Druck ausübende Staat keinen Rechtsanspruch hat.[92]
Dicke hingegen betrachtet den Einsatz wirtschaftlicher Mittel gleich grundsätzlich als völkerrechtsgemäß. Insbesondere wirtschaftlicher Druck oder die Kopplung der Gewährung von Wirtschaftshilfe an Bedingungen verstoße nicht gegen das Völkerrecht[93], da es keine Norm gebe, die demjenigen, der Geld gibt, verböte, etwas dafür zu verlangen.[94] Nur dann, wenn das angewendete Mittel selbst völkerrechtswidrig sei, könne mit wirtschaftlichem Druck gegen das Interventionsverbot verstoßen werden.[95]

β) Unterstützung Aufständischer

Leichter als die Beurteilung des wirtschaftlichen Druckes als „Zwang" im Sinne des Interventionsverbotes fällt die Bewertung der Unterstützung Aufständischer in einem

91 Bei *Berstmann*, Einmischungsverbot, S. 99; vgl. auch *Ipsen*, Völkerrecht, § 59 RN 62; *Kempen/Hillgruber*, Völkerrecht, § 29 RN 17; *Stein/v. Buttlar*, Völkerrecht, RN 649.

92 *Verdross/Simma*, Völkerrecht, § 492.

93 *Dicke*, Intervention, S.231.

94 *Dicke*, Intervention, S. 227.

95 *Dicke*, Intervention, S. 162.

Bürgerkrieg. Diese stellt nach fast einhelliger Meinung einen Verstoß gegen das Interventionsverbot dar.[96]

Bloße Sympathiebekundungen[97] oder humanitäre Hilfe, die diskriminierungslos allen Parteien und Betroffenen gleichermaßen zukommt,[98] werden jedoch nicht als Einmischung in innere Angelegenheiten angesehen. Beides führt nicht zu einer Beeinflussung des Ausgangs der Konfliktes zwischen den Aufständischen und der amtierenden Regierung eines Landes.

γ) Politischer Druck

Einfache Meinungsäußerungen eines Staates oder seiner Organe, die weder handlungsanleitend sind, noch zu Konsequenzen auffordern, führen nicht zu einem Verstoß gegen das Interventionsverbot,[99] da sie in keinem Bereich internationaler Beziehungen eine rechtlich relevante Einwirkung auf fremde Rechtspositionen darstellen. Auch die Kritik an der internen Politik eines anderen Staates oder die Vermittlung von Fakten oder Bewertungen wirkt nicht in rechtlich relevanter Weise auf die Rechtsposition eines anderen Staates ein[100] und erfolgt somit nicht mit „Zwang" im Sinne des Interventionsverbotes. Im Gegenteil, Kritik, Bewertungen und Meinungsäußerungen müssen in einer pluralistischen Welt möglich sein. Nur damit ist eine Meinungsvielfalt unter den Staaten möglich.

Anders stellt sich die Situation dar, wenn die einem Staat zurechenbaren Äußerungen darauf abzielen, einen Umsturz in einem anderen Staat herbeizuführen oder Unterstützung für illegale und gewalttätige Aktionen zu fördern. In diesem Fall handelt es sich um ein subversives Verhalten, das gegen das Interventionsverbot verstößt.[101] Unter Subversion wird jedes Verhalten verstanden, das auf eine Änderung der Herrschaftsverhältnisse in einem fremden Staat abzielt und dabei den gewaltsamen Verstoß gegen die dortige innerstaatliche Rechtsordnung zumindest in Kauf nimmt.[102] Im Unterschied zu bloßen Meinungsäußerungen oder Kritik erfassen die verbotenen Subversionen nur den planmäßigen Versuch gewaltsam[103] „gegen die in einem Staat bestehenden Herrschaftsverhältnisse anzugehen".[104]

---

96 Dazu *Ipsen*, Völkerrecht, § 59 RN 59; *Kunig*, Nichteinmischungsprinzip, S. 267; *Seidl-Hohenveldern/Stein*, Völkerrecht, RN 1455; *Shaw*, International Law, S. 1040; *Stein/v. Buttlar*, Völkerrecht, RN 646 und der IGH (*Nicaragua-Fall*), ICJ Reports 1986, S. 12, 108.

97 Hierzu *Kunig*, Nichteinmischungsprinzip, S. 267.

98 Dazu *Ipsen*, Völkerrecht, § 59 RN 59; *Kempen/Hillgruber*, Völkerrecht, § 29 RN 14.

99 So *Kunig*, Nichteinmischungsprinzip, S. 254.

100 Vgl. *Ipsen*, Völkerrecht, § 59 RN 60; *Kempen/Hillgruber*, Völkerrecht, § 29 RN 16; *Kunig*, Nichteinmischungsprinzip, S. 283; *Stein/v. Buttlar*, Völkerrecht, RN 647.

101 Vgl. *Ipsen*, Völkerrecht, § 59 RN 60; *Stein/v. Buttlar*, Völkerrecht, RN 646.

102 Vgl. *Kunig*, Nichteinmischungsprinzip, S. 282; *Stein/v. Buttlar*, Völkerrecht, RN 646.

103 Vgl. *Kimminich*, AdV 10 (1962/63), S. 132, 146.

104 *Bayer*, DÖV 1968, S. 709, 711.

ii) Der Begriff des „Zwangs“ in der Literatur

Vor dem Hintergrund der vorstehenden Fallkonstellationen wird heute in der Literatur verschiedentlich versucht, dem Begriff des „Zwangs“ eine klarere Kontur zu geben, um eine Vereinheitlichung der Fälle, in denen eine Intervention vorliegt, zu erreichen. Ziel ist es dabei vor allem, die Rechtssicherheit zu erhöhen. Die Ansätze der Literatur könnten auch Einfluss auf die Beantwortung der Frage haben, ob die Gewährung diplomatischen Asyls „Zwang“ i. S. d. Interventionsverbotes darstellt.

α) Machtmissbrauch

Ein Ansatz ist dabei, den Begriff des Zwangs wieder einzuengen, indem er näher an den Begriff des Machtmissbrauchs herangerückt wird. Nach dieser Auffassung liegt nur dann eine Intervention vor, wenn eine besonders schwerwiegende Einwirkung, die einen zwingenden Charakter aufweist, vorliegt. Dabei wird eine „diktatorische Anwendung nichtmilitärischer Machtmittel“ verlangt.[105] Andere Arten von Druck seien im heutigen Verkehr zwischen den Staaten üblich und müssten daher vom Interventionsverbot ausgenommen werden.[106]

β) Absicht / Vorteils - Bestimmung

Darüber hinaus wird von einigen Autoren vertreten, dass der Begriff des Zwangs durch subjektive Kriterien konkretisiert werden muss.

Scheuner stellt dabei darauf ab, ob der durch den Zwang erstrebte Vorteil unzulässig ist, weil er völkerrechtswidrig ist. Dies sei dann der Fall, wenn der verfolgte Zweck nicht rechtmäßig ist, oder wenn seine Realisierung einer rechtlichen Grundlage entbehrt. Ist der erstrebte Vorteil völkerrechtswidrig, so kommt es durch den ausgeübten Druck zu einem Verstoß gegen das Interventionsverbot.[107]

Nach *Thomas/Thomas* muss der druckausübende Staat mit der Absicht handeln, einen anderen Staat zu einem bestimmten Verhalten zu zwingen. Wenn diese Absicht vorliegt, ist auch ein Verstoß gegen das Interventionsverbot gegeben. Sie verlangen für einen Verstoß gegen das Interventionsverbot, dass der druckausübende Staat eine Maßnahme gebraucht

> „as a weapon by which a state seeks to impose its will upon another so as to maintain or alter the condition of things in another state, to coerce that state to take or fail to take action (...).“[108]

Auch *Bockslaff* verlangt für eine Intervention, dass der intervenierende Staat einem fremden Staat (wirtschaftliche) Nachteile in Aussicht stellt, um auf die Willensbildung

105 *Scheuner*, VN 28 (1980), S. 149, 151; vgl. auch *Berstmann*, Einmischungsverbot, S. 128; *Oppermann*, AdV 14 (1969/70); S. 321, 332; *Starke*, International Law, S. 85 f.

106 Vgl. dazu *Berstmann*, Einmischungsverbot, S. 128; *Dahm*, Völkerrecht, Bd. I, S. 206; *Oppermann*, AdV 14 (1969/70); S. 321, 334; *Starke*, International Law, S. 86.

107 Vgl. *Scheuner*, VN 28 (1980), S. 149, 151.

108 *Thomas*, Non-Intervention, S. 409.

in dem betroffenen Staat Einfluss zu nehmen und sie in eine von ihm gewünschte Richtung zu lenken.[109] Bezogen auf das diplomatische Asyl könnte diese Auffassung bedeuten, dass der Staat zu einem bestimmten Verhalten – nämlich der Unterlassung der Verfolgung seines Staatsangehörigen – gezwungen wird.

γ) Adäquanzprüfung

Einen anderen Ansatz verfolgen die Vertreter der Adäquanzprüfung. Sie verlangen für die Völkerrechtsgemäßheit einer Maßnahme, dass die eingesetzten Mittel in einem angemessenen Verhältnis zum angestrebten Zweck stehen.

Dahm stellt dabei auf die „Rechtsanschauung der gesitteten Welt" und „Anstand und Treu und Glauben" ab.[110]

Berstermann erklärt, dass das Verhältnismäßigkeitsprinzip im Falle konkurrierender Souveränitätsansprüche „als eine an der Gerechtigkeit orientierte materielle Ausgleichsnorm diene."[111] Das hat für ihn zur Folge, dass eine detaillierte Betrachtung aller Umstände vorgenommen werden muss, damit in jedem Einzelfall ein gerechtes Ergebnis erzielt werden kann.[112] Nur in den Fällen, in denen gegen das Übermaß- oder Willkürverbot verstoßen wird, liege eindeutig ein Verstoß gegen das Interventionsverbot vor.[113]

Diese Ansätze von *Dahm* und *Berstmann* scheinen jedoch auf Grund ihrer Weite kaum in der Lage zu sein, Anhaltspunkte für die Frage, ob in einer bestimmten Situation Zwang vorliegt, geben zu können.

Anders sieht das bei den nachfolgenden Ansätzen der Vertreter der Adäquanzprüfung aus.

Gerlach spricht sich dafür aus, dass der Eingriff eines Staates in die Angelegenheiten eines anderen Staates als sozialadäquat und damit als rechtmäßig zu bewerten ist, wenn er sich innerhalb des Rahmens der geschichtlich gewordenen sozialethischen Ordnung des internationalen Gemeinschaftslebens bewegt.[114] Er konkretisiert seine Ausführungen dahingehend, dass dann keine Sozialadäquanz vorliegt, wenn 1.) das angewandte Mittel selber nicht völkerrechtsgemäß ist,[115] 2.) ein völkerrechtswidriges Ziel angestrebt wird[116] oder 3.) ein „verwerfliches" Missverhältnis zwischen Mittel und Zweck besteht.[117] Letzteres sei dann der Fall, wenn zwischen ihnen kein Sachzusammenhang, sondern nur eine willkürliche, offensichtlich unverhältnismäßige und sozial unerträgliche Verknüpfung bestehe.[118]

Auch *Ritterband* untersucht Mittel, Ziel und ihr Verhältnis zueinander. Er kommt

109 *Bockslaff*, Interventionsverbot, S. 82.
110 *Dahm*, Völkerrecht, Bd. I, S. 206 f.
111 *Berstmann*, Einmischungsverbot, S. 137.
112 *Berstmann*, Einmischungsverbot, S. 138.
113 *Berstmann*, Einmischungsverbot, S. 138.
114 *Gerlach*, Intervention, S. 196.
115 *Gerlach*, Intervention, S. 197.
116 *Gerlach*, Intervention, S. 203.
117 *Gerlach*, Intervention, S. 203.
118 *Gerlach*, Intervention, S. 204.

dabei zu dem Ergebnis, dass das Mittel als „Zwang“ so stark sein müsse, dass es geeignet sei, auf einen fremden Staat Zwang auszuüben bzw. dessen Entscheidungsfreiheit zu beeinträchtigen.[119] Bezüglich der Ziele stellt er fest, dass dann ein Verstoß gegen das Interventionsverbot gegeben ist, wenn das Ziel des eingreifenden Staates in der Beherrschung des anderen Staates läge. Wenn es aber um die Verwirklichung eines von der Völkerrechtsgemeinschaft anerkannten Rechtgutes gehe, so seien auch Mittel anerkannt, die im Lichte anderer völkerrechtlicher Motive verboten wären.[120] Grundsätzlich müssten Mittel und Ziel in einem adäquaten Verhältnis zueinander stehen. Die durch den Eingriff erfolgende Souveränitätseinbuße solle möglichst gering gehalten werden, so dass das zu schützende Rechtsgut noch verwirklicht werden kann.[121] *Ritterband* selber stellt allerdings fest, dass es sich dabei um eine Ermessensfrage handele, die nur in Extremfällen einigermaßen objektiv beantwortet werden könne.[122]

Bockslaff stellt auf das Kriterium der Konnexität ab. Dies bedeutet, dass der betroffene Staat vor Beeinträchtigungen durch sachfremde Erwägungen geschützt werden soll.[123]

Er stimmt dabei *Kewenig* zu, der erklärt: „Je schwächer die sachliche Konnexität zwischen dem eingesetzten Druckmittel und dem beabsichtigten politischen Erfolg ist, um so stärker spricht die Vermutung für einen interventionsrelevanten Sachverhalt.“[124] Darüber hinaus ist nach *Bockslaff* zu fragen, ob der legitimerweise angestrebte Erfolg in Bezug auf den drohenden Schaden im Land verhältnismäßig ist.[125]

bb) Bewertung des Zwangselementes beim diplomatischen Asyl

Ob das erforderliche Element des Zwangs bei der Gewährung diplomatischen Asyls gegeben ist, soll nun am Maßstab der dargestellten Meinungen überprüft werden. Dabei ergeben sich mehrere Probleme.

Ein Problem könnte darin liegen, dass das diplomatische Asyl aus mehreren Komponenten besteht. Zum einen gewährt der Entsendestaat dem Flüchtling Asyl und setzt damit einen gegenüber dem Empfangsstaat Relevanz entwickelnden Hoheitsakt auf fremden Staatsgebiet[126], was eine aktive Handlung darstellt. Zum anderen unterlässt der Entsendestaat es den Flüchtling aus der Botschaft zu verweisen bzw. den Flüchtling dem Empfangsstaat zu übergeben. Grundsätzlich ist ein Verstoß gegen das Interventionsverbot auch durch Unterlassen möglich.[127] Dabei wird zwischen Unterlassen mit mittelbarer und unmittelbarer Wirkung unterschieden. Ersteres ist der Fall,

---

119 *Ritterband*, Menschenrechtsschutz, S. 354; so im Ergebnis auch *Berstmann*, Einmischungsverbot, S. 129.
120 *Ritterband*, Menschenrechtsschutz, S. 358.
121 *Ritterband*, Menschenrechtsschutz, S. 358.
122 *Ritterband*, Menschenrechtsschutz, S. 359.
123 *Bockslaff*, Interventionsverbot, S. 143.
124 *Kewenig*, Berichte DGVR 22 (1981), S. 7, 16.
125 *Bockslaff*, Interventionsverbot, S. 146 f.
126 So auch *Carrie*, Diplomatisches Asyl, S. 49.
127 Vgl. dazu *Trautner*, Einmischung, S. 89 ff.

wenn ein Staat es versäumt, sich in einen Kausalverlauf einzuschalten, der auf seinem Territorium stattfindet. Unterlassen mit unmittelbarer Wirkung ist dagegen dann gegeben, wenn ein Staat eine Handlung nicht vornimmt, durch die ohne Hinzutreten Dritter ein fremder Staat beeinträchtigt wird.[128] Im Falle des diplomatischen Asyls liegt ein Unterlassen mit unmittelbarer Wirkung vor. Denn der Empfangsstaat kann durch das Nichtübergeben des Flüchtlings, also des Unterlassens des Entsendestaates, seine Territorialhoheit gegenüber dem Flüchtling nicht mehr ausüben. Beide Elemente des diplomatischen Asyls (die aktive Handlung und das Unterlassen) können ein intervenierendes Verhalten darstellen. Daher stellt die Tatsache, dass das diplomatische Asyl aus zwei Komponenten besteht, kein Problem für die Beurteilung der Frage dar, ob ein es durch das diplomatische Asyl zu einem Verstoß gegen das Interventionsverbot kommt.

Ein weiteres Problem könnte sich daraus ergeben, dass das diplomatische Asyl keiner der genannten Fallgruppen direkt unterfällt. Dies könnte dagegen sprechen, dass bei der Gewährung diplomatischen Asyls von der Ausübung von „Zwang" i. S. d. Interventionsverbotes gesprochen werden kann.

Allerdings darf nicht übersehen werden, dass der Empfangsstaat durch das Verhalten des Entsendestaates „vor vollendete Tatsachen" gestellt wird. Wenn der Empfangsstaat einem Flüchtling diplomatisches Asyl gewährt, so kann der Empfangsstaat auf völkerrechtsgemäße Weise nicht dagegen vorgehen, da die Immunität der Botschaften ihn daran hindert. Er ist auf Grund dieser Immunität und den damit verbundenen völkerrechtlichen Verpflichtungen nicht in der Lage, seine Hoheitsgewalt gegenüber dem Flüchtling auszuüben.[129] Das Problem an dieser Situation ist, dass im allgemeinen Sprachgebrauch das Wort „zwingen" voraussetzt, dass der Gezwungene eine Handlungsalternative besitzt. Im Falle des diplomatischen Asyl besteht aber dann keine Handlungsalternative, wenn der Empfangsstaat sich völkerrechtsgemäß verhalten will.[130] In diesem Fall kann er nicht auf den durch die Immunität der Botschaft geschützten Flüchtling zugreifen.

Durch die Gewährung diplomatischen Asyls wird aber dennoch eine *Zwangslage* geschaffen, aus der sich der Empfangsstaat (mit völkerrechtsgemäßen Mitteln) nicht befreien kann. Er ist, sofern er die Immunität der Botschaft nicht verletzten und damit nicht gegen das Völkerrecht verstoßen will, „gezwungen" die vom Entsendestaat geschaffene Lage hinzunehmen und auf die Ausübung seiner territorialen Hoheitsrechte zu verzichten.

Folglich kann bei der Gewährung diplomatischen Asyls durchaus von einer Einwirkung mit „zwingenden Charakter" und einer „diktatorischen Anwendung nichtmilitärischer Machtmittel" gesprochen werden.[131] Damit kämen die Vertreter der Ansicht,

---

128 Dazu *Trautner*, Einmischung, S. 93.

129 Vgl. S. 8 ff.

130 Aus diesem Grund kann die Ansicht *Bockslaffs,* der auf die Willensbildung des fremden Staates abstellt, (s. S. 17) hier zu keinem Ergebnis kommen.

131 Vgl. S. 16.

dass der Begriff des Zwanges näher an den Begriff des Machtmissbrauchs herangerückt werden müsse,[132] zu dem Ergebnis, dass bei der Gewährung diplomatischen Asyls „Zwang" vorliegt.

Fraglich ist, ob auch der erstrebte Vorteil völkerrechtswidrig ist und ob damit auch nach *Scheuner* „Zwang" vorliegt.[133] Dabei ist zu fragen ist, was der Vorteil der Gewährung diplomatischen Asyls für den Entsendestaat ist. Zum einen ist es denkbar, dass der Entsendestaat darin einen Vorteil sieht, dass er in der Gunst der Staatengemeinschaft oder seiner eigenen Bevölkerung steigt, wenn er bestimmte Flüchtlinge dem Zugriff des Empfangsstaates entzieht. Zum anderen kann der Entsendestaat damit die Politik des Empfangsstaates beeinflussen, dass er einen ihm genehmen Flüchtling aufnimmt und der Hoheitsgewalt des Entsendestaates entzieht. Der Entsendestaat stellt sich damit gegen die Politik, Ansichten und Werte des Empfangsstaates. In beiden Fällen stellt der Entsendestaat seine Interessen über die des Empfangsstaates und setzt sie mit völkerrechtswidrigen Mitteln[134] durch. Der mit beiden Fällen für den Entsendestaat verbundene Hauptvorteil ist im Entzug des Flüchtlings vor der Territorialhoheit des Empfangsstaates begründet, was ein völkerrechtswidriges Verhalten darstellt, so dass der Vorteil des diplomatischen Asyls als völkerrechtswidrig bezeichnet werden kann. Folglich liegt auch nach Ansicht *Scheuners* „Zwang" vor.

Der Entsendestaat handelt im Falle der Gewährung diplomatischen Asyls auch mit der Absicht, gegenüber dem Empfangsstaat eine Zwangslage zu schaffen, wegen der dieser nicht auf den Flüchtling zugreifen und seine Territorialhoheit ausüben kann, so dass auch nach *Thomas/Thomas*[135] „Zwang" gegeben ist.

Ritterband verlangt - wie gesehen[136] - eine Zwangsausübung, die so stark sein muss, dass die Entscheidungsfreiheit des fremden Staates dadurch beeinträchtigt wird. Das Ziel des Zwangsausübung müsse in der Beherrschung des anderen Staates liegen. Aus dem bisher Gesagten ergibt sich, dass diese Voraussetzungen vorliegen. Die Immunität der Botschaften führt zu einer Zwangslage für den Empfangsstaat, gegen die er mit völkerrechtsgemäßen Mitteln nicht vorgehen kann. Der Entsendestaat beeinträchtigt daher die Entscheidungsfreiheit des Empfangsstaates, indem er diplomatisches Asyl gewährt und dadurch den Flüchtling der Territorialhoheit entzieht. Der Entsendestaat stellt nicht nur seine Einschätzung über das Schicksal, das der Flüchtling verdient, über die Einschätzung des Empfangsstaates zu diesem Thema, sondern setzt diese auch gegen den Willen des Empfangsstaates durch. Folglich liegt auch das Ziel der Gewährung diplomatischen Asyls in der Beherrschung des anderen Staates und liegt „Zwang" i. S. d. Interventionsverbotes vor.

Im Ergebnis kann daher festgehalten werden, dass das dem Interventionsverbot vorausgesetzte „Zwangselement" nach fast allen Ansichten der Literatur gegeben ist.[137]

---

132 Siehe S. 16.

133 Vgl. S. 17.

134 Zur Völkerrechtswidrigkeit des diplomatischen Asyls s. S. 80.

135 Siehe S. 17.

136 Siehe S. 18 f.

137 Allein die Ansicht *Bockslaffs* kann im Falle des diplomatischen Asyls auf Grund mangelnder

Die Zwangslage, die durch das Ausnutzen der Botschaftsimmunität durch Gewähren diplomatischen Asyls geschaffen wird, stellt einen „Zwang“ im Sinne des Interventionsverbotes dar.

3) Ergebnis: Verstoß gegen das Interventionsverbot

Die Gewährung diplomatischen Asyls beschränkt die Ausübung der Territorialhoheit und greift damit in die alleinige Zuständigkeit des Empfangsstaates ein. Darüber hinaus schafft das diplomatische Asyl auf Grund der Immunität, die dem Empfangsstaat einen Zugriff auf den Flüchtling unmöglich macht, eine Zwangslage, aus der sich der Empfangsstaat mit völkerrechtsgemäßen Mitteln nicht befreien kann.

Das diplomatische Asyl greift folglich unter Anwendung von Zwang in den Bereich der alleinigen Zuständigkeit des Empfangsstaates ein. Die Gewährung diplomatischen Asyls stellt somit nicht nur eine Beeinträchtigung der Territorialhoheit eines anderen Staates dar, sondern verstößt auch grundsätzlich gegen das Interventionsverbot, das die Territorialhoheit vor eben solchen Beeinträchtigungen schützen soll.

III) Ergebnis: Problematik des diplomatischen Asyls

Festzuhalten bleibt, dass die Asylgewährung in einer Botschaft die Ausübung der Territorialhoheit durch den Empfangsstaate berührt. Dieser kann auf Grund der Immunität der Botschaft nicht auf eine Person, die sich auf seinem Staatsgebiet befindet und damit seiner Territorialhoheit untersteht, zugreifen. Dieser Entzug des Flüchtlings aus dem Zugriff des Empfangsstaates behindert den Empfangsstaat in der Ausübung seiner territorialen Hoheitsgewalt.

Der Eingriff in die Ausübung der Territorialhoheit durch den Empfangsstaat, zu dem es bei der Gewährung diplomatischen Asyls kommt, stellt außerdem eine Einmischung in die alleinige Zuständigkeit des Empfangsstaates dar. Da der Empfangsstaat, sofern er die Immunität der Botschaften achten und sich somit völkerrechtsgemäß verhalten will, „gezwungen“ ist, diese Einschränkung seiner Hoheitsgewalt hinzunehmen, erfolgt diese Einmischung darüber hinaus mit „Zwang“. Damit verstößt die Gewährung diplomatischen Asyls grundsätzlich gegen das Interventionsverbot.

Handlungsalternative zu keinem Ergebnis kommen.

D) Völkerrechtliche Grundlage des diplomatischen Asyls

Wie wir in dem vorangegangenem Kapitel gesehen haben, greift das diplomatische Asyl in die inneren Angelegenheiten des Empfangsstaates ein. Da dies mittels Zwang geschieht, kommt es zu einem Konflikt mit dem Interventionsverbot.

Fraglich ist aber, ob dies zwingend zur Völkerrechtswidrigkeit des diplomatischen Asyls führt. Dies wäre zu verneinen, wenn sich das diplomatische Asyl auf eine besondere völkerrechtliche Grundlage stützen ließe, vor der das Interventionsverbot zurücktreten müsste. In diesem Fall lautete das Ergebnis, dass dem Entsendestaat die zwangsweise Einmischung in die Ausübung der Territorialhoheit des Empfangsstaates ausnahmsweise gestattet wäre. Der Eingriff in die inneren Angelegenheiten des Entsendestaates wäre nicht völkerrechtswidrig.

Rechtsgrundlagen, aus denen sich eine Gestattung des diplomatischen Asyls herleiten ließe, können sich sowohl aus Völkervertragsrecht als auch aus Völkergewohnheitsrecht ergeben. Die folgende Untersuchung wird sich zunächst der Frage widmen, ob, und wenn ja, welche völkervertraglichen Grundlagen für das diplomatische Ayls bestehen.

I) Kodifiziertes Völkerrecht

Betrachtet man die innerhalb der Staatengemeinschaft bestehenden Verträge, so zeigt sich schnell, dass es für das diplomatische Asyl keine universelle vertragliche Grundlage gibt. Zwar wurde einige Male versucht, die Frage des diplomatischen Asyls vertraglich zu regeln.[138] Den wohl bekanntesten Kodifikationsversuch stellte der Anstoß Australiens dar, der 1974/75 zu einer Diskussion um das diplomatische Asyl als Rechtsinstitut vor den Vereinten Nationen führte.[139] Doch letztlich scheiterten alle derartigen Versuche, zu einer universellen Kodifikation zu gelangen.

Anders stellt sich die Situation in Lateinamerika dar. Dort existieren mehrere Verträge, die sich mit dem diplomatischen Asyl befassen.[140]

An dieser Stelle der Arbeit[141] soll jedoch geprüft werden, ob eine Gestattung des diplomatischen Asyls außerhalb Lateinamerikas gegeben ist. Festzuhalten ist, dass außerhalb Lateinamerikas keine völkervertragsrechtliche Grundlage für das diplomatische Asyl vorliegt. Aus dem Völkervertragsrecht lässt sich keine derartige Gestattung herleiten, die dazu führen würde, dass die Einmischung in die Territorialhoheit eines Staates durch die Gewährung diplomatischen Asyls völkerrechtsgemäß wäre.

---

138 Vgl. dazu *Carrie*, Diplomatisches Asyl, S. 36 ff.; *Kitschenberg*, Diplomatisches Asyl, S. 28 f. u. S. 31 f.; *Moncada*, ZöR 1944 (XXIII), S. 403, 154 ff.; *v. Pollern*, Modernes Asylrecht, S. 115 ff.

139 Dazu *Carrie*, Diplomatisches Asyl, S. 40 f.; *v. Pollern*, Modernes Asylrecht, S. 119 ff.

140 Vgl. dazu den Exkurs Lateinamerika (S. 71 ff.).

141 Die Frage nach der völkerrechtlichen Grundlage innerhalb Lateinamerikas wird ab S. 71 ff. erörtert.

II) Völkergewohnheitsrecht

Nachdem das Völkervertragsrecht für die Staaten außerhalb Lateinamerikas keine Grundlage für die Gewährung des diplomatischen Asyls erkennen lässt, ist zu fragen, ob sich eine solche eventuell im Völkergewohnheitsrecht findet. Dessen Geltungsgrund liegt in der gemeinsamen Rechtsüberzeugung der Staaten.[142]

Früher wurde dies anders gesehen. Gemäß der schon von *Grotius* entwickelten Vertragstheorie kommt es bei der Entstehung des Völkergewohnheitsrechts zu einem stillschweigenden Vertrag zwischen den Staaten.[143] Gegen diese Theorie spricht aber, dass sie nur die Staaten binden würde, die diesem Vertrag zumindest stillschweigend beigetreten wären. Das Völkergewohnheitsrecht hat aber bei entsprechender Anzahl der Staaten, die seine Geltung anerkennen, einen universellen Charakter und verpflichtet damit auch diejenigen Staaten, die keinen Anteil an der Entwicklung des Völkergewohnheitsrechts genommen haben.[144] Dies gilt zumindest dann, wenn sie diesem nicht widersprochen haben.[145] Auch neu entstandene Staaten sind an das zum Zeitpunkt ihres Entstehens bestehende Völkergewohnheitsrecht gebunden.[146] Die Vertragstheorie kann diesen Verpflichtungsgrad nicht erklären und eignet sich daher nicht als Geltungsgrund für das Völkergewohnheitsrecht.

Nach heutiger Ansicht entsteht das Völkergewohnheitsrecht dadurch, dass eine gewisse Zeit lang von den Beteiligten ein Verhalten ausgeübt wird, das von allen Betroffenen als „rechtens" empfunden wird.[147] Daher erfordert die Entstehung von Völkergewohnheitsrecht das Zusammentreffen einer Übung (consuetudo) mit der Überzeugung der Staaten dieser Übung gemäß zu handeln, weil sie rechtlich gebunden sind, (opinio iuris).[148] Diese Voraussetzungen ergeben sich auch aus dem Art. 38 I lit. b) IGH-Statut, der vom „internationale(n) Gewohnheitsrecht als Ausdruck einer allgemeinen, als Recht anerkannten Übung" spricht. Auch der IGH hat wiederholt die Notwendig-

---

142 So *Seidl-Hohenveldern/Stein*, Völkerrecht, RN 477; *Verdross*, ZaöRVR 29 (1969), S. 635, 650; vgl. auch: *Verdross/Simma*, Völkerrecht, § 551.

143 Vgl. zu dieser Theorie (und den anderen Theorien zum Geltungsgrund des Völkergewohnheitsrechts) *Verdross*, ZaöRVR 29 (1969), S. 635, 636 f(f).

144 Vgl. *Carrie*, Diplomatisches Asyl, S.88; *Doehring*, Völkerrecht, RN 292; *Seidl-Hohenveldern/Stein*, Völkerrecht, RN 476; *Verdross*, ZaöRVR 29 (1969), S. 635, 649 f.

145 Vgl. *Carrie*, Diplomatisches Asyl, S. 90; *Doehring*, Völkerrecht, RN 292; *Verdross*, ZaöRVR 29 (1969), S. 635, 649 f.

146 So *Doehring*, Völkerrecht, RN 292; EPIL-*Schweitzer*, Vol. 3, S. 584 f.; *Verdross*, ZaöRVR 29 (1969), S. 635, 651.

147 Vgl. zur Entstehung von nicht-kodifiziertem Recht: *Doehring*, Völkerrecht, RN 286.

148 Vgl. *Akehurst*, BYIL 1974/75 (XLVII), S. 1, 31; *Berber*, Völkerrecht, Bd. 1, S. 43; *Carrie*, Diplomatisches Asyl, S. 86 f.; *Doehring*, Völkerrecht, RN 287; EPIL-*Bernhardt*, Vol. 1, S. 898 ff.; *Herdegen*, Völkerrecht, § 16 RN 1; *Ipsen*, Völkerrecht, § 16 RN 2; *Kempen/Hillgruber*, Völkerrecht, § 13 RN 97; *Kimminich/Hobe*, Völkerrecht, S. 184; *Kitschenberg*, Diplomatisches Asyl, S. 99; *Morgenstern*, BYIL 1948 (XXV), S. 236, 241; *Seidl-Hohenveldern/Stein*, Völkerrecht, RN 467; *Verdross/Simma*, Völkerrecht, §§ 551, 556 und 560;
mit anderen Bezeichnungen, aber dem gleichen Ergebnis: *Shaw*, International Law, S. 70.

keit des Vorhandenseins beider Elemente betont. So erklärte er bspw. in seinem Urteil vom 20.2.1969:

> „Not only must the acts concerned amount to a settled practice, but they must also be such, or be carried out in such a way, as to be evidence of a belief that this practice is rendered obligatory by the existence of a rule of law requiring it. (...) The frequency, or even habitual character of the acts is not in itself enough. There are many international acts, e.g., in the field of ceremonial and protocol, which are performed almost invariably, but which are motivated only by considerations of courtesy, convenience or tradition, and not by any sense of legal duty.“[149]

Es bleibt daher festzuhalten, dass für das Entstehen von Völkergewohnheitsrecht zwingend das Element der Übung (consuetudo) und das Element der Rechtsüberzeugung (opinio iuris) gegeben sein müssen. Fehlt es an einem der beiden Elemente, so liegt kein Völkergewohnheitsrecht vor.[150]

1) Übung

Zunächst ist für das Vorhandensein einer völkergewohnheitsrechtlichen Grundlage des diplomatischen Asyls das Vorhandensein einer entsprechenden Übung zu prüfen. Die Übung muss, damit sie den Anforderungen der Entstehung von Völkergewohnheitsrecht genügt, von der überwiegenden Mehrzahl der Staaten[151] über einen längeren Zeitraum hinweg ausgeübt werden.[152]

Ob eine solche Übung bezüglich der Gewährung diplomatischen Asyls besteht, hängt sowohl von der Anzahl der asylgewährenden Staaten ab, als auch von dem Zeitraum, in dem sie Flüchtlinge in ihre Botschaften aufgenommen haben. Die Anzahl der Aufnahmen in Botschaften variiert zwischen den einzelnen Ländern in beachtlichem Maße. Während einige Länder nur vereinzelt Flüchtlinge aufnehmen, ist dies bei anderen Ländern in einem weiten Ausmaß der Fall. Manche Nationen nehmen auch nur im Rahmen der bedeutenderen Asylfälle der Geschichte Flüchtlinge auf. Diesen Fällen soll sich nun zunächst zugewandt werden.

---

149 IGH (*Continental Shelf*), ICJ Reports 1969, S. 2, 44; ähnliche Aussagen des IGH finden sich im *Asyl-Fall*, ICJ Reports 1950, S. 265, 276; im *Nordsee-Festlandsockelfall*, ICJ Reports 1969, S. 1, 41 ff., im *Festlandsockelstreit*, ICJ Reports 1985, S. 12, 29 f und im *Nicaragua*-Fall, ICJ Reports 1986, S. 13, 98.

150 So auch *Berber*, Völkerrecht, Bd. 1, S. 43; *Carrie*, Diplomatisches Asyl, S.87; *Morgenstern*, BYIL 1948 (XXV), S. 236, 241; vgl. auch EPIL-*Bernhardt*, Vol. 1, S. 898.

151 Vgl. *Carrie*, Diplomatisches Asyl, S. 89; *Dahm*, Völkerrecht, Bd. I, S. 30 f.; *Doehring*, Völkerrecht, RN 290; *Herdegen*, Völkerrecht, § 16 RN 3; *Kitschenberg*, Diplomatisches Asyl, S. 100.

152 Vgl. *Carrie*, Diplomatisches Asyl, S. 88; *Dahm*, Völkerrecht, Bd. I, S. 29; *Herdegen*, Völkerrecht, § 16 RN 4; *Ipsen*, Völkerrecht, § 16 RN 9; *Kitschenberg*, Diplomatisches Asyl, S. 102; *Shaw*, International Law, S. 72.

a) Die bedeutenden Asylfälle in der Geschichte

aa) Spanischer Bürgerkrieg von 1936 bis 1939

Während des spanischen Bürgerkrieges haben die verschiedensten Nationen Tausende[153] von Flüchtlinge in ihren Botschaften aufgenommen: Argentinien (ca. 1000 spanische Flüchtlinge)[154], Belgien, Bolivien, Brasilien (160 Flüchtlinge)[155], Chile (ca. 650 Personen)[156], China, Deutschland (10 Deutsche und 65 Spanier)[157], Dominikanische Republik, Finnland (über 1700 Personen)[158], Frankreich, Großbritannien, Haiti, Kuba, Mexiko, Niederlande, Norwegen, Panama, Peru, Polen, Portugal, Rumänien, Tschechoslowakei, Türkei, Uruguay und die USA.[159]

Der Grund für diese außergewöhnliche Anzahl der Flüchtlinge und der aufnehmenden Staaten lag in der historischen Situation[160]: Im Juli 1936 kam es zu einem militärischen Aufstand Francos. Im Verlauf des daraus resultierenden Bürgerkrieges errichteten sowohl die „rote Armee“ des Generals Franco als auch die republikanische Regierung verschiedene Schnellgerichtshöfe, die ihre Angeklagten fast immer zum Tode verurteilten. Das Urteil wurde direkt vollstreckt. Selbst wenn der Angeklagte nicht zum Tode verurteilt wurde, so wurde er dennoch nicht freigesprochen, sondern einer Disziplinierungsbrigade zugewiesen. Die Verhältnisse in diesen Disziplinierungsbrigaden führten häufig zum Tod der ihnen zugewiesenen Personen. Darüber hinaus wurden kurz vor dem Fall und der Übernahme Madrids durch die „rote Armee“ im November 1936 Tausende Gefangene in ein „Modellgefängnis“ verlegt, wobei die meisten Gefangenen auf dem Weg dorthin erschossen wurden. Auch Frauen und Kinder wurden grausam ermordet. Viele der Gefangenen waren nachts aus ihren Betten geholt worden. Dabei wurden die Telefonleitungen durchschnitten und das Haus nach Waffen oder anderen Unterlagen, die in einem „Prozess“ als „Beweis“ dienen konnten, durchsucht. Meist wurde der Gefangene noch in derselben Nacht erschossen.[161] Es verwundert in dieser Situation kaum, dass Tausende versuchten, Schutz in Botschaften und Konsulaten zu finden.

---

153 Nach Schätzungen des chilenischen Vertreter im Völkerbund waren es ca. 3000 bis 4000 Personen; vgl. auch *Carrie*, Diplomatisches Asyl, S. 91 FN 113; *Sinha*, Asylum, S. 29 FN 187 (S. 49); League of Nations, Journal Officiel, Februar 1937, S. 64 ff., 98; andere Schätzungen gehen von bis zu 15.000 Flüchtlingen aus (*Moncada*, ZöR 1944 (XXIII), S. 403, 441).

154 Dazu *Schubert*, Asylrecht, S. 56.

155 Nach *Moncada*, ZöR 1944 (XXIII), S. 403, 443 FN 100; *v. Pollern*, Modernes Asylrecht, S. 93 FN 474 (S. 224).

156 Dazu *Schubert*, Asylrecht, S. 57; *v. Pollern*, Modernes Asylrecht, S. 93 FN 474 (S. 224).

157 Hierzu *Schubert*, Asylrecht, S. 57; *v. Pollern*, Modernes Asylrecht, S. 93 FN 474 (S. 224).

158 Vgl. *Schubert*, Asylrecht, S. 57; *v. Pollern*, Modernes Asylrecht, S. 93 FN 474 (S. 224).

159 Vgl. zu den verschiedenen Ländern: *Carrie*, Diplomatisches Asyl, S. 91; *Kitschenberg*, Diplomatisches Asyl, S. 117; *Moncada*, ZöR 1944 (XXIII), S. 403, 443; *Ronning*, Diplomatic Asylum, S. 17; *Schubert*, Asylrecht, S. 56 f.; *Sinha*, Asylum, S. 29 FN 188 (S. 49); *v. Pollern*, Modernes Asylrecht, S. 93 FN 474 (S. 224).

160 Zur Geschichte des spanischen Bürgerkrieges und der damit verbundenen Situation vgl.: *Moncada*, ZöR 1944 (XXIII), S. 403, 441 ff.; *Sinha*, Asylum, S. 29 f.

161 Nachzulesen bei *Moncada*, ZöR 1944 (XXIII), S. 403, 441 ff.; *Sinha*, Asylum, S. 29 f.

Die Aufnahme derartig vieler Flüchtlinge führte zu unhaltbaren Zuständen in den einzelnen Botschaften.[162] Dies machte seinerseits Verhandlungen zwischen den aufnehmenden Staaten und der spanischen Republik erforderlich. Die aufnehmenden Staaten schlossen sich zu einer engen Zusammenarbeit zusammen. Sie versuchten in verschiedenen Sitzungen[163] und einem Notenwechsel[164] mit der spanischen Regierung eine Änderung der Situation herbeizuführen. Die spanische Republik erkannte das Asyl zunächst als „de facto" Asyl an, ohne sich dadurch rechtlich gebunden zu fühlen oder den Flüchtlingen eine Ausreise zu ermöglichen.[165] Grund für letzteres war wahrscheinlich die Sorge, dass die Flüchtlinge nach Spanien zurückkehren und sich der Gegenpartei anschließen könnten.[166] Die „de-facto"-Anerkennung des Asyls beruhte allein auf der Respektierung der Immunität der Botschaften. Später holte Spanien dennoch gewaltsam Flüchtlinge aus der deutschen Botschaft.[167]

Nachdem die Bemühungen des diplomatischen Korps, eine Lösung für die Situation zu finden, gescheitert waren, brachte Chile das Problem im Dezember 1936 vor den Völkerbund.[168] Spanien erklärte daraufhin, dass es die Frage mit jeder einzelnen betroffenen Nation klären wolle.[169] Da es aber nicht zu derartigen Verhandlungen kam, wurde das Problem vom diplomatischen Korps auf die Tagesordnung der 96. Sitzung des Völkerbundes gebracht.[170]

Dieser verhandelte es in seinen Sitzungen vom 21., 25. und 27. Januar 1937.[171] Der chilenische Vertreter Edwards schilderte dort noch einmal das Problem und legte die unhaltbare Situation, in der sich die Flüchtlinge befanden, dar. Dann schlug er im Namen des diplomatischen Korps von Madrid eine internationale Lösung des Problems vor, die er in einem Memorandum über die Evakuierung und ihre Grundlagen dem Völkerbundsrat vorlegte.[172] In diesem schlug er unter anderem vor, dass Spanien Garantien für eine sichere Ausreise der Flüchtlinge ins Ausland geben sollte und sich die Frauen, Kinder und Greise außerhalb Spaniens einen freien Aufenthaltsort suchen dürften. Demgegenüber sollten die wehrfähigen Männer sich nur in bestimmten Städten in Ländern, die nicht an Spanien grenzen, unter der Aufsicht des Völkerbundes aufhalten dürfen, wenn sie zuvor einen Eid geschworen hatten, dass sie sich nicht mehr am Bürgerkrieg beteiligen würden. Die Evakuierung der Flüchtlinge aus den

---

162 Bzgl. Chile: *Moncada*, ZöR 1944 (XXIII), S. 403, 444 f.; *Schubert*, Asylrecht, S. 60 f.

163 Vgl. *Schubert*, Asylrecht, S. 62; *Sinha*, Asylum, S. 30.

164 Dazu insbesondere *Moncada*, ZöR 1944 (XXIII), S. 403, 443 ff.; *Schubert*, Asylrecht, S. 62 ff.; s. auch *Sinha*, Asylum, S. 30 f.

165 Wiedergegeben bei *Moncada*, ZöR 1944 (XXIII), S. 403, 462 ff.

166 Vgl. *Sinha*, Asylum, S. 31.

167 Vgl. *Schubert*, Asylrecht, S. 59 f.; *Sinha*, Asylum, S. 31.

168 Siehe League of Nations, Journal, Officiell, Februar 1937, S. 64 ff.; *Moncada*, ZöR 1944 (XXIII), S. 403, 445; *Sinha*, Asylum, S. 32.

169 Dazu League of Nations, Journal Officiell, Februar 1937, S. 65 ff.; *Sinha*, Asylum, S. 32.

170 Vgl. League of Nations, Journal Officiell, Februar 1937, S. 65 ff.; *Sinha*, Asylum, S. 32.

171 Dazu League of Nations, Journal Officiell, Februar 1937, S. 65 ff.; 94 ff.; 127 ff.; zitiert bei *Sinha*, Asylum, S. 32.

172 Hierzu *Moncada*, ZöR 1944 (XXIII), S. 403, 445 ff.; *Schubert*, Asylrecht, S. 64 f.

Botschaften und ihre Einschiffung sollten unter der Aufsicht des Völkerbundes stattfinden, wobei die Kosten anteilig von den Staaten getragen werden sollten, die Flüchtlinge aufgenommen hatten.[173] Darauf erwiderte der Außenminister Spaniens als dessen Vertreter, dass die spanische Regierung, ohne sich dadurch rechtlich zu binden, bereit sei, das Asyl zu achten und aus Gründen der Humanität Verhandlungen mit den einzelnen Staaten zu führen.[174] Aber allein die spanische Regierung sei auf ihrem Staatsgebiet für die Evakuierung der Flüchtlinge zuständig und die Erfahrung in den Fällen Argentiniens und Mexikos, deren Flüchtlinge zwischenzeitlich evakuiert worden waren,[175] habe gezeigt, dass sowohl die zwischenstaatlichen Verhandlungen zum Erfolg führen könnten, als auch, dass Spanien die Mittel habe, eine sichere Evakuierung durchführen zu können.[176] Als Ergebnis der Verhandlungen im Völkerbund wurde festgehalten, dass die einzelnen Staaten mit Spanien über die Evakuierung ihrer Flüchtlinge verhandeln sollten.[177]

Im Anschluss an die Sitzungen im Völkerbund kam es tatsächlich zu direkten Verhandlungen zwischen den einzelnen Staaten und zu den Abkommen von London und Valencia (zwischen Spanien und Chile). Diese regelten, dass alle Botschaften der spanischen Regierung eine Liste der Namen aller dort beherbergten Personen schicken sollte. Im Gegenzug würde die spanische Regierung das gewährte Asyl akzeptieren, sofern es sich bei den Flüchtlingen nicht um gemeine Verbrecher handelte. Auch zwischen den anderen Staaten und Spanien kam es zu Abkommen, die die Evakuierung der Flüchtlinge regelten. Auf Grund der verschiedenen Abkommen konnten die ersten Flüchtlinge das Land verlassen. Im Juli 1937 stellte die spanische Regierung sich jedoch unter verschiedenen Vorwänden gegen eine weitere Evakuierung. Dies führte zu weiteren Spannungen zwischen den Staaten und dazu, dass sich die lateinamerikanischen Staaten gegen eine Wiederwahl Spaniens in den Völkerbundsrat stellten. Dennoch konnten bis zum Ende des Bürgerkrieges die meisten Flüchtlinge nach schwierigen Verhandlungen das Land verlassen.[178]

Als 1939 General Franco als Sieger in Madrid einmarschierte, nahm Chile zusätzlich zu den noch verbliebenen 750 Flüchtlingen[179] weitere 17 Flüchtlinge der Gegenpartei auf, um die eigene Unparteilichkeit im spanischen Bürgerkrieg zu demonstrieren.[180] Der Chargé d'Affaires Chiles teilte der spanischen Regierung die Namen der Flüchtlinge mit und bat um freies Geleit für die Flüchtlinge, die das Land verlassen wollten. Spanien verweigerte dies und forderte die Übergabe der Flüchtlinge mit der Begrün-

---

173 Deutsche Fassungen des Memorandums bei *Moncada*, ZöR 1944 (XXIII), S. 403, 445 f.; *Schubert*, Asylrecht, S. 64 f.

174 Deutsche Fassung bei *Moncada*, ZöR 1944 (XXIII), S. 403, 446.

175 Siehe *Moncada*, ZöR 1944 (XXIII), S. 403, 445.

176 Vgl. *Schubert*, Asylrecht, S. 65.

177 Bei *Schubert*, Asylrecht, S. 65; *Sinha*, Asylum, S. 33.

178 Dazu *Moncada*, ZöR 1944 (XXIII), S. 403, 447 f.

179 Dazu *Moncada*, ZöR 1944 (XXIII), S. 403, 448.

180 Vgl. *Moncada*, ZöR 1944 (XXIII), S. 403, 448; *Sinha*, Asylum, S. 34.

dung, dass es kein Recht auf Asyl anerkenne. Da Chile die Flüchtlinge nicht übergab, versuchte Spanien dreimal mit Gewalt in die chilenische Botschaft einzudringen.[181]

In die Botschaft Panamas drang Spanien erfolgreich ein. Die dort befindlichen Flüchtlinge holte Spanien gewaltsam aus der Botschaft heraus und verhaftete sie.[182]

Da weitere Verhandlungen zu keinem Erfolg führten, brach Spanien am 16. Juli 1940 die diplomatischen Beziehungen zu Chile ab. Erst nach einem Kabinettswechsel in Spanien und auf Vermittlung des brasilianischen Botschafters konnten die letzten Flüchtlinge am 12. Oktober 1940 nach Portugal ausreisen. Die diplomatischen Beziehungen zwischen den beiden Ländern wurden am selben Tag wieder aufgenommen.[183]

bb) Chile 1973/74

Auch in Chile kam es in den Jahren 1973/74 zu einer Bürgerkriegssituation, in der außergewöhnlich vielen Menschen diplomatisches Asyl gewährt wurde. Insgesamt sollen etwa 5000 Flüchtlinge in den verschiedenen Botschaften Aufnahme gefunden haben.[184] Dabei nahmen folgende Staaten Flüchtlinge in ihrer Botschaft auf:

Argentinien (etwa 400 Personen)[185], Australien, Belgien, die Bundesrepublik Deutschland (ca. 150 Flüchtlinge)[186], die DDR (79 Personen)[187], Ecuador, Frankreich (260[188] bzw. 644[189] Personen), Honduras, Irland, Italien (221 Personen)[190], Kanada (ca. 55[191] bzw. 265[192] Personen), Kolumbien (etwa 80 Flüchtlinge)[193], Kuba, Mexiko (300 Flüchtlinge)[194], Niederlande, Norwegen, Österreich, Panama (ca. 250 Personen)[195], Peru, Schweden, Schweiz (55 Personen)[196], Spanien und Venezuela (ca. 100 Flüchtlinge)[197].

Wie auch in Spanien ging diesem Flüchtlingsstrom ein Militärputsch voraus. Am 11. September 1973 führte die Militär-Junta unter der Führung von General Pinochet,

---

181 Hierzu *Moncada*, ZöR 1944 (XXIII), S. 403, 448; *Sinha*, Asylum, S. 34.

182 So bei *Moncada*, ZöR 1944 (XXIII), S. 403, 450; *Sinha*, Asylum, S. 34.

183 Nach *Moncada*, ZöR 1944 (XXIII), S. 403, 449 f.; vgl. auch *Sinha*, Asylum, S. 34.

184 Vgl. *Carrie*, Diplomatisches Asyl, S. 93.

185 Nach *Carrie*, Diplomatisches Asyl, S. 93 FN 127.

186 So Baum, Sten. Ber. 7. BT, 67. Sitzung, 29.11.1973, S. 3957; Moersch, Sten. Ber., 7. BT, 69. Sitzung, 6.12.1973, S. 4164; BT-Protokoll vom 17.1.1974, S. 4584; *v. Pollern*, Modernes Asylrecht, S. 98.

187 Vgl. *v. Pollern*, Modernes Asylrecht, S. 98.

188 Vgl. *Carrie*, Diplomatisches Asyl, S. 93 FN 132.

189 Vgl. *Charpentier*, AFDI XX (1974), S. 1027, 1034; *v. Pollern*, Modernes Asylrecht, S. 98.

190 Vgl. *v. Pollern*, Modernes Asylrecht, S. 98.

191 Bei *Carrie*, Diplomatisches Asyl, S. 93 FN 135 (S. 94).

192 Dazu *v. Pollern*, Modernes Asylrecht, S. 98.

193 So *Carrie*, Diplomatisches Asyl, S. 93 FN 128.

194 Vgl. *Dembinski*, Law of Diplomacy, S. 249.

195 Vgl. *Carrie*, Diplomatisches Asyl, S. 93 FN 129; *Dembinski*, Law of Diplomacy, S. 249.

196 So *v. Pollern*, Modernes Asylrecht, S. 98.

197 Dazu *Carrie*, Diplomatisches Asyl, S. 93 FN 130; *Dembinski*, Law of Diplomacy, S. 249.

Admiral Medina, General Leigh Guzman und General Mendoza ein Staatsstreich gegen die Regierung Salvador Allendes.[198] Daher waren unter den Flüchtlingen auch verschiedene Mitglieder der ehemaligen Regierung.[199]

Es kam zu Zusammenstößen zwischen den Flüchtlingen und den Botschaftern auf der einen Seite und der neuen chilenischen Regierung auf der anderen Seite. Bei diesen wurden mehrere Flüchtlinge getötet. Es wurde den Botschaftern außerdem untersagt, mit Fahrzeugen durch die Stadt zu fahren und dabei Flüchtlinge aufzunehmen. Wer Flüchtlinge transportiere, mache sich einer aktiven Einmischung in die inneren Angelegenheiten des Landes schuldig. In Zukunft würden die Fahrzeuge auf ihren Inhalt und die Identität der Insassen hin untersucht.[200]

Sofern die Flüchtlinge sich aber in einer Botschaft befanden, gestattete Chile ihnen in der Regel unterschiedslos die freie Ausreise. Die Drohung, eine härtere Haltung gegenüber Flüchtlingen in Botschaften einzunehmen, mit deren Regierungen kein Asylvertrag bestand, setze die chilenische Regierung nicht durch. Am 24. Mai 1974 konnten die letzten Flüchtlinge das Land verlassen.[201]

cc) Albanien 1990

Ein weiterer bekannter Fall ereignete sich 1990 in Albanien. Dort flohen über 5000 Albaner[202] in die Botschaften von Ägypten, der Bundesrepublik Deutschland (3200 Personen)[203], der DDR, Frankreich (544 Flüchtlinge)[204], Griechenland, Italien (1000 Personen)[205], Polen, Rumänien, der Tschechoslowakei, der Türkei und Ungarn (144 Flüchtlinge)[206].

Nachdem Proteste gegen die damalige Regierung blutig niedergeschlagen worden waren, begann im Juli 1990 eine Massenflucht in die ausländischen Botschaften. Die Flüchtlinge waren nicht mehr gewillt, in einem Land zu leben, das als extrem kommunistisches Land zu den ärmsten und isoliertesten Ländern Europas gehörte und in dem die Freiheiten des Einzelnen stark unterdrückt waren.

Zwar war eine langsame Öffnung des Landes von der Regierung beschlossen worden, aber eine Umsetzung der Beschlüsse war nicht abzusehen. So war seit Mai 1990 grundsätzlich Religionsfreiheit gegeben, aber Kirchen und Moscheen blieben geschlossen. Genauso standen den Albanern zwar Pässe und die Ausreisefreiheit zu, aber Ausreisewillige erhielten keinen Pass und wurden beschossen. Auch sollten staats-

---

198 Zur Geschichte: *Carrie*, Diplomatisches Asyl, S. 93; *Dahm/Delbrück/Wolfrum*, S. 291.
199 Dazu *Carrie*, Diplomatisches Asyl, S. 93; *Dembinski*, Law of Diplomacy, S. 249.
200 Vgl. *Carrie*, Diplomatisches Asyl, S. 94.
201 Dazu *Carrie*, Diplomatisches Asyl, S. 94; vgl. auch *Dembinski*, Law of Diplomacy, S. 249.
202 Nach AdG 1990 (60), S. 34701; *Carrie*, Diplomatisches Asyl, S. 94.
203 Nach AdG 1990 (60), S. 34702; *Carrie*, Diplomatisches Asyl, S. 95.
204 In AdG 1990 (60), S. 34702.
205 In AdG 1990 (60), S. 34702.
206 Vgl. *Carrie*, Diplomatisches Asyl, S. 95 FN 144.

feindliche Äußerungen nicht mehr strafbar sein, dennoch wurden regierungskritische Demonstranten blutig niedergeprügelt.

Auch die Flucht in die Botschaften versuchte Albanien um jeden Preis zu verhindern; so wurden die Flüchtlinge beschossen, als sie versuchten in die Botschaften zu gelangen. Tirana, die albanische Hauptstadt, glich schon Anfang Juli einem Armeelager und die einzelnen Botschaften wurden von der Polizei abgeriegelt.[207]

Am 5. Juli forderten die EG-Staaten in einer Note von Albanien, die körperliche Integrität der Flüchtlinge und ihrer Familien zu garantieren und die Unverletzlichkeit der Botschaften zu achten. Sie verlangten energisch die Respektierung der Menschenrechte, insbesondere, da Albanien Interesse an einer Unterzeichnung der KSZE-Schlussakte von Helsinki bekundet hatte. Die albanischen Behörden verbaten sich einen derartigen „brutale(n) Angriff und unmenschliche Akte“[208] gegen Albanien. Es gebe in Albanien ein Passgesetz und daher gebe es keinen Grund, die Flüchtlinge in den Botschaften festzuhalten, was nur zu einer Verzögerung bei der Visaerteilung führe. Albanien sagte den Flüchtlingen dann die Ausstellung von Pässen und Straffreiheit zu, wenn sie zunächst die Botschaften verließen. Dies verweigerten die meisten Flüchtlinge jedoch aus Angst. Die Zustände in den Botschaften wurden derweilen unhaltbar.[209]

Am 10. Juli durften die ersten 51 Albaner auf Vermittlung der Tschechoslowakei mit gültigen Papieren nach Prag ausfliegen. Am 12. und 13. Juli wurden die verbliebenen Flüchtlinge mit Schiffen nach Italien gebracht. Einige Flüchtlinge blieben dort, während andere nach Deutschland und Frankreich weiterreisten.[210]

dd) DDR-Flüchtlinge 1989

Bemerkenswert ist auch der Fall der insgesamt ca. 5000 DDR-Bürger, die in Polen, der Tschechoslowakei und Ungarn in die Botschaften der Bundesrepublik Deutschland und in der DDR in die Ständige Vertretung letzterer geflohen waren. Das Bemerkenswerte an diesem Fall ist nicht die Anzahl der beteiligten Staaten, sondern die hohen Anzahl der Flüchtlinge und die Tatsache, dass das deutsch-deutsche Verhältnis mit all seinen Besonderheiten betroffen war.

Zunächst befanden sich Ende Juli 1989 etwa 150 Personen in den verschiedenen Botschaften, die in den Westen ausreisen wollten. Die Zahl der Ausreisewilligen nahm von da an stetig zu.[211]

---

207 Zur Situation: AdG 1990 (60), S. 34701 ff.; Los Angeles Times v. 14.7.1990; The Washington Post v. 5.7.1990; The Canadian Press v. 4.7.1990; The Associated Press v. 4.7.1990.

208 AdG 1990 (60), S. 34703.

209 Vgl. AdG 1990 (60), S. 34703; Los Angeles Times v. 14.7.1990.

210 Vgl. insgesamt dazu: AdG 1990 (60), S. 34702 f.; *Carrie*, Diplomatisches Asyl, S. 95 f.

211 Vgl. zu der im Folgenden geschilderten Situation insgesamt: AdG 1989 (59), S. 33749 ff.; Der Spiegel v. 27.9.1999, S. 61 ff.

Am 7. August 1989 sah sich die Bundesrepublik gezwungen, die Ständige Vertretung in Ost-Berlin für den Publikumsverkehr zu schließen, da sich zu diesem Zeitpunkt bereits 130 Flüchtlinge dort aufhielten. Eine Aufnahme weiterer Personen sei unter menschenwürdigen Umständen nicht mehr möglich. Die DDR sicherte den Flüchtlingen lediglich Straffreiheit zu, nicht jedoch eine Ausreisemöglichkeit.

Die Bundesregierung wies darauf hin, dass Botschaftsbesetzungen nicht der richtige Weg seien, um eine Ausreise in die Bundesrepublik zu erwirken. Sie stellte aber auch fest, dass sie die Flüchtlinge, für die sie als Deutsche eine besondere Obhutspflicht besäße, nicht aus den Botschaften entfernen werde. Derartige Obhutspflichten betrachtete die DDR als eine „typische großdeutsche Anmaßung, die aufs schärfste zurückgewiesen werden muß". Außerdem warf sie der Bundesrepublik eine „grobe Einmischung in die souveränen Angelegenheiten der DDR"[212] vor. Die Bundesrepublik widersprach diesen Vorwürfen, indem sie einen offiziellen Protest einlegte. Sie betonte aber, dass sie gewillt sei, die Politik einer konstruktiven und sachlichen Zusammenarbeit fortzusetzen. Die Verhandlungen scheiterten aber am mangelnden Verhandlungsspielraum des Verhandlungsführers der DDR, Wolfgang Vogel, der nur befugt war, den Flüchtlingen Straffreiheit zuzusagen. Die Flüchtlinge waren aber nicht bereit, auf dieses Angebot einzugehen. Sie wollten das Land verlassen.

Etwa zur selben Zeit, am 13. August 1989, musste die bundesdeutsche Botschaft in Budapest, in der sich mittlerweile 171 Personen befanden, für den Publikumsverkehr geschlossen werden. Ungarn bezeichnete das Flüchtlingsproblem als innerdeutsche Angelegenheit und stellte fest, dass es die guten Beziehungen zu beiden deutschen Staaten bewahren wolle und plädierte für eine humanitäre Lösung des Problems.

Die DDR warf der Bundesrepublik jedoch zunächst vor, sie verhalte sich völkerrechtswidrig, da sie nicht befugt sei, gegenüber den Bürgern der DDR Obhutspflichten auszuüben. Die Aufnahme der DDR-Bürger verstoße gegen Art. 4 des Grundlagenvertrages, der bestimmte, dass keiner der beiden Staaten den jeweils anderen international vertreten oder in seinem Namen handeln dürfe. Die Bundesrepublik wies den Vorwurf des völkerrechtswidrigen Handelns mit der Begründung von sich, es gäbe nur eine deutsche Staatsangehörigkeit.

Derweil stieg die Zahl der Flüchtlinge in der Botschaft weiter an. Am 18. August befanden sich schon 800 Personen in dem Gebäude.

Am 22. August 1989 wurde die Botschaft in Prag geschlossen, da die Kapazitäten durch mehr als 100 Menschen erschöpft waren.

Am 24. August erhielten die Personen, die in der Botschaft in Ungarn Aufnahme gefunden hatten, von der ungarischen Regierung gegen den Willen der DDR die Ausreiseerlaubnis nach Österreich als eine einmalige humanitäre Maßnahme. Es wurde dabei deutlich gemacht, dass dies keine Lösung für die ca. 150.000 bis 200.000 DDR-Bürger sei, die sich zu dieser Zeit als Urlauber in Ungarn aufhielten und vielfach versuchten,

212 Zitate in AdG 1989 (59), S. 33750 und bei *Carrie*, Diplomatisches Asyl, S. 101 FN 174.

die Grenze nach Österreich zu überqueren. (Später öffnete Ungarn seine Grenzen auch für diese Menschen.)[213]

Die Prager Regierung erklärte jedoch, dass diese Lösung für sie nicht in Frage komme. Sie wolle nicht, dass Botschaften zu „automatischen Türen für Ausreisewillige"[214] würden. In der bundesdeutschen Botschaft in Prag hielten sich zu dieser Zeit bereits 300 Menschen auf. Ein Teil der Personen war im Garten in beheizten Zelten untergebracht worden.

Am 8. September 1989 verließen die 117 Personen, die in die Ständige Vertretung in Ost-Berlin geflohen waren, dieses Gebäude (einige hatten die Vertretung schon zuvor verlassen). Ihnen war Straffreiheit, prinzipielle Rückkehr an den Arbeitsplatz und Rechtsbeistand bei ihren Ausreisegesuchen zugesichert worden. Allerdings wurde keine Ausreisegarantie erteilt.

Auf Grund dieser Zusicherungen erklärten sich am 12. September 1989 auch 250 der inzwischen 460 Personen in der Botschaft in Prag dazu bereit, in die DDR zurückzukehren. Allerdings verließen dann nur 40 von ihnen die Botschaft in Richtung DDR.

Mittlerweile gab es auch die ersten 60 Flüchtlinge in der bundesdeutschen Botschaft in Warschau. Auch Polen wies auf seine Bündniszugehörigkeit zum Warschauer Pakt hin und erklärte, dass es der Ansicht der DDR bezüglich der Staatsangehörigkeit der DDR-Bürger folge und daher keine Betreuungspflichten der Bundesrepublik anerkenne. Man sei aber bemüht, eine humanitäre Lösung für das Problem zu finden.[215] Am 19. September 1989 wurde auch diese Botschaft geschlossen, in der sich inzwischen 110 Flüchtlinge befanden. Die Zustände dort wurden als „unerträglich" und „völlig unzumutbar" bezeichnet.[216] Am 20. September wurde daher ein Teil der Menschen mit Zustimmung der polnischen Regierung in ein Priesterseminar der katholischen Kirche gebracht. Alle Flüchtlinge durften sich in Warschau frei bewegen, ohne dass sie befürchten mussten, abgeschoben zu werden.

In Prag waren es inzwischen 900 Flüchtlinge. Davon waren ca. 700 in Großzelten im Garten der Botschaft untergebracht. Das Rote Kreuz versorgte die Flüchtlinge durch eine Großküche. Unter den Flüchtlingen waren etwa 200 Kinder.

In Warschau befanden sich in der Botschaft nunmehr 100 Personen, weitere 150 Personen waren im Priesterseminar untergebracht. Die meisten von ihnen waren nachts über die Grenze nach Polen gekommen, einige hatten die Neiße durchschwommen, da für die Einreise nach Polen - anders als für die Einreise nach Ungarn - zusätzlich zu einem Pass ein Visum erforderlich war.

---

213 Dazu AdG 1989 (59), S. 33747.
214 Zitiert in AdG 1989 (59), S. 33752.
215 Vgl. AdG 1989 (59), S. 33753.
216 Zitat des Außwärtigen Amtes in AdG 1989 (59), S. 33753.

Der damalige Außenminister der Bundesrepublik, Hans-Dietrich Genscher, nutzte ein Treffen der UNO in New York, um Gespräche mit Vertretern der Sowjetunion, der Tschechoslowakei, Polen, Ungarn und der DDR zu führen.

Derweil wuchs die Zahl der Flüchtlinge, die sich in den Botschaften befanden, weiter an.

Am 26. September 1989 befanden sich in der Botschaft in Prag 1046 Flüchtlinge, denen der Verhandlungsführer der DDR Wolfgang Vogel nun zusicherte, nach ihrer Rückkehr in die DDR innerhalb von sechs Monaten in die Bundesrepublik ausreisen zu dürfen. Den gleichen Vorschlag machte er den nun über 400 Personen in Warschau. 266 Personen entschieden sich dafür, das Angebot anzunehmen. Dennoch waren am 29. September 600 Flüchtlinge in Warschau. In Prag beherbergte die Botschaft bereits mehr als 2000 Menschen.

In New York führte Genscher seine Gespräche fort. Am 28. September 1989 schilderte er seinem sowjetischen Amtskollegen Schewardnadse die Lage der Deutschen in der Botschaft in Prag. Dies und der Druck, den die Festlichkeiten zum 40jährigen Bestehen der DDR auslösten, führte zu einem Durchbruch in den Verhandlungen. Am 30. September 1989 konnte Genscher den nun rund 4000 Flüchtlingen mitteilen, dass sie und die Flüchtlinge, die sich in Warschau befanden, in die Bundesrepublik ausreisen dürften.[217] Sie wurden in Sonderzügen der ostdeutschen Reichsbahn über das Territorium der DDR in die Bundesrepublik gebracht. Auf diesen Weg hatte die DDR bestanden, die damit den Anschein aufrechterhalten wollte, dass die Flüchtlinge zunächst in die DDR zurückgekehrt waren, bevor sie ausreisen konnten. In den Zügen fuhren allerdings Beamte der Bundesregierung mit. Zweck dieser letzteren Maßnahme war es, den Flüchtlingen zum einen die Angst zu nehmen, noch einmal durch die DDR zu reisen, und zum anderen, das zugesagte freie Geleit für alle sich in den Zügen befindenden Personen zu kontrollieren. Insgesamt reisten mit diesen Zügen ca. 7000 Personen aus, da viele Menschen entweder, noch zu den jeweiligen Botschaften gefahren waren, nachdem sie die Mitteilung in den Nachrichten gehört hatten,[218] oder auf die fahrenden Züge aufgesprungen waren.[219]

b) Einzelstaaten

Nachdem beispielhaft einige bedeutendere Asylfälle in der Geschichte dargestellt worden sind, rücken nun für die Beurteilung der Frage, ob eine für das Völkergewohnheitsrecht erforderliche Übung vorliegt, die einzelnen Staaten und die Frage, wie oft und wo sie Asyl gewährt haben, in den Blick. Dabei stellen die folgenden Fälle jedoch sicherlich nur ein Bruchteil der Fälle, die sich tatsächlich ereignet haben, dar. Denn wahrscheinlich sind die meisten Fälle, in denen diplomatisches Asyl gewährt wurde, nie an die Öffentlichkeit gelangt, weil sie diplomatisch auf zwischenstaat-

217 Zur damaligen Stimmung: Die Welt v. 30.9.1989, S. 5.
218 So Der Spiegel v. 27.9.1989, S 61ff.
219 Dazu Die Welt v. 30.9.1989, S. 5.

lichem Wege gelöst wurden. Die Staaten haben kein Interesse daran, sich bei der Gewährung eines Instituts „erwischen" zu lassen, dessen rechtlichen Grundlagen ungeklärt sind. Auch ist es häufig einfacher, die Konflikte, die sich aus der Gewährung diplomatischen Asyls ergeben, mit Mitteln der Diplomatie zu lösen, wenn die Öffentlichkeit nicht beteiligt ist.

aa) Deutschland (Bundesrepublik Deutschland)

Deutschland betreffend ist der bekannteste Fall des diplomatischen Asyls sicherlich der bereits dargestellte Fall der Aufnahme der DDR-Flüchtlinge 1989 in der ständigen Vertretung der Bundesrepublik in Ost-Berlin und in den Botschaften der Bundesrepublik in Polen, der Tschechoslowakei und Ungarn.[220] Aber auch 1984[221] war es dort schon zu Aufnahmen von DDR-Flüchtlingen gekommen.

Der erste bekannte Fall eines von Deutschland gewährten diplomatischen Asyls ereignete sich 1830 in Guatemala.[222] Seitdem hat Deutschland in ca. 30 Fällen Asyl gewährt[223], einmal in Persien 1909 die Aufnahme von Flüchtlingen verweigert[224] und ein anderes mal Flüchtlinge aus der Botschaft verwiesen. Im letztgenannten Fall handelte es sich um Osttimorer, die 1996 in Jakarta in die Botschaft der Bundesrepublik geflohen waren[225].

Besonders erwähnenswert sind neben den DDR-Flüchtlingen und den ebenso schon dargestellten Fällen in Chile 1973/74 und Albanien 1990, die neueren Fälle von Aufnahmen von Flüchtlingen in die Botschaften Deutschlands auf Kuba (1994)[226] und in China (insbesondere 2002 und 2004)[227].

In letzterem Fall handelte es sich um Nordkoreaner, die zumeist illegal nach China eingereist waren und nun über den „Umweg" diverser[228] westlicher Botschaften, Konsulate oder sogar Botschaftsschulen versuchten, nach Südkorea auszureisen. Sie flohen vor den Repressionen einer der letzten stalinistischen Diktaturen der Welt,

220 Vgl. dazu nur AdG 1989 (59), S. 33749 ff.

221 Vgl. AdG 1984 (54), S. 27827; The Associated Press v. 25.2., 1./4.3., 2./9./24.10.1984, 3./4./21.1.1985; The New York Times v. 1.2.1984, S. 3; 26.2., S. 8; 2.3., S. 3; *Carrie*, Diplomatisches Asyl, S. 100 FN 167.

222 Dazu *Moncada*, ZöR 1944 (XXIII), S. 403, 415; *Ungerer*, Diplomatisches Asyl, S. 81.

223 Vgl. dazu die Liste im Anhang.

224 Dazu *Moncada*, ZöR 1944 (XXIII), S. 403, 427.

225 Nach FAZ v. 18.4.1996, S. 7.

226 Vgl. AdG 1994 (64), S. 39053 A2; NZZ v. 14./21. und 23.6.1994 jeweils S. 2.

227 Vgl. Die Welt v. 27.4.2002, S. 5; 17.7.2004, S. 6; NZZ v. 15.9.2002, S. 9; FAZ v. 2.6.2004, S. 2.

228 **Japan**: FAZ v. 15.5.2002, S. 2; NZZ v. 10.5.2002, S. 5; 13.5., S. 2; 24.5., S. 3; **Kanada**: FAZ v. 15.5.2002, S. 2; NZZ v. 13.5.2002, S. 1, 2; 14.6., S. 9; The Gazette v. 14.5.2002, S. A14; **Spanien**: FAZ v. 15.3.2002, S. 6; Die Welt v. 15.3.2002, S. 10; 16.3., S. 6; NZZ v. 13.5.2002, S. 2; 15.3., S. 3; 18.3., S. 5; **Südkorea**: NZZ v. 27.5.2002, S. 5; 14.6., S. 9; 19.6., S. 2; **USA**: FAZ v. 15.5.2002, S. 2; NZZ v. 13.5.2002, S. 2.

Hunger, Armut, politischer Unterdrückung und Verfolgung, Folter und Tod.[229] Nachdem einigen Nordkoreanern die Flucht in die spanische Botschaft gelungen war, riegelte die chinesische Regierung das Botschaftsviertel ab.[230] China befand sich auf Grund der Botschaftsflüchtlinge in einem politischen Dilemma.[231] Auf der einen Seite gab es ein Auslieferungsabkommen mit Nordkorea, auf der anderen Seite wollte es sich wirtschaftlich und machtpolitisch dem Westen annähern. Das war aber nur möglich, wenn es den Flüchtlingen eine Ausreise aus China gestattete, was wiederum dazu hätte führen können, dass weitere Nordkoreaner versuchen würden, auf diesem Wege nach Südkorea zu gelangen. Das Dilemma führte zunächst dazu, dass die meisten Flüchtlinge, die es bis in eine Botschaft geschafft hatten, ausreisen durften.[232] Als der Flüchtlingsstrom jedoch immer weiter anstieg, begann China, die Flüchtlinge festzunehmen, die versuchten, eine Botschaft zu erreichen[233], und diese und die illegal im Grenzgebiet lebenden Nordkoreaner als potentielle Botschaftsflüchtlinge nach Nordkorea auszuweisen.[234] Auch Fluchthelfer nahm China fest und ging rechtlich gegen sie vor.[235] Anscheinend führte dies tatsächlich zu einem Rückgang der versuchten Fluchten von Nordkoreanern in Botschaften. Seit Mitte 2004 ist nur noch ein Fall des diplomatischen Asyls für Nordkoreaner[236] bekannt geworden.

Einer der jüngsten Fälle von Aufnahmen in einer bundesdeutschen Botschaft ist der Fall des ehemaligen Innenministers François Boko von Togo. Dieser hatte sich kurz vor den Präsidentschaftswahlen im Mai 2005 dafür ausgesprochen, die Wahlen zu verschieben, da er massive Wahlfälschungen und - auf Grund der aufgebrachten Stimmung im Land - Massaker unter der Zivilbevölkerung befürchtete. Nach dieser Äußerung musste er die Rache der Regierung (der er selbst angehört hatte) fürchten und floh in die deutsche Botschaft. Deutschland bemühte sich dann um eine sichere Ausreise in ein Drittland oder die Garantie seiner persönlichen Sicherheit. Als sich die Befürchtungen des ehemaligen Innenministers bewahrheiteten und es zu bürgerkriegsähnlichen Zuständen in Togo kam, versuchte die Bundesregierung den Konflikt möglichst schnell zu lösen, um nicht in innertogische Spannungen hineingezogen zu werden. Andererseits wollte sie den ehemaligen Innenminister auch nicht der aufgebrachten Menge auf der Straße ausliefern. Togo reagierte auf das Verhalten der Bundesrepublik mit massiver antideutscher Propaganda, die schließlich darin gipfelte, dass das

229 Vgl. FAZ v. 15.3.2002, S. 6; 2.6.2004, S. 2; Die Welt v. 15.3.2002, S. 10; NZZ v. 15.3.2002, S. 3; 18.3., S. 5; 15.9., S. 9; The Gazette v. 14.5.2002, S. A14.

230 Vgl. FAZ v. 15.3.2002, S. 6; Die Welt v. 15.3.2002, S. 10; 16.3., S. 6; 27.4., S. 5; NZZ v. 15.3.2002, S. 3; 13.5., S. 2; 15.9., S. 9.

231 Vgl. FAZ v. 15.3.2002, S. 6; Die Welt v. 16.3.2002, S. 6; 27.4., S. 5; NZZ v. 18.3.2002, S. 5; 13.5., S. 2; 15.9., S. 9.

232 Dazu FAZ v. 15.5.2002, S. 2; 2.6.2004, S. 2; Die Welt v. 16.3.2002, S. 6; 17.7.2004, S. 6; NZZ v. 18.3.2002, S. 5; 24.5., S. 3; The Gazette v. 14.5.2002, S. A14.

233 Hierzu NZZ v. 10.5.2002, S. 5; 13.5., S. 2; Korea Times v. 10.9., 16.9. und 10.11.2004.

234 Dazu FAZ v. 2.6.2004, S. 2; Korea Times v. 10.9.und 10.11.2004.

235 So Kyodo News International, Asian Political News v. 8.7.2002; BBC Monitoring International Reports v. 2.7.2002.

236 Acht Nordkoreaner fanden Aufnahme in der **japanischen** Botschaft in China. Los Angeles Times v. 24.1.2005, Part A, S. 5.

Goethe-Institut in Brand gesetzt wurde. Daraufhin bestellte die deutsche Regierung den togischen Botschafter in Berlin ein, um ihren Protest zu übermitteln und ihren Erwartungen Ausdruck zu verleihen, dass alles unternommen werde, die Täter zu ermitteln, sie zu bestrafen und weitere Angriffe zu verhindern. Um den Konflikt zu entschärfen, bot Frankreich schließlich dem Flüchtling und seiner französischen Frau Asyl in Frankreich an.[237] Über das weitere Schicksal von François Boko und seiner Frau ist nichts bekannt.

bb) Frankreich

Auch Frankreich gehört zu den Ländern, die häufiger diplomatisches Asyl gewährten. Seit 1750 hat Frankreich in ca. 36 (bekannt gewordenen Fällen) Asyl gewährt[238] und nur zweimal die Aufnahme von Flüchtlingen verweigert.

Letzteres war zum einen der Fall als 1920 in Bolivien ein Bürgerkrieg ausbrach[239]. Zum anderen bat Frankreich 1998 in Malaysia die Regierung um die Entfernung von Indonesiern, die sich illegal in Malaysia aufhielten und in das Botschaftsgelände eingedrungen waren.[240] Im zweiten Fall baten auch andere[241] Botschaften um die Entfernung der Flüchtlinge, die sich laut Departement für Auswärtige Angelegenheiten der Schweiz gewaltsam Zutritt zu den Botschaften verschafft hatten. Dabei hatten sie die Wächter niedergeschlagen und sie unter Einsatz von Tränengas überwältigt. Danach versuchten sie, die Panzerglasfensterscheiben einzuschlagen. Es hieß, die Eindringlinge seien nicht gesprächsbereit gewesen und hätten auch nicht um Asyl gebeten.[242]

Abgesehen von diesen beiden Fällen gewährte Frankreich – wie gesagt – sehr häufig diplomatisches Asyl. Dabei ist erkennbar, dass Frankreich an allen bedeutenderen Asylfällen der Geschichte beteiligt war[243] und insbesondere in Lateinamerika und in seinen ehemaligen Kolonien Asyl gewährte.

So gewährte Frankreich auf Haiti zwischen 1876 und 1915 in acht Fällen diplomatisches Asyl.[244] 1908 und 1915 flohen jeweils gestürzte Präsidenten (1908: Nord Alexis und 1915: Guilleaume) und ihre Anhänger in die französische Botschaft.[245] Während der ehemalige Präsident Nord Alexis auf einem französischen Kriegsschiff das Land verlassen durfte, war dies Guilleaume nicht vergönnt. Er wurde von der Bevölkerung,

237 Dazu FAZ v. 30.4.2005, S. 1,2; 2.5., S. 8; 6.5., S. 5.

238 Vgl. Liste im Anhang.

239 Dazu *Moncada*, ZöR 1944 (XXIII), S. 403, 410; *Ungerer*, Diplomatisches Asyl, S. 71 f.; *Volkening*, S. 35.

240 Vgl. NZZ v. 11.4.1998, S. 2; 15.4., S. 13.

241 **Schweiz** und **Brunei**: NZZ v. 11.4.1998, S. 2; 15.4., S. 13.

242 Dazu NZZ v. 11.4.1998, S. 2; 15.4., S. 13.

243 Siehe dort S. 26 ff.

244 Vgl. zu allen Fällen die Liste im Anhang.

245 Zu beiden Vorfällen: *Moncada*, ZöR 1944 (XXIII), S. 403, 419; *Ungerer*, Diplomatisches Asyl, S. 85.

die in die Botschaft eingedrungen war, ergriffen und ermordet. Wegen dieses Vorgangs leistete die neue haitianische Regierung Genugtuung.[246]

Im März / April 1975 nahm die Botschaft Frankreichs in Kambodscha etwa 800 – 900 ausländische Flüchtlinge auf. Diese waren vor den Unruhen, zu denen es auf Grund der Machtübernahme der Roten Khmer kam, dorthin geflohen. Sie durften später nach Thailand ausreisen.[247]

Am 6. März 1982 nahm die französische Botschaft in Zentralafrika den Führer der Oppositionspartei Ange Patasse auf, der von der Militärregierung verfolgt wurde, da er für einen gescheiterten Staatsstreich einige Tage zuvor verantwortlich gemacht wurde. Frankreich verweigerte die Erfüllung des Übergabeverlangens Zentralafrikas. Patasse konnte am 13. April 1982 nach Togo ausreisen, wo ihm politisches Asyl gewährt wurde.[248]

Am 13. Oktober 1990 nahm die französische Botschaft in Beirut den ehemaligen Staatschef und Führer christlicher Kampfverbände, General Michel Aoun, auf. Dieser hatte im Nordosten von Beirut ein 300 km² großes Gebiet kontrolliert, das zunächst nur von der libanesischen Armee abgeriegelt worden war. Nachdem am 1. Oktober 1990 rund 5000 Libanesen mit einem Protestmarsch ihre Solidarität mit Aoun und ihre Ablehnung der Blockade bekundet hatten (dabei waren nach Schüssen 30 Personen getötet und 100 verletzt worden), griffen am 13. Oktober 1990 syrische und libanesische Einheiten die Stellungen Aouns an. Dabei kam es zu mindestens 200 Toten und 700 Verletzten. Als dann syrische Truppen begannen, den Palast Aouns zu bombardieren, sah sich dieser zur Aufgabe gezwungen. Er floh in die französische Botschaft. Die libanesische Regierung verlangte die Übergabe Aouns, da er sich wegen verbrecherischer Handlungen vor Gericht verantworten müsse. Diese wurde von Frankreich verweigert.[249] Am 29. August 1991 konnte Aoun mit Zustimmung der libanesischen Regierung das Land Richtung Frankreich verlassen.[250]

cc) Großbritannien

Während Großbritannien zwar grundsätzlich zu den Staaten gehört, die in ihrer Geschichte sehr häufig diplomatisches Asyl gewährt haben – seit 1726 in etwa 35 Fällen[251] – ist in jüngerer Zeit eine starke Tendenz erkennbar, seltener Asyl zu gewähren. In der zweiten Hälfte des 20. Jahrhunderts hat Großbritannien nur noch zweimal Flüchtlingen internes Asyl gewährt, aber in sechs Fällen die Aufnahme verweigert. Erwähnenswert ist auch, dass es sich als eines der wenigen Länder nicht an der Aufnahme von Flüchtlingen nach dem Staatsstreich in Chile 1973/74 beteiligt hat. Auch

246 Nur zu letzerem Fall: *Volkening*, S. 56.
247 Vgl. *Carrie*, Diplomatisches Asyl, S. 102; *v. Pollern*, Modernes Asylrecht, S. 98.
248 Vgl. *Carrie*, Diplomatisches Asyl, S. 103.
249 Zu dem Geschehen insgesamt: AdG 1990 (60), S. 34960 f.; *Carrie*, Diplomatisches Asyl, S. 103 f.
250 Nach *Carrie*, Diplomatisches Asyl, S. 104.
251 Vgl. dazu Liste im Anhang.

während der Flüchtlingswelle in Albanien 1990 kam es zu keinen Aufnahmen. Am Anfang des 21. Jahrhunderts ist nur ein Fall der Verweigerung der Gewährung diplomatischen Asyls bekannt.

Die Aufnahmen von Flüchtlingen in der Mitte des 20. Jahrhunderts ereigneten sich einmal in Zypern, wo der Staatspräsident Erzbischof Makarios nach einem Staatsstreich am 15. Juli 1974 auf einen britischen Militärstützpunkt floh[252] und ein weiteres Mal 1995, als fünf Männer aus Ost-Timor die britische Botschaft in Jakarta (Indonesien) besetzten. Die Männer waren nach eigenen Angaben Mitglieder einer Bewegung, die für die Unabhängigkeit Ost-Timors von Indonesien eintrat. Sie konnten später nach Portugal ausreisen, wo sie Asyl erhielten.[253]

Die Ablehnung von Flüchtlingen begann 1967 in Indien. Der sowjetische Professor Oulong Zade war als Begleiter einer sowjetischen Reisegruppe nach Indien gekommen und versuchte, in die britische Botschaft zu fliehen. Diese wies ihn jedoch ab. Er wurde dann von der US-amerikanischen Botschaft aufgenommen und konnte, nachdem er sich den Behörden gestellt hatte, nach einigen Tagen nach London ausreisen.[254]

1971 flohen vier Armenier in Russland in die britische Botschaft und baten um Ausreisevisa. Diese wurden ihnen verweigert und sie wurden gebeten, am nächsten Morgen die Botschaft zu verlassen. Sie verließen die Botschaft heimlich.[255]

In Südafrika verweigerte Großbritannien zweimal die Aufnahme von Flüchtlingen. Am 13. September 1984 flohen sechs Politiker der Opposition in das Konsulat Großbritanniens. Ihnen drohte auf Grund eines Haftbefehls des Justizministers die Verhaftung und die Todesstrafe. Großbritannien erklärte zunächst, dass es die Flüchtlinge aus humanitären Gründen nicht gegen deren Willen aus dem Konsulat weisen werde. Als am 6. Oktober 1984 jedoch drei der Politiker das Konsulat verließen und direkt festgenommen wurden, drängte Großbritannien die verbleibenden drei Flüchtlinge, das Konsulat ebenfalls zu verlassen. Da sich auch keine andere Nation bereit erklärte, den Schutz der Flüchtlinge zu übernehmen, stellten sich diese am 12. Dezember 1984 den Behörden.[256] Auch als am 29. März 1989 sechs ehemalige politische Gefangene in die britische Botschaft flohen, wurde ihnen deutlich gemacht, dass sie nicht willkommen seien. Sie verließen die Botschaft am nächsten Tag. Allerdings hatte ihnen Südafrika in der Zwischenzeit bereits Straffreiheit zugesichert.[257]

Der letzte bekannt gewordene Fall einer Ablehnung internen Asyls durch Großbritannien ereignete sich 2002. Zwei afghanische Brüder, die nach eigenen Angaben der ethnischen Minderheit der Hazara angehörten und zu diesem Zeitpunkt 12 und 13 Jahre alt waren, hatten mit ihrer Familie in Australien Asyl gesucht und waren dort gemäß

---

252 Dazu *v. Pollern*, Modernes Asylrecht, S. 99.
253 Vgl. NZZ v. 30.9.1995, S. 2.
254 Vgl. *Carrie*, Diplomatisches Asyl, S. 106.
255 Dazu *Carrie*, Diplomatisches Asyl, S. 105.
256 Vgl. *Carrie*, Diplomatisches Asyl, S. 104 FN 188.
257 So *Carrie*, Diplomatisches Asyl, S. 104 f.

Section 189 des Migration Acts von 1958 in einer Jugendstrafanstalt festgehalten worden. Im Juni waren sie von dort geflohen und im Juli betraten sie den Warteraum des britischen Konsulats in Melbourne und baten um Asyl. Der Vize-Konsul erklärte ihnen, dass er zunächst nachfragen müsse, ob er ihnen diplomatisches Asyl gewähren dürfe. Solange sie aber in dem Konsulat seien, seien sie sicher. Auf Grund einer Anweisung des Foreign and Commonwealth Office in London an den Konsul, dass es keinen Grund gäbe, diplomatisches Asyl in einem Land zu gewähren, in dem die Flüchtlinge bereits Asyl gefunden hätten, bat der Konsul die australischen Behörden, die beiden wieder in ihre Obhut zu nehmen. Die Flüchtlinge verließen von sich aus das Konsulat und wurden erneut von Australien verhaftet. Die Flüchtlinge klagten gegen die Entscheidung Großbritanniens ihnen das diplomatische Asyl zu verweigern. Der Klage war aber auch in der Revision kein Erfolg beschieden.[258]

dd) USA

Die USA sind das Land, das in seiner Geschichte mit Abstand am häufigsten diplomatisches Asyl gewährt hat. Seit 1831 haben die USA in ca. 90 bekannt gewordenen Fällen Flüchtlinge aufgenommen und in 16 Fällen die Aufnahme von Flüchtlingen verweigert.[259] Dabei ist sicherlich auch ausschlaggebend, dass die USA für viele Flüchtlinge eine starke Anziehungskraft besitzen und sie daher auch häufiger die Gelegenheit erhalten, diplomatisches Asyl zu gewähren. Gerade diese Anziehungskraft könnte aber eine gewisse Zurückhaltung bei der Gewährung diplomatischen Asyls erklären, um nicht noch weitere Anreize für potentielle Flüchtlinge zu schaffen.

Bemerkenswert ist die Besonderheit, dass die USA Flüchtlinge auch über mehrere Jahre beherbergen. Zu den bekanntesten Fällen dieser Art gehört sicherlich der des ungarischen Kardinals Mindszenty. Er war 1948 von den ungarischen Behörden wegen seiner anti-kommunistischen Gesinnung verhaftet worden und zum Tode verurteilt worden.[260] 1956 wurde er jedoch von den ungarischen „Kämpfern für Freiheit" befreit. Am 4. November 1956 musste er aber, nachdem die Sowjetunion einen Volksaufstand in Ungarn niedergeschlagen hatte, in die US-amerikanische Botschaft fliehen.[261] Erst am 28. September 1971 – also 15 Jahre später – konnte er das Land verlassen.[262] Er lebte im Obergeschoss der Botschaft, während die römisch-katholische Kirche für seine Verpflegung und medizinische Versorgung aufkam.[263] Erst nach zähen Verhandlungen zwischen den USA, Ungarn und dem Vatikan konnte Mindszenty Richtung Rom ausreisen. Kurze Zeit später ließ er sich in Wien nieder.[264]

---

258 Dazu The Independent v. 10.11.2004; The Daily Telegraph v. 28.10.2004, Law S. 25.

259 Vgl. dazu Liste im Anhang.

260 Dazu Los Angeles Times v. 25.12.1989, Part A, S. 7; The Washington Post v. 13.6.1989, S. A25.

261 Dazu The Washington Post v. 13.6.1989, S. A25.

262 Vgl. *Carrie*, Diplomatisches Asyl, S. 106; *Kimminich*, Asylrecht, S. 35; *Kitschenberg*, Diplomatisches Asyl, S. 10, 117, 124; *v. Pollern*, Modernes Asylrecht, S. 97 f.

263 Siehe The Washington Post v. 13.6.1989, S. A25.

264 Vgl. The New Leader, 12.6.1989, S. 3.

Der Fall des chinesischen Astrophysikers Fang Lizhi und seiner Frau Li Shuxian weist gewisse Parallelen dazu auf. Die beiden hatten sich am 5. Juni 1989 nach der gewaltsamen Niederschlagung der Protestbewegung für Demokratie, insbesondere am Platz des Himmlischen Friedens, in die US-amerikanische Botschaft in Peking geflüchtet. Fang Lizhi hatte schon zuvor immer wieder Parteiausschlüsse, Erziehungslager auf dem Land mit der dabei üblichen Arbeit in Minen und Hausarreste für seine Äußerungen, dass die Wissenschaft und ihr Denken sich öffnen müsse, erlebt. Dabei hatte er auch diverse Parteifunktionäre (teilweise namentlich) kritisiert und damit einen Anstoß für die Studentenproteste gegeben.[265] Auch nach der Niederschlagung der Proteste ließ China nicht nach, die Verantwortlichen zu bestrafen. Etwa 10 Tage nach dem Massaker am Platz des Himmlischen Friedens waren bereits 750 Verhaftungen bekannt geworden. Die Gefangenen wurden gefoltert und von Schnellgerichten verurteilt, die die Anweisung, besondere Härte walten zu lassen, kaum benötigten. Sie wurden öffentlich gedemütigt, in dem sie (teilweise mit Schildern um den Hals) im Fernsehen vorgeführt wurden, bevor sie zur Zwangsarbeit zwecks Umerziehung auf das Land geschickt wurden. In den Schnellverfahren der Gerichte wurden auch Todesurteile gesprochen, die trotz der internationalen Proteste innerhalb weniger Tage öffentlich vollstreckt wurden. Auf den Fahndungslisten standen neben weiteren Studentenführern auch Fang Lizhi und seine Frau, deren Flucht aus dem Land es nach Ansicht Chinas zu verhindern galt.[266] Fang Lizhi und seine Frau Li Shuxian erlebten diese Tage schon in der Botschaft der USA, da sie frühzeitig gewarnt worden waren. Allerdings war ihre Sicherheit auch dort gefährdet, so dass sie nicht in der Botschaft selber untergebracht waren, sondern in einem Bereich der Botschaftsklinik. Dieser konnte nur unter strengsten Sicherheitsvorkehrungen betreten werden und war mit einem Alarmsystem ausgestattet. Die Fenster waren bedeckt und die Türen so abgedichtet, dass keine Geräusche nach außen dringen konnten.[267] Nach 13 Monaten konnten die beiden Flüchtlinge diesen Bereich verlassen und über Alaska nach London ausreisen. Möglich gemacht hatten dies schwierige Verhandlungen und der Wunsch Chinas, sich wirtschaftlich dem Westen weiter anzunähern.[268]

Mit China verbinden die USA auch in jüngster Zeit einige Asylfälle. Dabei handelte es sich um die bereits erwähnten Fälle, in denen Nordkoreaner in westliche Botschaften in China fliehen, um von dort nach Südkorea auszureisen.[269] Allerdings haben die USA die neun Nordkoreaner, die am 27. September 2004 in die internationale Schule der USA in Shanghai geflohen waren, an die chinesischen Behörden übergeben. Als Grund für die Übergabe gaben die USA an, dass die internationale Schule der USA in keiner Weise mit einer US-amerikanischen Gesandtschaft verbunden sei. Allerdings baten sie bei der Übergabe um Maßnahmen für die Sicherheit der Flüchtlinge, indem beispielsweise die Ausweisung nach Nordkorea verhindert werden sollte. Auch die südkoreanische Regierung schaltete sich in die Verhandlungen ein und war zuver-

265 Dazu Los Angeles Times v. 7.10.1990, S. 10 ff.
266 Vgl. zur Situation insgesamt AdG 1989 (59), S. 33437 ff.
267 Nach Los Angeles Times v. 7.10.1990, S. 10 ff.
268 So die Los Angeles Times v. 7.10.1990, S. 10 ff.
269 Siehe S. 35.

sichtlich, dass die Flüchtlinge ihrer Botschaft übergeben würden und dann nach Südkorea ausreisen könnten.[270] Das weitere Schicksal der Flüchtlinge ist nicht bekannt.

ee) Nordeuropäische Staaten

Bei den nordeuropäischen Staaten Dänemark, Finnland, Norwegen und Schweden ist eine große Zurückhaltung bei der Gewährung diplomatischen Asyls erkennbar. Alle vier Staaten zusammen haben in acht Fällen Flüchtlinge aufgenommen und in drei Fällen die Gewährung diplomatischen Asyls abgelehnt.[271]

Finnland und Norwegen haben in Spanien 1936 bis 1939 Flüchtlinge aufgenommen[272] und Norwegen und Schweden 1973/74 während des Militärputsches in Chile.[273]

Abgelehnt wurden sieben Osttimorer, die in Indonesien in der finnischen (vier Personen) und der schwedischen (drei Personen) Botschaft um diplomatisches Asyl gebeten hatten. Nachdem ihnen dieser Wunsch verweigert wurde, verließen sie die Botschaften freiwillig. Sie wurden später dergestalt zitiert, dass ihnen Straffreiheit zugesichert worden war.[274] Sie waren geflohen, weil sie nach eigenen Angaben dauerhaft von der indonesischen Geheimpolizei verfolgt und um ihr Leben fürchten würden, da sie sich für die Unabhängigkeit Osttimors einsetzten.[275]

ff) Die Staaten Mitteleuropas

Belgien, Irland, Österreich, die Niederlande und die Schweiz haben alle in Chile 1973/74[276] Flüchtlinge aufgenommen. Belgien und die Niederlande waren auch an der Aufnahme von Flüchtlingen während des Spanischen Bürgerkrieges 1936 bis 1939 beteiligt.[277] 1990 nahmen Belgien und die Schweiz auf Kuba Flüchtlinge auf.[278]

Die Schweiz gewährte darüber hinaus auch nach dem Bürgerkrieg in Liberia 1990 ca. 60 Flüchtlingen Zuflucht.[279] Der Bürgerkrieg wurde zwischen dem amtierenden Präsidenten Samuel Doe und seiner Armee und den Rebellentruppen Charles Taylors und Prince Johnsons ausgefochten. Dabei kam es immer wieder zu Massakern an Zivilisten der Stämme, die den jeweiligen Gegner unterstützten. Als es den Rebellentruppen am 27. Juli 1990 gelang, Doe abzusetzen, bedeutete dies aber keinesfalls ein Ende der Massaker und der damit verbundenen Fluchten in die angrenzenden Länder. In der Nacht zum 30. Juli überfielen Regierungstruppen eine lutherische Kirche in einem Vorort von Monrovia. Die St.-Peter-Kirche wurde als eines der sechs Flüchtlingszent-

---

270 Dazu BBC Monitoring v. 30.9.2004.
271 Vgl. Liste im Anhang.
272 Siehe S. 26 ff.
273 Siehe S. 29 ff.
274 So Agence France Presse v. 24.6.1993; Financial Times v. 25.6.1993, S. 4.
275 So Agence France Presse v. 24.6.1993.
276 Siehe S. 29 ff.
277 Siehe S. 26 ff.
278 Siehe S. 43 ff.
279 Vgl. *Carrie*, Diplomatisches Asyl, S. 97.

ren des IKRK (Internationales Komitee des Roten Kreuzes) in Liberia genutzt. Dorthin hatten sich rund 600 Menschen (hauptsächlich Frauen und Kinder) vor den Kämpfen geflüchtet. Diese wurden in der Nacht von den Regierungstruppen massakriert. Daraufhin kam es zu einem Ansturm auf die Botschaften der verschiedensten Nationen.[280] Neben der Schweiz nahmen auch die Bundesrepublik Deutschland (ca. 160 Personen), Spanien und Nigeria (mehrere hundert) Flüchtlinge auf.[281] Den Flüchtlingen in der nigerianischen Botschaft war das Schicksal nicht günstig gesinnt: Die Botschaft wurde von den Rebellentruppen erstürmt und geplündert. Die Flüchtlinge wurden dabei vertrieben. 63 Personen aus den Botschaften der Bundesrepublik und Spaniens konnten aus Liberia nach Spanien ausreisen. Sie wurden in einem Autokonvoi unter dem Schutz der Rebellentruppen aus dem Land gebracht.[282]

Insgesamt haben die mitteleuropäischen Staaten in 20 Fällen Flüchtlinge in ihre Botschaften aufgenommen und in zwei Fällen eine Aufnahme verweigert.[283]

gg) Süd- und Südwesteuropäische Staaten

Unter den Staaten Italien, Spanien und Portugal sticht Spanien besonders hervor. Während Portugal in nur drei Fällen (in ehemaligen Kolonien) Flüchtlinge aufgenommen hat, sind es in Spanien 16 Fälle. Italien hat in acht Fällen diplomatisches Asyl gewährt.[284] Es ist kein Fall bekannt, in dem einer dieser Staaten die Ausnahme von Flüchtlingen verweigert hätte.

Italien hat 1990 in Albanien[285] Asyl gewährt und Spanien hat 1973/74 in Chile diplomatisches Asyl gewährt[286] und 1990 in Liberia Flüchtlinge aufgenommen[287].

Beide Staaten hatten im gleichen Jahr einige Flüchtlinge während einer Flüchtlingswelle auf Kuba[288] aufgenommen. Dort waren am 10. Juli 1990 sieben Kubaner in die Botschaft der Tschechoslowakei geflohen, die sich seit einem Umsturz im Jahr zuvor vom Marxismus ab- und dem Westen zuwandte.

Dadurch wurde eine Flüchtlingswelle ausgelöst, die dazu führte, dass sich schließlich mehrere Personen in der belgischen[289], vier Flüchtlinge[290] in der italienischen, 18 Personen[291] in der spanischen, drei Menschen[292] in der schweizerischen und 19 Flüchtlin-

---

280 Vgl. zur Situation: AdG 1990 (60), S. 34758 ff.; *Carrie*, Diplomatisches Asyl, S. 97 f.
281 Dazu *Carrie*, Diplomatisches Asyl, S. 97.
282 Dazu *Carrie*, Diplomatisches Asyl, S. 98.
283 Vgl. dazu Liste im Anhang.
284 Vgl. Listen im Anhang.
285 Siehe S. 30 ff.
286 Siehe S. 29 ff.
287 Siehe S. 42 f.
288 Zur Situation insgesamt: AdG 1990 (60), S. 34738 f.
289 Nach The Canadian Press v. 4.9.1990.
290 Nach The Canadian Press v. 18.7.1990; AdG 1990 (60), S. 34739.
291 So The Canadian Press v. 18.7.1990; AdG 1990 (60), S. 34739.
292 Vgl. AdG 1990 (60), S. 34739.

ge[293] in der tschechischen Botschaft befanden. Allerdings ist nicht erwiesen, dass es sich bei all diesen Personen tatsächlich um Flüchtlinge handelte, die das Land verlassen wollten, oder ob sich unter ihnen nicht auch Angehörige der Sicherheitskräfte Kubas befanden, die die Flüchtlinge aushorchen und Unruhe in der Botschaft stiften sollten, damit die Flüchtlinge den Botschaftern lästig würden. Für letztere Annahme spricht, dass die Botschaften (auch die der Bundesrepublik Deutschland und Kanadas, obwohl sich in ihnen keine Flüchtlinge befanden) hermetisch abgeriegelt wurden und gleichzeitig der Eindruck entstand, dass bestimmte Personen durch die Absperrung hindurch gelassen wurden.[294] Mit dem Abriegeln der Botschaften verfolgte Kuba erkennbar das Ziel, den Flüchtlingen deutlich zu machen, dass sie, sofern sie die Botschaften nicht (mit der Zusicherung der Straffreiheit) verließen, zu „Dauergästen" in denselben werden würden.[295] Zugleich warf Kuba den westlichen Botschaften vor, die Flüchtlingswelle sei eine Aktion ihrer Regierungen, die Kuba diskreditieren und den Eindruck erwecken wollten, dass Kuba instabil sei.[296] Dem Geschäftsträger der Botschaft der Tschechoslowakei warf Kuba sogar vor, er habe durch die Aufnahme der Flüchtlinge seine Befugnisse überschritten und das kubanische Recht grob verletzt. Castro griff auch die tschechische Regierung mit den Worten an, sie sei „heuchlerisch" und „unlogisch"[297]. Einige tschechische Staatsangehörige verließen Kuba.[298] Als kubanische Polizisten einen Flüchtling in die spanische Botschaft verfolgten und ihn von dort entfernten,[299] protestierte die spanische Regierung gegen diese nicht akzeptable Gewalt.[300]. Später erklärte der spanische Außenminister Fernandez, dass es dem kubanischen Regime drohe, wie es den osteuropäischen Staaten widerfahren war, ohne Demokratisierung gestürzt zu werden.[301] Daraufhin warf Kuba Fernandez vor, er verhalte sich wie ein „gequälter Kolonialbeamter", den nicht nur die Unkenntnis der Lage, sondern auch ein „skandalöser Mangel an Kenntnissen über das internationale Recht" kennzeichne; er sei ein „Ignorant" mit „historischem Gedächtnisverlust", einem „Zynismus ohne gleichen" und habe sich moralisch „völlig disqualifiziert".[302] Zusätzlich beschoss der kubanische Geheimdienst Kubaner auf dem Gelände der spanischen Botschaft.[303] Die spanische Regierung erklärte daraufhin, dass sie „diese ungewöhnliche Erklärung des kubanischen Außenministeriums zurück(-weise), die in keiner Weise den internationalen Gepflogenheiten (entspreche)". Die Formulierungen erfüllten nicht die „minimalsten Anforderungen des internationalen Zusammenle-

293 So The Canadian Press v. 4.9.1990.

294 Vgl. Latin American Regional Reports: Caribean v. 30.8.1990, S. 6; AdG 1990 (60), S. 34739.

295 Vgl. AdG 1990 (60), S. 34739.

296 In The Canadian Press v. 18.7.1990; AdG 1990 (60), S. 34739.

297 Zitiert in AdG 1990 (60), S. 34739.

298 Dazu The Associated Press v. 17.7.1990.

299 Zu diesen Vorgängen Latin American Regional Reports: Caribbean v. 30.8.1990, S. 6; The Canadian Press v. 18.7.1990; The Associated Press v. 16. und 17.7.1990.

300 Vgl. Latin American Regional Reports: Caribbean v. 30.8.1990, S. 6; The Associated Press v. 17.7.1990.

301 Nach AdG 1990 (60), S. 34739.

302 Zitate in AdG 1990 (60), S. 34739.

303 Dazu AdG 1990 (60), S. 34739.

bens".[304] Zudem beorderte die Regierung Spaniens ihren Botschafter vorläufig zurück und suspendierte die geplante Sitzung der spanisch-kubanischen Kommission. Darüber hinaus unterbrach sie die wirtschaftliche Zusammenarbeit mit Kuba und bat die EG-Kommission, die Hilfen für Kuba vorläufig einzustellen.[305] Kuba drohte mit dem Abbruch der diplomatischen Beziehungen und fragte, wodurch Spanien berechtigt sei, Wirtschaftsmaßnahmen zu verhängen.[306] Nach und nach sahen die Flüchtlinge sich durch die unerbittliche Haltung Kubas, keine Ausreisen zu ermöglichen, gezwungen, die Botschaften zu verlassen,[307] was zu einer Entspannung in den zwischenstaatlichen Beziehungen beitrug. Ihnen wurde Straffreiheit zugesichert.[308]

hh) Vatikan

Der Vatikan hat in acht Fällen diplomatisches Asyl gewährt und in keinem Fall eine Aufnahme verweigert.[309] Er hat auch in Chile 1973/74 Flüchtlinge in seine Botschaft aufgenommen.[310]

Ein besonders erwähnenswerter Fall ist die Aufnahme des ehemaligen Diktators Panamas General Manuel Antonio Noriega. Er war nach der Invasion der USA, die am 20. Dezember 1989 stattfand[311], am 24. Dezember 1989 in die Botschaft des Vatikans geflohen[312]. Diese nahm ihn auf, um den der Invasion folgenden Kämpfen zwischen den US-amerikanischen Truppen und denen Noriegas ein Ende zu setzten. Als die USA davon erfuhren, dass sich Noriega in der Botschaft des Vatikans befand, umstellten sie diese (wie zuvor andere Botschaften auch schon)[313] und beschallten sie mit Rockmusik.[314] Die USA verlangten die Übergabe Noriegas, um ihn wegen diverser Drogendelikte in den USA vor Gericht stellen zu können. Der Vatikan verweigerte die Übergabe, da er keinen Auslieferungsvertrag mit den USA hatte und er außerdem der Meinung war, dass eine Übergabe, wenn überhaupt, nur an die neue Regierung Panamas möglich sei.[315] Diese war bereits zu Beginn der Invasion mit dem neuen Präsidenten Guillermo Endara gebildet worden. Möglich war dies, da eben die Wahlen, die objektiv zum Wahlsieg Endaras geführt hätten, von Noriega annulliert worden waren.[316] Nach diesen Wahlen hatte auch Endara einige Zeit in der Botschaft des Vatikans Auf-

---

304 Zitate nach AdG 1990 (60), S. 34739.

305 Vgl. AdG 1990 (60), S. 34739.

306 Dazu AdG 1990 (60), S. 34739.

307 Vgl. The Canadian Press v. 4.9.1990; United Press International v. 28.7.1990; The Associated Press v. 16. und 17.7.1990; AdG 1990 (60), S. 34739.

308 Hierzu The Canadian Press v. 4.9.1990.

309 Vgl. Liste im Anhang.

310 Siehe S. 29 ff.

311 Vgl. dazu und zur Situation: AdG 1990 (60), S. 34118 ff.

312 Vgl. AdG 1990 (60), S. 34212.

313 Dazu The Associates Press v. 91.1990.

314 Vgl. AdG 1990 (60), S. 34122; The New York Times v. 30.12.1989, S. 1.

315 Siehe AdG 1990 (60), S. 34122.

316 Dazu AdG 1990 (60), S. 34120; The Canadian Press v. 30.3.1990; Los Angeles Times v. 26.12.1989, S. 1.

nahme gefunden.[317] Die Übergabe Noriegas an die neue Regierung war aber nicht möglich, da sich diese eine angemessene Durchführung eines Prozesses gegen ihn nicht zutraute.[318] Daher kam der Regierung eine Übergabe an die USA und eine Verurteilung wegen diverser Drogendelikte gelegener, als der möglicherweise scheiternde Versuch eigener Prozesse wegen Landesverrats und Mordes, obwohl schon einige Beweise vorlagen.[319] Am 3. Januar 1990 stellte sich Noriega den US-amerikanischen Truppen, die ihn umgehend in die USA ausflogen und dort den Prozess gegen ihn vorbereiteten.[320] Er hatte die Botschaft verlassen, nachdem er entweder erkannt hatte, dass er nur so sein Leben schonen könne oder ihm vom Vatikan ein Ultimatum gestellt worden war.[321]

ii) Südosteuropäische Staaten

Die südosteuropäischen Staaten Griechenland und Türkei waren bei der Gewährung diplomatischen Asyls eher zurückhaltend. Beide haben 1990 in Albanien[322] Flüchtlinge aufgenommen und die Türkei hat dies auch im spanischen Bürgerkrieg getan[323]. Darüber hinaus hat die Türkei nur noch in drei weiteren Fällen diplomatisches Asyl gewährt.[324]

jj) Osteuropäische Staaten

Bei den Staaten des ehemaligen Ostblocks ist die Gewährung diplomatischen Asyls ein eher neues Phänomen. Von Russland abgesehen, das schon 1808 das erste Mal diplomatisches Asyl gewährt hat (und seitdem in sieben weiteren Fällen)[325], kam es zu den ersten Flüchtlingsaufnahmen eines osteuropäischen Staates erst 1936 – 1939 während des spanischen Bürgerkrieges[326], in dessen Verlauf Rumänien und Polen Flüchtlinge aufnahmen.

1990 in Albanien[327] haben sich dann eine Großzahl dieser Staaten an der Flüchtlingsaufnahme beteiligt: Algerien, Bulgarien, die DDR, Polen, Rumänien, Tschechien und Ungarn. Dies war für die meisten Staaten allerdings – soweit bekannt - auch das letzte Mal, dass sie Flüchtlinge aufgenommen haben.

317 Hierzu Latin America Weekly Report v. 11.1.1990, S. 2; The New York Times v. 30.12.1989, S. 1; Los Angeles Times v. 26.12.1989, S. 1.
318 Hierzu AdG 1990 (60), S. 34123; Los Angeles Times v. 1.1.1990, S. 1.
319 Dazu AdG 1990 (60), S. 34123.
320 Vgl. AdG 1990 (60), S. 34123; The Canadian Press v. 20.1.1990.
321 Vgl. AdG 1990 (60), S. 34123.
322 Siehe S. 30 ff.
323 Siehe S. 26 ff.
324 Vgl. dazu Liste im Anhang.
325 Vgl. dazu die Liste im Anhang.
326 Siehe S. 26 ff.
327 Siehe S. 30 f.

Tschechien hat darüber hinaus während der Flüchtlingswelle auf Kuba[328] eine größere Rolle gespielt und die DDR hatte sich 1973/74 bereits an der Aufnahme der Flüchtlinge in Chile[329] beteiligt.

Weitere Aufnahmen von Flüchtlingen durch (ehemalige) Ostblockstaaten gab es im November 1956 als die jugoslawische Botschaft in Ungarn dem ehemaligen Ministerpräsidenten des Landes Imre Nagy nach der Niederschlagung des Volksaufstandes durch die russische Armee diplomatisches Asyl gewährte. Nach der Zusicherung einer freien Ausreise durch die neue Führung verließ Nagy die Botschaft. Er wurde aber von den sowjetischen Besatzungstruppen verhaftet und nach einem Geheimprozess, trotz der Proteste Jugoslawiens, am 23. Juni 1958 hingerichtet.[330]

1988 nahm umgekehrt die ungarische Botschaft in Jugoslawien 12 Bulgaren ungarischer Herkunft auf. Nach Vermittlung des IKRK konnten sie mit Billigung der rumänischen Regierung über Österreich nach Budapest ausreisen.[331]

Außerdem nahm Polen 1996 zwölf Osttimorer in Indonesien auf.[332] Sie konnten einige Tage später nach Portugal ausgeflogen werden.[333]

Bei der Beurteilung der Asylgewährungen Polens, der Tschechoslowakei und Ungarns, so darf nicht das Verhalten dieser Staaten während der Flüchtlingswelle von DDR-Bürgern 1989[334] unbeachtet bleiben: Damals hatten die Staaten zwar nicht selber diplomatisches Asyl gewährt, aber das von den Botschaften der Bundesrepublik Deutschland gewährte diplomatische Asyl toleriert und durch ihr Verhalten zur Lösung des Problems beigetragen. Auch die Sowjetunion (insbesondere ihr Außenminister Schewardnadse) hatte dazu beigetragen, dass die Flüchtlinge schließlich in die Bundesrepublik ausreisen konnten.

kk) Kanada und Australien

Auch diese beiden Staaten lassen in ihrer Politik zum diplomatischen Asyl Zurückhaltung erkennen. Australien hat in zwei Fällen diplomatisches Asyl gewährt und es einmal abgelehnt, während es in kanadischen Botschaften fünf Mal zur Gewährung diplomatischen Asyls kam und in zwei Fällen zu dessen Ablehnung.[335] Beide Staaten ha-

---

328 Siehe S. 43 ff.

329 Siehe S. 29 ff.

330 Dazu *Carrie*, Diplomatisches Asyl, S. 112; *Dembinski*, Law of Diplomacy, S. 249; *Kirchheimer*, Politische Justiz, S. 544; *Kitschenberg*, Diplomatisches Asyl, S. 117 FN 3; *v. Pollern*, S. 98.

331 Dazu *Carrie*, Diplomatisches Asyl, S. 112.

332 Vgl. NZZ v. 26.1.1996, S. 2.

333 Vgl. NZZ v. 30.1.1996, S. 2.

334 Siehe S. 31 ff.

335 Vgl. dazu Listen im Anhang.

ben aber 1973/74 in Chile[336] Flüchtlinge aufgenommen und Kanada hat einige Nordkoreaner in China aufgenommen.[337]

ll) Afrikanische Staaten

Sogar noch größere Zurückhaltung auf diesem Feld lassen die afrikanischen Staaten erkennen. Von diesen haben bisher überhaupt nur drei Staaten diplomatisches Asyl gewährt. Diese sind Ägypten, Liberia und Nigeria.

Ägypten hat einmal 1990 in Albanien[338] Flüchtlinge in seine Botschaft aufgenommen. Liberia zweimal im 19. Jahrhundert auf Haiti[339] und Nigeria einmal 1990 in Liberia[340] und 2000 an der Elfenbeinküste.[341]

mm) Ostasiatische Staaten

Der erste bekannte Fall einer Asylgewährung durch einen asiatischen Staat ist die Aufnahme des gestürzten chinesischen Präsidenten Li-Juan-Huang 1917 in der japanischen Gesandtschaft.[342] Seitdem hat Japan sieben weitere Male diplomatisches Asyl gewährt[343] - fast immer im asiatischen Raum.

Nur einmal hat Japan außerhalb Asiens einen Flüchtling aufgenommen. Dies war 1941 der Fall, als der Mufti von Jerusalem im Iran von der japanischen Gesandtschaft diplomatisches Asyl erhalten hat.[344]

Japan hat außerdem in China zweimal einige Nordkoreaner, die nach Südkorea gelangen wollten, aufgenommen.[345]

Im Mai 2002 versuchten fünf Nordkoreaner in das japanische Konsulat in China zu gelangen. Drei von ihnen wurden bereits vor dem Eingang des Konsulats von der chinesischen Polizei festgenommen, während es den anderen beiden noch gelang, das Konsulat zu betreten. Diese beiden wurden dann auf dem Gelände des Konsulats von der chinesischen Polizei festgenommen. Japan wandte sich vehement gegen dieses Vorgehen. Es verlangte die Freilassung der Gefangenen und legte auch formellen Protest ein. Das Argument Chinas, die Polizisten hätten im Interesse der Sicherheit des Konsulats gehandelt, wies Japan zurück. Stattdessen bezeichnete es den Zwischenfall

---

336 Siehe S. 29 ff.
337 Siehe S. 35 f.
338 Siehe S. 30 f.
339 Vgl. dazu Liste im Anhang.
340 Siehe S. 42 f.
341 Vgl. zu den einzelnen Fällen die Listen im Anhang.
342 Dazu *Moncada*, ZöR 1944 (XXIII), S. 404, 428.
343 Vgl. dazu Liste im Anhang.
344 Dazu *Berber*, Völkerrecht, Bd. 1, S. 290.
345 Vgl. S. 35 ff.

als Verletzung der Genfer Konvention.[346] Zwei Wochen später konnten alle fünf Flüchtlinge über die Philipinen und Manila nach Südkorea ausgeflogen werden.[347]

Im Januar 2005 hat die japanische Botschaft acht Nordkoreaner aufgenommen, die in die japanische Schule geflohen waren. Die Botschaft hatte einen Bus geschickt und damit die Flüchtlinge in die Botschaft gebracht.[348]

In Thailand hat die japanische Botschaft im Sommer 2003 zehn Nordkoreanern diplomatisches Asyl gewährt. Sie sollten nach Aussagen des thailändischen Außenministeriums nach Südkorea ausgeflogen werden.[349]

Auch Südkorea war immer wieder in Konflikte, die durch die ausreisewilligen Nordkoreanern ausgelöst wurden,[350] involviert. Seit 1994 hat es in sechs Fällen diplomatisches Asyl gewährt. Dabei handelte es sich immer um die Aufnahme von Nordkoreanern.

Die Aufnahmen fanden zweimal in Russland statt. Einmal 1994 handelte es sich um Nordkoreaner, die aus sibirischen Arbeitslagern geflohen waren.[351] Ein weiteres Mal kam es zehn Jahre später zu einer Aufnahme.[352]

In China hat Südkorea mehrmals Nordkoreaner aufgenommen. 1997 war dies zum ersten Mal der Fall. Der nordkoreanische Überläufer Hwang Jang Yop hatte am 12. Februar 1997 in der südkoreanischen Botschaft in Peking Asyl gesucht und gefunden. Hwang Jang Yop galt als nordkoreanischer „Chefideologe" und als die Nummer 25 in der nordkoreanischen Staatshierarchie.[353] Er war damit der bis dahin ranghöchste Überläufer.[354] Daher hatte Nordkorea auch zunächst behauptet, er sei entführt worden.[355] Von dieser Behauptung wurde zwar später Abstand genommen, was Nordkorea aber nicht davon abhielt zu versuchen, gewaltsam in die Botschaft einzudringen.[356] Das konnte nur durch das Eingreifen der chinesischen Sicherheitskräfte verhindert werden, die daraufhin ihre Sicherheitsmaßnahmen um die südkoreanische Botschaft herum noch weiter verstärkten.[357] China befand sich schon bei diesem ersten Flüchtlingsfall in einem Dilemma. Es stand dem Norden Koreas ideologisch näher und musste außerdem befürchten, dass bei einem Zusammenbruch Nordkoreas Tausende Nordkoreaner vor dem Hunger nach China fliehen. Auf der anderen Seite standen sich

346 In NZZ v. 10.5.2002, S. 5.
347 Vgl. NZZ v. 24.5.2002, S. 3.
348 Dazu Los Angeles Times v. 24.1.2005, Part A, S. 5.
349 Dazu NZZ v. 23.8.2003, S. 5.
350 Siehe S. 35 f.
351 Vgl. Agence France Press v. 20.2.1994.
352 Vgl. Korea Times v. 16.11.2004.
353 So Die Welt v. 14.2.1997, S. 1; Japan Economic Newswire v. 14.3.1997.
354 Nach Die Welt v. 14. / 17.2.1997, S.1
355 So Die Welt v. 14.2.1997, S. 1.
356 Vgl. Calgary Herald v. 6.3.1997, S. A7.
357 Dazu NZZ v. 18.2.1997, S. 1; Calgary Herald v. 6.3.1997, S. A7.

China und Südkorea wirtschaftlich näher.[358] Schließlich wurde der Konflikt so gelöst, dass Hwang Jang Jop über die Philipinen nach Südkorea ausreisen sollte.[359]

Auch auf dem Höhepunkt der Flüchtlingswelle von Nordkoreanern in China 2002 nahm die südkoreanische Vertretung ca. 20 Personen auf.[360] Allerdings war mindestens ein Nordkoreaner bei dem Versuch, die Botschaft zu betreten, von der chinesischen Polizei festgenommen und an einen unbekannten Ort verbracht worden.[361] Im Jahr 2004 verstärkten die chinesischen Behörden ihre Bemühungen, die Flucht von Nordkoreanern zu verhindern. Dabei nahmen sie mehr als 60 Personen fest, die versuchten, in das südkoreanische Konsulat zu fliehen. Sie wurden später nach Nordkorea ausgewiesen. Drei Flüchtlingen gelang es jedoch, das Konsulat zu betreten.[362] Über ihr weiteres Schicksal ist nichts bekannt.

China selber hat sich mit der Gewährung diplomatischen Asyls hingegen sehr zurückgehalten. Es ist nur ein Fall bekannt, in dem China Flüchtlinge in seine Botschaft aufgenommen hat, und zwar während des spanischen Bürgerkrieges von 1936 – 39.[363]

c) Ergebnis der Untersuchung der Staatenpraxis

Als Ergebnis der Untersuchung der Staatenpraxis der verschiedenen Länder kann festgehalten werden, dass zahlreiche Nationen über Jahrzehnte hinweg Flüchtlinge in ihren Botschaften aufgenommen haben. Auch wenn nicht alle Staaten in gleichem Ausmaß diplomatisches Asyl gewährt haben, so kann dennoch festgehalten werden, dass die überwiegende Mehrzahl der Staaten über einen längeren Zeitraum hinweg Flüchtlingen Asyl in ihren Botschaften gewährt haben. Es liegt daher eine Übung (consuetudo) im völkerrechtlichen Sinne vor.

2) Rechtsüberzeugung

Für das Entstehen von Völkergewohnheitsrecht muss zu der Übung die Einstellung der Staaten kommen, aus einer rechtlichen Verpflichtung heraus zu handeln, (opinio iuris). Ob eine derartige Rechtsüberzeugung zum diplomatischen Asyl vorliegt, ist anhand verschiedener Stellungnahmen der Staaten zu untersuchen.[364]

Dabei ist zu beachten, dass die Einstellung der Staaten zum diplomatischen Asyl häufig von ihrer Beteiligung als aufnehmender Staat oder als Territorialstaat abhängt bzw. beeinflusst wird. Aus diesem Grunde werden im Folgenden nur solche Stellungnah-

---

358 Dazu Die Welt v. 17.2.1997, S. 1; NZZ v. 18.2.1997, S. 1.

359 Dazu BBC v. 15.3.1997.

360 Vgl. NZZ v. 19.6.2002, S. 2.

361 Vgl. NZZ v. 14.6.2002, S. 9.

362 So Associated Press Worldstream v. 26.10.2004, International News; Korea Times v. 10.11.2004.

363 Siehe S. 26 ff.

364 Vgl. *Carrie*, Diplomatisches Asyl, S. 89; *Kitschenberg*, Diplomatisches Asyl, S. 106.

men untersucht, die weitgehend neutral, das heißt frei von solchen Einflüssen abgegeben wurden.

a) Deutschland

Deutschland nimmt in seinen Stellungnahmen zum diplomatischen Asyl eine eher ablehnende Haltung ein. Schon 1909 wies die deutsche Regierung ihre Gesandtschaft in Teheran an:

> „Asyl ist nur bei unmittelbarer Gefahr oder bei Anwendung unrechtmäßiger Gewalt auf Ersuchen zu gewähren“[365].

(Daraufhin verweigerte der Gesandte mehreren Personen die Gewährung diplomatischen Asyls.)[366]

Diese Tendenz setzt sich auch in späteren Stellungnahmen fort. In einer Anweisung der deutschen Regierung an ihren Botschafter in der Türkei vom 6. Dezember 1912 heißt es beispielsweise:

> „Nach völkerrechtlichen Grundsätzen kann im allgemeinen für die diplomatischen und konsularischen Vertreter ein Asylrecht nicht anerkannt werden. (...) (Es ist aber denkbar, dass) die politischen Leidenschaften der Parteien einen vorübergehenden Schutz Verfolgter aus Gründen der Menschlichkeit gerechtfertigt erscheinen lassen.“[367]

Karl Moersch hat in seiner Funktion als Parlamentarischer Staatssekretär beim Bundesminister des Auswärtigen Amtes[368] der Regierungen Brandt und Schmidt immer wieder betont, dass es für Deutschland kein Recht gebe, diplomatisches Asyl zu gewähren. Allenfalls könne aus humanitären Gründen eine zeitweilige Zuflucht zur Abwendung einer unmittelbaren Gefahr für Leib und Leben gewährt werden.[369]

Andererseits sollte die unsichere Rechtslage nicht zu Lasten der betroffenen Hilfesuchenden gehen. So stellte der bundesdeutsche Delegierte Busse am 3. November 1975 vor dem 6. Komitee der UN-Generalversammlung fest, dass zwar

---

365 Zitiert nach *Moncada*, ZöR 1944 (XXIII), S. 403, 427; *Strachwitz*, Asylrecht, S. 92.

366 Siehe S. 35.

367 Zitiert nach *Moncada*, ZöR 1944 (XXIII), S. 403, 426; *Strachwitz*, Asylrecht, S. 80 f.

368 Ab dem 19.8.1974 hieß diese Funktion „Staatsminister im Auswärtigen Amt“.

369 Am 19.10.1973 vor dem Bundestag: BT-Protokoll v. 19.10.1973, 58. Sitzung, S. 3407 Anlage 47, S. 3408 f. Anlage 53; auch zitiert bei *Beyerlin/Strasser*, ZaöRVRR 35 (1975), 768, 773 f.; *v. Pollern*, Modernes Asylrecht, S. 113 f.
Am 17.10.1973 vor dem Bundestag: Fragenbeantwortung , 7. BT, 58. Sitzung, Sten.Ber., S. 3408, Anlage 53; auch zitiert bei *Carrie*, Diplomatisches Asyl, S. 129 FN 301
Am 20.3.1975 vor dem BT: Fragenbeantwortung, 7. BT, 159. Sitzung, Sten.Ber., S. 11131 f.; auch zitiert bei *Carrie*, Diplomatisches Asyl, S. 128 f.; *Kitschlat*, ZaöRVRR 37 (1977), S. 711, 731 f.
Am 10.4.1975 vor dem BT: Fragenbeantwortung, 7. BT, 162. Sitzung, Sten.Ber., S. 11448, Anlage 32; auch zitiert bei *Carrie*, Diplomatisches Asyl, S. 128.

> „in the view of the great majority of States outside the Latin American sphere of law, no agreement existed on whether the concept of diplomatic asylum formed part of existing international law."
> Dass aber „(e)ven if no norms or guidelines were established, foreign missions would not be precluded from protecting human lives in exceptional circumstances."[370]

Am 6. Januar 1993 bestätigte das Auswärtige Amt seine bisherige Haltung:

> „Die Bundesrepublik hat in Übereinstimmung mit der Auffassung anderer europäischer Staaten das Bestehen des diplomatischen Asyls stets verneint. Hiervon streng zu trennen ist die Gewährung zeitweiliger Zuflucht, die bei Vorliegen außergewöhnlicher Umstände einem in unmittelbarer Leibes- und Lebensgefahr befindlichen Menschen zeitlich begrenzt allein aus humanitären Gründen gewährt wird. (...) Einem Übergabeverlangen der Strafverfolgungsbehörden des Gastlandes ist grundsätzlich Folge zu leisten."

b) Frankreich

Auch die Haltung Frankreichs gegenüber dem diplomatischen Asyl als Rechtsinstitut muss als eher ablehnend bezeichnet werden. So erklärte der französische Außenminister am 1. September 1970, dass

> „das, was man das Asylrecht nennt, eine Praxis (ist), welche einzig und allein auf die Staaten Lateinamerikas begrenzt ist und dort Gegenstand vertraglicher Regelungen wurde. Daraus ergibt sich, daß wir unseren Botschaften, die sich in Ländern außerhalb Lateinamerikas befinden, das Recht zur Gewährung diplomatischen Asyls prinzipiell absprechen. Was unsere Vertretungen in den lateinamerikanischen Ländern betrifft, die das Asylrecht gewähren, so werden sie dazu angehalten, dieses Recht nur mit Vorsicht und unter genau festgelegten Voraussetzungen zu gewähren, da eine Ausübung dieses Rechts außerhalb dieser Voraussetzungen Grundlage einer Beschwerde vor einer internationalen Instanz sein und die Verantwortung der französischen Regierung nach sich ziehen könnte."[371]

Am 5. Dezember 1973 bekräftigte der französische Außenminister diese Haltung, indem er zu dem Asylfall in Chile 1973/74[372] erklärte:

> „Das Asyl, man muß es wiederholen, ist nicht ein Recht, sondern eine Praxis, deren Anwendung fast allein auf lateinamerikanische Staaten begrenzt ist, wo sie Gegenstand eines durch Vertrag geregelten Verfahrens wurden. (...) Doch selbst wenn Frankreich kein Unterzeichner dieser Konvention ist, so hat es dessen ungeachtet in seiner Botschaft nicht

370 UN-Doc. A/C.6/SR.1555 (para 52); auch zitiert bei *Carrie*, Diplomatisches Asyl, S. 130.

371 Zitiert bei *Carrie*, Diplomatisches Asyl, S. 132; im Original bei *Charpentier*, AFDI XVI (1970), S. 941, 970.

372 Siehe S. 29 ff.

> nur eine gewisse Zahl von Chilenen, sondern auch von ausländischen Flüchtlingen aufgenommen."[373]

Während der Asyldebatte in der Generalversammlung 1974 und 1975, erklärte der französische Vertreter am 29. November 1974:

> „At the present time, in France as in the majority of States, no right of asylum in diplomatic premises was recognized for offenders."[374]

Dieser Ansatz wurde auch in der schriftlichen Stellungnahme an den Generalsekretär der Vereinten Nationen wiederholt:

> „It should first of all be pointed out that, unlike territorial asylum, diplomatic asylum is not an institution of international law. There is no generally recognized customary law on the subject."[375]

Allerdings wurden weiterhin Menschen in den französischen Botschaften aufgenommen; dabei betonte der französische Außenminister am 4. September 1976 in einem Schreiben, dass es sich bei dem diplomatischen Asyl nicht um ein juristisches Institut handele, sondern um

> „une pratique tout à fait esceptionelle en droit international public."[376]

Zur Aufnahme des Sohnes des zuvor gestürzten liberianischen Staatspräsidenten Tolbert in die französische Botschaft[377] erklärte der französische Minister für Zusammenarbeit am 29. Juni 1981:

> „In dieser Situation hatte der Sohn des ehemaligen Präsidenten Zuflucht in der französischen Botschaft gefunden. Ich sage wohl *Zuflucht* und nicht *Asyl*, da juristisch das Asyl im Gebäude einer Mission nicht existiert."[378]

Die Zuflucht wurde „pour des raisons humanitaires évidentes"[379] gewährt.

---

373 Zitiert bei *Carrie*, Diplomatisches Asyl, S. 132 FN 314; im Original bei *Charpentier*, AFDI XX (1974), S. 1034.

374 UN-Doc. A/C.6/SR.1510 (para 3); auch zitiert bei *Carrie*, Diplomatisches Asyl, S. 132 FN 310.

375 UN-Doc. A/10139, I, S. 21; auch zitiert bei *Carrie*, Diplomatisches Asyl, S. 132.

376 Zitiert bei *Carrie*, Diplomatisches Asyl, S. 134; im Original bei *Charpentier*, AFDI XXII (1976), S. 947, 999.

377 Siehe im Anhang unter „II) Frankreich".

378 Zitiert bei *Carrie*, Diplomatisches Asyl, S. 133; im Original bei *Charpentier*, AFDI XXVII (1981), S. 855, 914; so auch der französische Außenminister am 9.11.1983 anlässlich der Aufnahme eines Kubaners in der französischen Botschaft: „Herr Bofill hatte in der Tat, am 29. April diesen Jahres, Zuflucht in der französischen Botschaft gefunden. Ich sage wohl *Zuflucht*, was nicht bedeutet *Asyl*, da, wie sie wissen, es genaugenommen kein Recht auf Asyl in einer Botschaft gibt." zitiert bei *Carrie*, Diplomatisches Asyl, S. 132 FN 312; im Original bei *Charpentier*, AFDI XXX (1984), S. 934, 953.

379 Zitiert bei *Carrie*, Diplomatisches Asyl, S. 134; im Original bei *Charpentier*, AFDI XXVI (1980), S. 870, 959.

Am 10. März 1986 ging der französische Außenminister in seiner Antwort auf die Frage eines Abgeordneten noch weiter und erklärte:

> „Niemand genießt im Augenblick diplomatisches Asyl in einer französischen Botschaft. Wie dem ehrenwerten Abgeordneten bekannt sein dürfte, gewährt Frankreich grundsätzlich kein diplomatisches Asyl in seinen diplomatischen Vertretungen.“[380]

c) Großbritannien

Die Einstellung Großbritanniens zum diplomatischen Asyl hat – wie schon die Untersuchung der Staatenpraxis vermuten lässt[381] - im Laufe der Zeit einen Wandel erfahren.

Während 1848 der Botschafter in Spanien vom diplomatischen Asyl als

> „a usage which, in a country of party passion, like Spain, was of common benefit“[382]
> sprach,

erklärte Palmerston 1848:

> „Her Majesty's Government are quite ready to acknowledge that such a practice is in itself and in principle objectionable.“[383]

Nach diesen generellen Aussagen wurden die Ansichten Großbritanniens differenzierter. Zunächst entwickelte sich die Ansicht Großbritanniens in der Richtung, dass die Aufnahme „gewöhnlicher Verbrecher“[384] und die Asylgewährung in Konsulaten (konsularisches Asyl)[385] nicht gestattet sei. Letzteres wurde allerdings nicht konsequent durchgehalten, was sowohl die Staatenpraxis[386] als auch die späteren Anweisungen an Konsulen, wie und wann sie Asyl gewähren sollen, zeigen.[387]

---

380 Zitiert bei *Carrie*, Diplomatisches Asyl, S. 132; im Original bei *Charpentier*, AFDI XXXII (1986), S. 1034.

381 Siehe S. 38 ff.

382 Zitiert bei *Morgenstern*, BYIL 1948 (XXV), S. 236, 242.

383 Zitiert bei *Kitschenberg*, Diplomatisches Asyl, S. 122 und *Ungerer*, Diplomatisches Asyl, S. 52 FN 121.

384 1874 erklärte der britische Außenminister: „I think in answering Mr. St. John he might be given a hint that he should be carful not to allow the right of asylum to be abused by persons guilty of ordinary crimes.“ zitiert bei *Whiteman*, Digest, S. 468.

385 1870 erklärten die Law Officers noch, dass in diesem Falle „of the saving of human life, we think that the Consul was jusitfied in giving every facility for the escape of those whose personal safety was in danger.“ zitiert bei *Sinha*, Asylum, S. 212.
Am 1.8.1873 führte Lord Granville aus, dass „die britische Regierung, gleichwohl sie die Asylpraxis für politische Flüchtlinge aufrechterhalte, sich entschlossen hätte, auf dieselbe Praxis in ihren Konsulaten zu verzichten.“ zitiert bei *Moncada*, ZöR 1944 (XXIII), S. 403, 414.

386 Vgl. dazu die Fälle im Anhang.

387 Derartige Anweisungen finden sich bei *Morgenstern*, BYIL 1948 (XXV), S. 236, 252; vgl. auch *Sinha*, Asylum, S. 212.

Auf der anderen Seite wurden die Kriterien für die Aufnahme von Flüchtlingen in britischen Botschaften insoweit verschärft, als dass auch Personen, die keine „gewöhnlichen Verbrecher" waren, nur bei Vorliegen einer Lebensgefahr diplomatisches Asyl gewährt werden sollte.[388]

Im Jahre 1896 schränkte Großbritannien diese Voraussetzungen dahingehend ein, dass die Gewährung diplomatischen Asyls nur mit Einwilligung des Empfangsstaates möglich sei.

> „It is true that such a privileg (*Verf.*: the diplomatic asylum) has been exercised by Diplomatic Representatives in Spain and in South America, and by Consuls in Persia, but there is, in our opinion, no doubt that this right of asylum, even in the case of Ambassadors, can be properly conferred only by the consent of the countries to whom they are accredited."[389]

Diese Einschränkung, dass die Gewährung diplomatischen Asyls nur mit Einwilligung des Empfangsstaates möglich sei, wurde jedoch wieder aufgehoben und die ursprüngliche Position, Aufnahme in den Fällen akuter Lebensgefahr, wieder hergestellt. 1904 erklärte der Legal Advisor, dass das diplomatische Asyl

> „cannot be abandond altogether, but I think it ought strictly to be confined to cases in which the refugee is exposed to instant or imminent personal peril, and is admitted from motives of humanity in order to give him safety at the moment."[390]

Am 13. Juni 1913 erließ das britische Außenministerium folgende Instruktionen:

> „Although past experience has shown that it (diplomatic asylum) cannot be abandoned altogether, the practice of harbouring political refugees is an objectionable one and should be resorted to only from motives of humanity in cases of instant or imminent personal peril."[391]

---

388 Die Resolution des diplomatischen Korps in Haiti, die von Lord Derby 1876 genehmigt wurde, besagt, dass der Schutz in einer Gesandtschaft nur gewährt werden solle, wenn es sich um einen Fall akuter Lebensgefahr handele. *Morgenstern*, BYIL, 1948 (XXV), S. 236, 249.
Zur gleichen Zeit wurden der Vize-Konsul Wyndham angewiesen: „Shelter in Consulates should in future be extended only to persons in imminent peril of their lives, and where such action is called for and by the common dictates of humanity." zitiert bei *Morgenstern*, BYIL, 1948 (XXV), S. 236, 252.
1888 wurde der Konsul von Haiti fast wortgleich angewiesen: „In the event of disturbances taking place you should be very cautious with regard giving asylum to natives of the country. Such asylum should be extended only to persons in imminent peril of their lives, and where it is called for by the common dictates of humanity." zitiert bei *Morgenstern*, BYIL, 1948 (XXV), S. 236, 249.

389 Zitiert bei *Carrie*, Diplomatisches Asyl, S. 130; *Morgenstern*, BYIL, 1948 (XXV), S. 236, 244 und *Kitschenberg*, Diplomatisches Asyl, S. 122.

390 Zitiert bei *Sinha*, Asylum, S. 213.

391 Zitiert bei *Carrie*, Diplomatisches Asyl, S. 130.

1914 erklärte es:

> „(W)hether asylum was given would depend upon whether H.M.'s Minister considered that (...) (the fugitive's) life was in imminent peril."[392]

Am 3. November 1975 bestätigte der britische Delegierte im 6. Komitee der Generalversammlung in seiner Rede diese Position:

> „Despite the antiquity of the concept of diplomatic asylum, it had never become firmely established as an institution of universal international law defined by a generally accepted code of rules, treaty or custom."[393]

d) USA

Die vielen Stellungnahmen der USA zum diplomatischen Asyl ergeben eine insgesamt ebenfalls eher ablehnende Haltung. Zwar gab es insbesondere in früheren Jahren auch gegenteilige Aussagen; so erklärt beispielsweise der Staatssekretär Clayton 1849, dass das Privileg des diplomatischen Asyls „vorsichtig bewacht" werden solle[394], aber bereits 1851 wurde der Botschafter in Chile vom Staatssekretär Webster auf seine Mitteilung, er habe einen Flüchtling aufgenommen, angewiesen:

> „in as much (...) as the right (of the diplomatic asylum) itself is more than doubtful under the public law, and as a formal demand had been made upon you for the offender, if he still be your guest when this reaches you, it is deemed advisable that you should inform him that your house can no longer screen him from prosecution."[395]

1855 findet sich die erste Stellungnahme, die deutlich macht, dass die USA für sich kein Recht beanspruchen, diplomatisches Asyl zu gewähren[396] und 1867 wird in einer Erklärung des US-amerikanischen Botschafters an die Regierung in Peru deutlich, dass die USA nur aus humanitären Gründen bei einer Verfolgung durch einen „mob" diplomatisches Asyl[397] gewähren:

> „the doctrine of asylum cannot be properly claimed or enforced (...) unless it be to shield persons from the violance of a mob. As soon as a legal charge of crime is made, whether political or not, I hold it to be the duty of the minister in whose legation the offending party has taken refuge to deliver him up to the legal authorities demanding him arrest."[398]

---

392 Zitiert bei *Sinha*, Asylum, S. 214.

393 UN-Doc. A/C.6/SR.1555 (para 34); auch zitiert bei *Carrie*, Diplomatisches Asyl, S. 131.

394 Zitiert bei *Sinha*, Asylum, S. 214.

395 Zitiert bei *Ronning*, Diplomatic Asylum, S. 28 f. und 98, *Moore*, Digest, S. 787 f. und *Volkening*, S. 37.

396 „But we claim no right or privilege of asylum; on the contrary we discountenance it, especially when it may lead to obstruct the direct operation of law and justice." zitiert bei *Sinha*, Asylum, S. 215.

397 In der heutigen Terminologie würde in dem beschriebenen Fall von der Gewährung einer vorübergehender Zuflucht gesprochen.

398 Zitiert bei *Carrie*, Diplomatisches Asyl, S. 123.

1875 wurde in mehreren Anweisungen verschiedener Staatssekretäre an diverse Botschafter deutlich, dass das diplomatische Asyl jeder völkerrechtlichen Grundlage entbehre[399] und dass daher in Zukunft jede Anwendung des diplomatischen Asyls zu vermeiden sei.[400] Es sei in der Praxis niemals voll anerkannt worden[401] und

> „is believed to have no good reason for its continuance, to be mischievous in its tendencies, and to tend to political disorder“[402].

Im Laufe der Jahre kristallisierte sich immer weiter die Unterscheidung zwischen diplomatischem Asyl und der vorübergehenden Zuflucht[403] heraus, die zunächst nur gewährt wurde, wenn der Flüchtling von einem „mob“ verfolgt wurde. So schrieb 1895 der Staatssekretär an den US-amerikanischen Gesandten in Ecuador:

> „Shelter under such circumstances was a mere act of humanity, unaccompanied by any assumption of extraterritorial prerogatives by you, or interference with any rights of legitimate government or sovereignty. This is quite distinct from the so-called right of asylum, which can logically only be exercised in disparagement of the rights of the sovereign power by withdrawing an accused subject from its rightful authority.“[404]

Seitdem hat sich die Position der Vereinigten Staaten nur unwesentlich geändert. Immer wieder betonten die USA, dass sie das diplomatische Asyl nicht als ein Rechtsinstitut anerkennen. Allein die Zustimmung des betroffenen Staates, könne zur Rechtmäßigkeit der Gewährung beitragen. 1895 erklärte der Staatssekretär, dass

> „asylum is not a right derived from positive law or custom; it is not sanctioned by international law, and can only find excuse, when tactictly invited and consented to by the state within whose jurisdiction it may be practiced.“[405]

Und bei den Unterzeichnungen der Verträge zum diplomatischen Asyl in Amerika mit verschiedenen lateinamerikanischen Staaten erklärten die USA beide Male, dass sie den Vertrag nur unter dem expliziten Vorbehalt unterzeichnen, dass

> „the United States of America does not recognize or subscribe to as part of international law, the so-called doctrine of asylum.“[406]

---

399 Vgl. *Moncada*, ZöR 1944 (XXIII), S. 403, 413; *Morgenstern*, BYIL 1948 (XXV), S. 236, 242; *Sinha*, Asylum, S. 214; *Volkening*, S. 38.

400 Vgl. *Moncada*, ZöR 1944 (XXIII), S. 403, 413; *Moore*, Digest, S. 783; *Volkening*, S. 38.

401 Vgl. *Sinha*, Asylum, S. 215.

402 Zitiert bei *Moore*, Digest, S. 803.

403 Vgl. dazu S. 5 f.

404 Zitiert bei *Moore*, Digest, S. 802 f. und *Ungerer*, Diplomatisches Asyl, S. 7 FN 14; vgl. auch Foreign Service Regulations der USA v. Juli 1939 zitiert bei *Hackworth*, Digest, S. 623.

405 Zitiert bei *Ronning*, Diplomatic Asylum, S. 103.

406 Bzgl. des Vertrages von Havanna 1928: Zitiert bei *Carrie*, Diplomatisches Asyl, S. 125, *Hackworth*, Digest, S. 647, *Kitschenberg*, Diplomatisches Asyl, S. 22 FN 1, *Moncada*, ZöR 1944 (XXIII), S. 403, 453, *Ronning*, Diplomatic Asylum, S. 122 und *Whiteman*, Digest, S. 435; bzgl. des Vertrages von Caracas 1954: vgl. *Ronning*, Diplomatic Asylum, S. 123 und *Whiteman*, Digest, S. 440.

oder sie unterzeichneten ihn aus eben diesem Grund gar nicht.

> „Since the United States of America does not recognize or subscribe to, as part of international law, the doctrine of asylum, the delegation of the United States of America refrains from signing the present Convention of Political Asylum."[407]

Auf der anderen Seite nahm die Gewährung vorübergehender Zuflucht einen immer größeren Stellenwert ein, so dass deren Voraussetzungen weiter definiert wurden. Dabei wurde immer wieder betont, dass die vorübergehende Zuflucht zu beenden sei, wenn sie in die Hoheit des Territorialstaates eingreife. So erklärte der Staatssekretär Hughes 1925:

> „The Government of the United States respects the principle that a sovereign state enjoys the exclusive right to control and administer justice within its territory, and hence that it should not be resisted or thwarted by an American diplomatic officer when its authorities demand the surrender for purposes of prosecution of any person charged with crime who is not, by reason of some connection with the mission, to be deemed exempt from the local jurisdiction. (...) While the Department has at times approved of the yielding by an American diplomatic officer of temporary shelter to an individual when the safety of his life was threatend as by a mob violence in a country where conditions of great disorder prevailed, the signifiance of such an exceptional situation should not be misconstrued. It is based on the theory that disorderly conditions productive of mob violance, for example, have so impaired the power or disposition of local authorities to administer justice as to render inappicable for the time being the principle above set forth. An American diplomatic officer must therefore exercise utmost discretion in determining whether such extraordinary conditions exist and continue to exist throughout the period of (for) which shelter is sought or granted; or whether on the contrary any shelter which he is asked to accord is designed rather to thwart the common exercise of jurisdiction by the territorial sovereign. (...) An individual fleeing before a mob might be given temporary refuge in an American mission, if he entered the same in the course of flight, until the mob dispersed or until the mission could turn him over to the authorities of the country, de facto or otherwise, who were in a position to protect him from similar outbreaks of mob violence. (...)"[408]

1980 fasste der Deputy Legal Adviser des Departement of State, William T. Lake die Position der USA wie folgt zusammen:

> „First, the United States does not grant asylum in its embassies or at other installations within the territorial jurisdiction of a foreign state. (...) At the same time, U. S. embassies are authorized to grant temporary refuge for humanitarian reasons in extreme and exceptional circumstances when life or safety is put in immediate danger, such as pursuit by a mob. (...) When the period of active danger has ended, temporary refuge is to be terminated after the embassy obtains authorization from the Department. It is important to add

407 Zitiert bei *Hackworth*, Digest, S. 649, *Ronning*, Diplomatic Asylum, S. 123 und *Whiteman*, Digest, S. 436.

408 Zitiert bei *Hackworth*, Digest, S. 628 f.

> that if a violent coup or similar event disrupts the normal processes of the host government and creates a danger that it may deal unfairly and summarily with some of its citizens, we do bring to bear all possible and consular resources to try to assure that those individuals receive due process. The chief weapon on which an embassy must rely in such a situation is the power of persuasion."[409]

e) Nordeuropäische Staaten

Auch die nordeuropäischen Staaten sind sich in ihrer ablehnenden Haltung gegenüber dem diplomatischen Asyl als Rechtsinstitut im Völkerrecht einig. Allerdings halten auch sie eine Aufnahme unter außergewöhnlichen Umständen für legitim.

Norwegen und Schweden gaben 1975 eine wortgleiche Erklärung an den Generalsekretär ab. Sie führten darin aus, dass

> „diplomatic asylum is not recognized as a special legal institution itself. (...) For humanitarian reasons it should (...) be considered legitimate for diplomatic missions to grant protection in their premises in (...) exceptional cases."[410]

Am 4. November 1975 erklärte der schwedische Vertreter weiter, dass

> „his delegation still held the view that, except in Latin America, diplomatic asylum was not recognized as a legal institution itself, although it agreed that, in certain exceptional cases, humanitarian considerations and the need to protect fundamental human rights were of decisive importance."[411]

Auch Dänemark erklärte in seiner schriftlichen Stellungnahme an den UN-Generalsekretär bezüglich des diplomatischen Asyls, dass

> „(t)his practice is not recognized as part of ordinary international law. (...) The Danish Government (...) will still be willing to deviate from the general rule and accept that on a basis of humanitarian considerations a person may be granted temporary protection provided he is exposed to an imminent physical threat."[412]

f) Andere Mitteleuropäische Staaten

Auch die Staaten Mitteleuropas lehnen das diplomatische Asyl grundsätzlich als Rechtsinstitut ab, lassen aber in Ausnahmefällen eine Aufnahme von bedrohten Personen zu.

---

409 Zitiert bei *Carrie*, Diplomatisches Asyl, S. 127; *Nash*, AJIL 75 (1981), S. 142 f.
410 UN-Doc. A/10139, I, S. 26 und 28; auch zitiert bei *Carrie*, Diplomatisches Asyl, S. 139.
411 UN-Doc. A/C.6/SR 1556 (para 56); auch zitiert bei *Carrie*, Diplomatisches Asyl, S. 139.
412 UN-Doc. A/10139, I, S. 19; auch zitiert bei *Carrie*, Diplomatisches Asyl, S. 139 f.

So erklärte Belgien am 4.11.1975 vor der Generalversammlung, dass

> „(d)iplomatic asylum was not a right and the granting of such asylum could be envisaged only on purely humanitarian grounds“[413].

Die Niederlande lehnen das diplomatische Asyl zwar nicht explizit ab, erwähnen aber andererseits nur die Möglichkeit von

> „protection in cases of extreme emergency“[414]

Zu dem Geschehen in Chile 1973/74[415] äußerten sie:

> „A couple of days after the Junta in Chile came to power I authorized the Netherlands ambassador (...) to grant temporary shelter (...), whenever he considered, with a reasonable amount of certainty, that the lives of the persons concerned were in acute danger as a result of their political activities or attitudes.“[416]

Österreich erklärte 1936 vor dem Völkerbund zur Asylfrage, dass

> „there were occasions when everyone was called upon to perform a humanitarian act, but this had nothing to do with the right of asylum“[417].

Später konkretisierte Österreich die Fälle, in denen aus humanitären Gründen Flüchtlinge aufgenommen werden dürfen. Dies ist laut Aussage des österreichischen Berichts an den UN-Generalsekretär dort der Fall,

> „where a person is in immediate, serious danger, or where a State persecutes the person concerned in a manner incompatible with minimum standards of human rights“[418].

1980 fasste die österreichische Regierung zusammen:

> „In Praxis und Lehre herrscht im wesentlichen Übereinstimmung darüber, daß die Gewährung von diplomatischem Asyl einen Mißbrauch der den diplomatischen Missionen gewährte Unverletzlichkeit darstellt. Ausnahmen sind einerseits ausdrückliche, anderslautende partikularrechtliche Regelungen und andererseits die Asylgewährung aus humanitä-

---

413 UN-Doc. A/C.6/SR. 1557 (para 13); auch zitiert bei *Carrie*, Diplomatisches Asyl, S. 140.

414 Erklärung des niederländischen Außenministers vom 6.12.1984 zitiert bei *Carrie*, Diplomatisches Asyl, S. 141 und *Siekmann*, NYbIL XVII (1986), S. 127, 182.

415 S. S. 29.

416 Der niederländische Außenminister als Antwort auf eine Frage eines Abgeordneten zitiert bei *Carrie*, Diplomatisches Asyl, S. 141 FN 341 und *Sik/Oostvogels*, NYbIL VI (1975), S. 146, 282 f. (Später war allerdings nach der gleichen Quelle keine Lebensgefahr sondern nur noch Schwierigkeiten auf Grund der politischen Aktivitäten für die Aufnahme in die Botschaft erforderlich.).

417 Zitiert bei *Ronning*, Diplomatic Asylum, S. 18.

418 UN-Doc. A/10139, I, S. 14; auch zitiert bei *Carrie*, Diplomatisches Asyl, S. 138; fast wortgleich die vorherigen Äußerungen vor der Generalversammlung (UN-Doc. A/C.6/SR. 1555 (para 15)) auch zitiert bei *Carrie*, Diplomatisches Asyl, S. 138 FN 331.

> ren Gründen, wenn dies zur Abwendung einer unmittelbar drohenden Gefahr für das Leben einer Person und angesichts einer zu erwartenden willkürlichen Gerichtsbarkeit im Empfangsstaat erforderlich erscheint"[419].

Die Schweiz stellte in einer Äußerung von 1958 fest:

> „Switzerland, for its part, does not recognize the right to grant asylum in missions premises."[420]

Und in einem Rechtsgutachten des Département politique fédéral vom 12. Februar 1971 heißt es:

> „Das internationale Recht enthält keine Regeln, die es dem akkreditierten Staat gestatten, Asyl in einer seiner diplomatischen Missionen zu gewähren. Die Entscheidung, diplomatisches Asyl zu gewähren, beinhaltet eine Abweichung der normalerweise ausgeübten territorialen Souveränität des akkreditierenden Staates. Sie begründet außerdem häufig eine Einmischung in die inneren Angelegenheiten dieses Staates."[421]

Weiter heißt es dort zur vorübergehenden Zuflucht und ihrer Voraussetzungen:

> „(D)ie internationale Praxis gibt aufgrund humanitärer Motive ein Recht zur vorübergehenden Zuflucht zugunsten von Personen, deren Leben bedroht ist oder die von Gerichten belangt werden sollen, welche keinerlei Garantie auf einen ordentlichen Prozeß bieten. Dieses Recht endet mit der Beendigung der Lebensgefahr oder sobald die verfolgte Person unter normalen Bedingungen gerichtet werden kann."[422]

Der Schweizer Bundesrat erklärte am 22. März 1974 in einem Bericht, dass

> „die internationale Staatengemeinschaft nichts von einer juristischen Billigung des diplomatischen Asyls (weiß). Die Schweiz anerkennt jedoch, daß Personen ein Recht auf vorübergehende Zuflucht gewährt werden kann, deren Leben bedroht ist oder die von Gerichten belangt werden sollen, welche keinerlei Garantie auf einen ordentlichen Prozeß bieten."[423]

Und am 23. Oktober 1986 bestätigte und differenzierte die Abteilung für Internationales Öffentliches Recht des Außenministeriums in einem Bericht noch einmal diese Haltung:

> „Die Schweiz insbesondere hat das diplomatische Asyl niemals anerkannt (...).
> Die Botschaft kann jedoch jedermann, der einer starken und ernsthaften Bedrohung aus-

---

419 Zitiert bei *Carrie*, Diplomatisches Asyl, S. 137 FN 329;
ähnlich auch die Regierungsäußerung von 1982 zitiert bei *Carrie*, Diplomatisches Asyl, S. 137.

420 Zitiert bei *Kitschenberg*, Diplomatisches Asyl, S. 120 und in Yearbook of the International Law Commission, 1958, Vol. II, S. 131.

421 Zitiert bei *Carrie*, Diplomatisches Asyl, S. 136 FN 325; *Caflisch*, SchwJbIR XXXII (1976), S. 96, 138.

422 Zitiert bei *Carrie*, Diplomatisches Asyl, S. 135 f.; *Caflisch*, SchwJbIR XXXII (1976), S. 96, 139.

423 Zitiert bei *Carrie*, Diplomatisches Asyl, S. 134; *Caflisch*, SchwJbIR XXXI (1975), S. 155, 237 ff.

> gesetzt ist, als vorübergehende Maßnahme Zuflucht von kurzer Dauer gewähren, insofern sich eine solche Maßnahme als wirksamer Schutz für den Begünstigten darstellt. Es handelt sich dann um eine humanitäre Aktion, deren Anlaß eine konkrete lebensgefährdende Situation, das Erduldenmüssen von körperlichen Verletzungen und Mißhandlungen oder die Verfolgung aus Motiven sein kann, die namentlich niedergelegt sind in Art. 3 des Bundesgesetzes über Asyl."[424]

g) Süd- und südwestliche Staaten Europas

Stellungnahmen dieser Staaten zum diplomatischen Asyl sind erstaunlich rar. Während von Portugal überhaupt keine Äußerungen zum diplomatischen Asyl als Rechtsinstitut bekannt sind, legte Italien seine Auffassung nur 1975 vor der Generalversammlung dar.

Dort stellte der italienische Delegierte fest, dass

> „no customary international rule of universal scope had so far evolved on diplomatic asylum, although a number of States considered that it could be granted in urgent and exceptional circumstances for humanitarian purposes. On the one hand, many States, (...), were radically opposed to the granting of diplomatic asylum. On the other hand, even those States, (...), which favoured granting diplomatic asylum in exceptional cases and on humanitarian grounds were not prepared to specify the conditions to be fulfilled in order that it might be claimed or granted, but wished to retain considerable freedom of action in the matter. (...) Thus the only possible conclusion was that diplomatic asylum could not be considered as an institution accepted in general international law."

Allerdings führte der Delegierte weiter aus, dass

> „Italy was among those countries which believed that diplomatic asylum should be granted in cases of compelling urgency, when a grave and imminent danger existed to the life of persons or when basic human rights and fundamental freedom were being grossly and blatantly violated."[425]

Spanien äußerte sich zum diplomatischen Asyl nur, als es im Spanischen Bürgerkrieg selbst betroffen war[426] und Chile die Angelegenheit zum Schutze der sich in den verschiedenen Missionen befindlichen Flüchtlinge vor den Völkerbund brachte.[427] Dort erklärte Spanien, dass es das Asyl in seinem Land akzeptieren werde, allerdings

> „through a spirit of tolerance and not because it is obligated to do so by agreements which Spain has not accepted in international relations"[428].

---

424 Zitiert bei *Carrie*, Diplomatisches Asyl, S. 136; *Caflisch*, SchwJbIR XLIII (1987), S. 131, 180.

425 UN-Doc. A/C.6/SR.1551 (para 30); beide Stellen zitiert bei *Carrie*, Diplomatisches Asyl, S. 138 f.

426 Siehe S. 26 ff.

427 Siehe S. 27 f.

428 Vor dem Council of the League of Nations in February 1937 (Official Journal, 1937, S. 101);

h) Osteuropäische Staaten

Die Staaten des ehemaligen Ostblockes – Osteuropa und Russland stehen dem diplomatischen Asyl als Rechtsinstitut ablehnend gegenüber.

So erklärte Bulgarien 1975 vor der UN-Generalversammlung, dass

> „in his delegation's view, diplomatic asylum was not an institution of international law, since there was neither treaty law nor generally recognizes customary law on the subject."[429]

Auch der Delegierte Polens machte vor der UN-Generalversammlung zunächst geltend, dass

> „there were no means of universal international law regarding diplomatic asylum and (...) no international custom, as evidence of a general practice accepted as law"[430].

Allerdings führte er im Folgenden aus, dass

> „(t)he assessment of the case might be different if it was not an offender that was involved but some other person against whom no legal proceedings were under way but who was exposed to danger from extra-judicial sources."[431]

Während des Spanischen Bürgerkrieges[432] und der damit verbundenen Diskussion im Völkerbund[433] erklärte der Vertreter Russlands, dass

> „(t)o the best of his belief, there was no international law which compelled a Government to allow foreign embassies and legations to accord the right of asylum."[434]

Er erklärte außerdem, dass

> „(h)is point of view was that the right of asylum, as it was understood in Latin America, should not be considered adaptable in Europe."[435]

1946 führte der russische Delegierte während des Third Committee of the General Assembly aus, dass die Gewährung diplomatischen Asyls an Dissidenten, die sich weigerten, das rechtmäßige Regime ihres Landes anzuerkennen, darauf hinausliefe, die

---

auch zitiert bei *Morgenstern*, BYIL 1948 (XXV), S. 236, 243 und *Whiteman*, Digest, S. 447 f.

429 UN-Doc. A/C.6/SR.1551 (para 25 f.); auch zitiert bei *Carrie*, Diplomatisches Asyl, S. 120.

430 UN-Doc. A/C.6/SR.1555 (para 67); auch zitiert bei *Carrie*, Diplomatisches Asyl, S. 121.

431 UN-Doc. A/C.6/SR.1555 (para 71); auch zitiert bei *Carrie*, Diplomatisches Asyl, S. 121.

432 Siehe S. 26 ff.

433 Siehe S. 27 f.

434 Zitiert bei *Carrie*, Diplomatisches Asyl, S. 119; League of Nations, Official Journal, 96. Sitzung, Januar 1937, S. 67.

435 Zitiert bei *Ronning*, Diplomatic Asylum, S. 18.

Rechtmäßigkeit dieser Regierungen in Frage zu stellen. Diese Asylgewährungen stellten daher eine unrechtmäßige Intervention dar.[436]

Auf den Vorschlag Uruguays, das Recht auf diplomatisches Asyl in die Erklärung der Menschenrechte aufzunehmen, entgegnete 1948 der russische Vertreter der Menschenrechtskommission der UN-Generalversammlung, dass

> „the sole purpose of embassies and legations was to permit governments to transact business with one another.“[437]

Und 1975 erklärte der russische Repräsentant vor der UN-Generalversammlung, dass

> „(n)either the customary practice among States nor the literature on the subject provided a sufficient basis for regarding diplomatic asylum as a generally accepted institution“[438].

Die Tschechoslowakei äußerte sich am 3. November 1975 vor der UN-Generalversammlung folgendermaßen:

> „Czechoslovak law did not recognizes diplomatic asylum, which had not become an universally accepted institution of international law“[439].

Der Vertreter der Ukraine erklärte 1974 vor der Generalversammlung, dass es Staaten gäbe,

> „which did not recognize diplomatic asylum and did not practice it. That was the most numerous group of States, and it included his own.“[440]

Am 29. November 1974 äußerte sich der Repräsentant Ungarns vor der Generalversammlung der Vereinten Nationen dahingehend, dass

> „(t)he current state of the law – outside Latin America – was that the granting of asylum in the permises of a diplomatic mission was a violation of international law entailing the responsibility of the sending State. Reference to humanitarian considerations did not relieve the sending State of responsibility of this behaviour, although it might serve as an alleviating circumstance.“[441]

---

436 Vgl. *Thomas*, Non-Intervention, S. 391.

437 UN-Doc. A/C 3/SR 122, S. 3; auch zitiert bei *Kitschenberg*, Diplomatisches Asyl, S. 95 FN 1, *Morgenstern*, BYIL 1948 (XXV), S. 236, 239, *Ungerer*, Diplomatisches Asyl, S. 35 FN 83 und *Whiteman*, Digest, S. 430.

438 UN-Doc. A/C.6/SR.1555 (para 50); auch zitiert bei *Carrie*, Diplomatisches Asyl, S. 120.

439 UN-Doc. A/C.6/SR.1555 (para 30); auch zitiert bei *Carrie*, Diplomatisches Asyl, S. 120 FN 263; schriftlich erklärte die Tschechoslowakei, dass sie genauso wie viele andere Staaten auch das diplomatische Asyl nicht anerkenne (UN-Doc. A/10139, I, S. 18); vgl. *Carrie*, Diplomatisches Asyl, S. 120.

440 UN-Doc. A/C.6/SR.1551 (para 9); auch zitiert bei *Carrie*, Diplomatisches Asyl, S. 120 FN 261.

441 UN-Doc. A/C.6/SR.1510 (para 26); auch zitiert bei *Carrie*, Diplomatisches Asyl, S. 120.

Diese Einstellung bestätigte Ungarn auch noch einmal am 31. Oktober 1975:

> „Diplomatic asylum (...) had not become a universally recognized legal institution in either inter-State practice or general international law.“[442]

i) Australien

Eine bemerkenswerte Ausnahme stellt Australien dar. Australien ist die einzige Nation außerhalb Lateinamerikas, die das diplomatische Asyl als Rechtsinstitut im Völkerrecht anerkennt. So führte Australien in einer schriftlichen Stellungnahme an den UN-Generalsekretär aus:

> „(D)iplomatic asylum is either an institution already accepted in customary international law (as the Government of Australia believes to be the case) or (...), if in the view of some it is not, it is, at least, a practice so tolerated by the States as to approach the status of customary international law.“[443]

Da Australien allerdings selbst über die Voraussetzungen und Grenzen des diplomatischen Asyls unsicher war,[444] strebte es eine Kodifikation dieses Institutes an. Es löste daher eine entsprechende Diskussion 1974/75 vor den Vereinten Nationen aus, indem es am 16. August 1974 den Antrag stellte, diese Frage eines Vertragswerkes zum diplomatischen Asyl in die Tagesordnung der 29. Sitzung der UN-Generalversammlung aufzunehmen.[445] Der Vorstoß Australiens scheiterte jedoch. Es kam nicht zu einer Kodifikation dieses Rechtsgebietes und seiner Voraussetzungen.

j) Kanada

Anders als Australien erklärte Kanada 1975 in einer schriftlichen Stellungnahme an den UN-Generalsekretär deutlich seine Ablehnung gegenüber dem diplomatischen Asyl als Völkerrechtsinstitut:

> „It is the Canadian view that no general right of asylum on diplomatic premises is recognized in contemporary international law.“[446]

Im gleichen Schreiben wird weiter ausgeführt, dass die kanadischen Botschaften sich nur bereithielten vorübergehende Zuflucht zu gewähren:

> „to grant protection (...) for purely humanitarian reasons. This protection is granted only in exceptional cases where the life, liberty or physical integrity of the individual seeking

442 UN-Doc. A/C.6/SR.1554 (para 8); auch zitiert bei *Carrie*, Diplomatisches Asyl, S. 121.

443 UN-Doc. A/10139, I, S. 12; auch zitiert bei *Carrie*, Diplomatisches Asyl, S. 142.

444 Am 7.10.1974 erklärte der australische Außenminister vor der UN-Generalversammlung: „The right to grant asylum in urgent and exceptional circumstances is now well established. The doubts exits in the area of detailed rules.“ (UN-Doc. A/PV.2259); auch zitiert bei *Carrie*, Diplomatisches Asyl, S. 142.

445 Vgl. UN-Doc. A/9704; *Carrie*, Diplomatisches Asyl, S. 141.

446 UN-Doc. A/10139, I, S. 17; auch zitiert bei *Carrie*, Diplomatisches Asyl, S. 142.

> protection is threatened by violance against which local authorities are unable or unwilling to offer protection.“[447]

Auch in der Rede des kanadischen Delegierten vor der UN-Generalversammlung führte dieser aus, dass

> „like the majority of the international community, his country felt that diplomatic asylum was not an institution recognized by contemporary universal law and lacked a general recognized and accepted legal foundation.“[448]

Allerdings sei es möglich einen „temporary save haven“ zu bieten, da dies eine „essentially and exclusively (...) humanitarian practice“ sei.[449]

Diese Ansicht hatte auch das Bureau of Legal Affaires in einem Schreiben vom 1. Februar 1974 vertreten, als es die Ermächtigung der kanadischen Botschaften zur Gewährung eines „temporary save haven for persons whose life, liberty or physical integrity is threatened“[450] bestätigte.

k) Afrikanische Staaten

Die afrikanischen Staaten lehnen das diplomatische Asyl als Rechtsinstitut ab. Dies wird aus ihren Stellungnahmen vor der UN-Generalversammlung deutlich.

So erklärte der Vertreter Kongos, dass

> „(u)nlike territorial asylum, which reaffirmes the principle of State sovereignity, diplomatic asylum constituted a grave infringement of State sovereignity and interfrence in the internal affaires of States.“[451]

Der Delegierte Kameruns führte aus, dass

> „(d)iplomatic asylum could (...) not be considered as part of customary international law and there seemed to be consensus on the institution only in Latin America.“[452]

In diesem Sinne erklärte auch der Repräsentant Ghanas:

> „It was clear (...) that diplomatic asylum was not an institution of international law, in the sense that there was no generally recognized customary law on the subject.“[453]

---

447 UN-Doc. A/10139, I, S. 17; auch zitiert bei *Carrie*, Diplomatisches Asyl, S. 143.
448 UN-Doc. A/C.6/SR.1555 (para 39 u. 41); auch zitiert bei *Carrie*, Diplomatisches Asyl, S. 143.
449 UN-Doc. A/C.6/SR.1555 (para 39 u. 41); auch zitiert bei *Carrie*, Diplomatisches Asyl, S. 143.
450 Zitiert bei *Carrie*, Diplomatisches Asyl, S. 143 und *Lee*, CYbIL 1975, S. 329, 339.
451 UN-Doc. A/C.6/SR.1553 (para 21); auch zitiert bei *Carrie*, Diplomatisches Asyl, S. 122.
452 UN-Doc. A/C.6/SR.1553 (para 22); auch zitiert bei *Carrie*, Diplomatisches Asyl, S. 122.
453 UN-Doc. A/C.6/SR.1555 (para 24); auch zitiert bei *Carrie*, Diplomatisches Asyl, S. 122 FN 274.

Auch der Delegierte Swazilands führte aus, dass

> „although the institution of diplomatic asylum was recognized and did exist in Latin America, it was clear that such institution did not form a part of customary international law.“[454]

Anders als diese Staaten, die das diplomatische Asyl grundsätzlich und in jeder Situation ablehnen, bekennt sich Nigeria zu der Möglichkeit einer vorübergehenden Zuflucht in besonderen Fällen. Der nigerianische Delegierte bemerkte am 3. November 1975 vor der UN-Generalversammlung, dass

> „(a)s to diplomatic asylum, modern international law recognized no general right to grant asylum where its effect would be to exempt the fugitive from the regular application of the laws of the territorial State. As a temporary measure, however, asylum could be granted individuals who were physically in danger from a mob or where the fugitive was in peril because of extreme political corruption in the local State.“[455]

Dies sei rechtlich möglich, weil

> „(t)he justification presumably was that by the grant of asylum an urgent threat was temporarily turned aside“[456].

l) Arabische Staaten

Die arabischen Staaten lehnen das diplomatische Asyl genauso wie die meisten afrikanischen Staaten ab.

So machte der Vertreter des Jemen vor der UN-Generalversammlung geltend:

> „(D)espite its historical origins, (diplomatic asylum) remained only a territorial practice in accordance with conventions and treaties concluded between certain States, whose admirable custom should nevertheless be respected.“[457]

Der Delegierte der Demokratischen Volksrepublik Jemen ließ sich vernehmen, dass

> „(d)iplomatic asylum (...) was not yet recognized in international law.“[458]

In diesem Sinne erklärte auch der Vertreter des Irak:

> „The Government of the Republic of Iraq considers that there are no general rules in international law concerning diplomatic asylum.“[459]

---

454 UN-Doc. A/C.6/SR.1557 (para 30); auch zitiert bei *Carrie*, Diplomatisches Asyl, S. 122 FN 275.

455 UN-Doc. A/C.6/SR.1555 (para 21); auch zitiert bei *Carrie*, Diplomatisches Asyl, S. 145.

456 UN-Doc. A/C.6/SR.1555 (para 21); auch zitiert bei *Carrie*, Diplomatisches Asyl, S. 145.

457 UN-Doc. A/C.6/SR.1554 (para 15); auch zitiert bei *Carrie*, Diplomatisches Asyl, S. 122 FN 276.

458 UN-Doc. A/C.6/SR.1557 (para 21); auch zitiert bei *Carrie*, Diplomatisches Asyl, S. 122 FN 277.

Auch der Repräsentant Bahrains schloss sich dieser Auffassung an, als er festhielt, dass

> „(h)is delegation agreed with those who had said that diplomatic asylum was not a clearly recognized principle of international law, nor an established customary practice.“[460]

Der Iran ließ durch seinen Delegierten im Völkerbund 1937 erklären, dass

> „the right of asylum has not for a long time past existed in Iran.“[461]

m) Asiatische Staaten

Aus Ostasien liegen nur sehr vereinzelt Stellungnahmen zum diplomatischen Asyl vor:

Singapur lehnte 1975 das diplomatische Asyl als Rechtsinstitut mit der Bemerkung ab, dass

> „the present political conditions in South East Asia are not appropriate for the reception of the institution of diplomatic asylum.“[462]

Von China sind keine „objektiven“ Aussagen bekannt, sondern nur die Reaktion auf die Aufnahme Fang Lizhis und seiner Frau[463], die es als eine „verantwortungslose Einmischung in die inneren Angelegenheiten Chinas“[464] bezeichnete.

Allein Japan äußerte sich mehrfach zum diplomatischen Asyl als Völkerrechtsinstitut. Gegenüber Australien, das, bevor es seine Initiative zur Kodifikation des Instituts des diplomatischen Asyl vor der UNO 1974 begann, einige Staaten um ihre Stellungnahmen gebeten hatte, erklärte Japan:

> „(i) The right to grant asylum to diplomatic missions is not recognized under existing international law.
> (ii) Despite the undeniable fact that diplomatic asylum played an important role in the field of protection human rights, there hardly seems to exist any general principle concerning occasions on which such right of asylum should be recognized.“[465]

Auch in der tatsächlichen Diskussion vor der UN-Generalversammlung blieb Japan bei seiner Haltung. Sein Vertreter führte am 4. November 1974 aus, dass

> „we hold the view that the right of diplomatic asylum has not been established as a part of general international law. (...) Customs or usages must be accompanied by well-

---

459 UN-Doc. A/10139, I, S. 24; auch zitiert bei *Carrie*, Diplomatisches Asyl, S. 122 FN 278.

460 UN-Doc. A/C.6/SR.1557 (para 26); auch zitiert bei *Carrie*, Diplomatisches Asyl, S. 122 FN 279.

461 Zitiert bei *Ronning*, Diplomatic Asylum, S. 19.

462 UN-Doc. A/10139, I, S. 28; auch zitiert bei *Carrie*, Diplomatisches Asyl, S. 121.

463 Siehe S. 40 ff.

464 Zitiert bei *Carrie*, Diplomatisches Asyl, S. 121.

465 Zitiert bei *Carrie*, Diplomatisches Asyl, S. 144.

established, relevant opinio iuris in order to constitute a legal norm. It is the view of my delegation that the relevant opinio iuris concerning the institution of diplomatic asylum has not yet crystallized."

Allerdings erklärte er auch, dass

„exceptional circumstances might call for exceptional measures."[466]

Als Vertreter des westasiatischen Raums haben sich allein Indien und Pakistan zum diplomatischen Asyl als Rechtsinstitut geäußert:

Vor der UN-Generalversammlung machte Indien am 25. November 1974 seine ablehnende Haltung gegenüber dem diplomatischen Asyl deutlich:

„State practice clearly showed that the concept of diplomatic asylum had not become part of international law and that a decision to grant asylum involved a derogation from the sovereignity of the receiving State."[467]

Allerdings hatte Indien zuvor festgestellt, dass eine Unterscheidung zwischen diplomatischem Asyl und vorübergehender Zuflucht zu machen sei. Diesbezüglich führte der Delegierte Indiens am 3. November 1975 vor der Generalversammlung aus, dass

„State practice permitted a diplomatic mission to provide temporary refuge on its permises to a person in imminent danger of his life until cessation of such danger. That practice, while it is clearly justified on humanitarian grounds, did not in any way involve withdrawal of the person concerned from the jurisdiction of the territorial State. There was a basic difference between temporary refuge and diplomatic asylum accorded for political reasons."[468]

Pakistan erklärte zu diesem Thema lediglich, dass das diplomatische Asyl noch kein Rechtsinstitut sei, sondern noch der Klärung bedürfe. Die Frage des diplomatischen Asyls sei „essentially de lege ferenda"[469]

4) Ergebnis: Rechtsüberzeugung und Völkergewohnheitsrecht

Zur Begründung von Gewohnheitsrecht sind zwingend die Elemente der Übung und der Rechtsüberzeugung erforderlich. Fehlt es an einem dieser Elemente, so entsteht kein Völkergewohnheitsrecht.[470] Die Auswertung der verschiedenen Stellungnahmen

466 Zitiert bei *Carrie*, Diplomatisches Asyl, S. 144 FN 354.

467 UN-Doc. A/C.6/SR.1505 (para 23); auch zitiert bei *Carrie*, Diplomatisches Asyl, S. 144.

468 UN-Doc. A/C.6/SR.1555 (para 57); auch zitiert bei *Carrie*, Diplomatisches Asyl, S. 145.

469 UN-Doc. A/10139, I, S. 27; UN-Doc. A/C.6/SR.1556 (para 15); Zitiert bei *Carrie*, Diplomatisches Asyl, S. 145.

470 So auch der IGH (*Haya de la Torre*), ICJ Reports, 1950, S. 265, 276; IGH (*Nordsee-Festlandsockel*), ICJ reports, 1969, S. 1, 43 f.; IGH (*Festlandsockel*), ICJ Reports, 1985, S. 13, 29 f.; IGH (*Nicaragua Fall*), ICJ Reports, 1986, S. 15, 98; vgl. auch *Berber*, Völkerrecht, Bd. 1, S. 43; *Carrie*, Diplomatisches Asyl, S. 87; *Kitschenberg*, Diplomatisches Asyl, S. 107 ff (bezüglich des Fehlens der Rechtsüberzeugung).

der Staaten außerhalb Lateinamerikas hat ergeben, dass allein Australien das diplomatische Asyl als ein völkergewohnheitsrechtlich anerkanntes Rechtsinstitut ansieht. Die überwiegende Mehrzahl der Staaten lehnt das diplomatische Asyl als ein völkerrechtliches Rechtsinstitut ab[471] und akzeptiert allein die Möglichkeit der vorübergehenden Zuflucht. Daher fehlt es bei diesen Staaten an der Überzeugung rechtlich gebunden zu sein und somit an dem für die Entstehung von Völkergewohnheitsrecht notwendigen Element der opinio iuris. Aus diesem Grunde ist kein universelles Völkergewohnheitsrecht, das die Gewährung diplomatischen Asyls gestattet, entstanden.

III) Exkurs Lateinamerika

Im Unterschied zu den bisher behandelten Nationen ist das diplomatische Asyl im lateinamerikanischen Raum anerkannt. Es gibt dort mehrere Verträge, die diese Materie regeln.

1) Vertragsrecht

a) Konferenzen von Lima 1867

1867 versuchten die lateinamerikanischen Staaten auf den Konferenzen von Lima erstmals eine vertragliche Regelung des diplomatischen Asyls zu finden. Diese Konferenzen scheiterten jedoch an den unvereinbaren Positionen der verschiedenen Staaten. Einige Staaten wollten das diplomatische Asyl gänzlich abschaffen, während andere es beibehalten wollten.[472] Peru erklärte schließlich alleine die Abschaffung des diplomatischen Asyls in seinem Land und verzichtete auf die Ausübung in seinen Botschaften.[473]

b) Abkommen von Montevideo vom 23. Januar 1889

Am 23. Januar 1889 wurde auf dem Südamerikanischen Kongress für internationales Privatrecht das Abkommen von Montevideo unterzeichnet. Es wurde von Argentinien, Bolivien, Paraguay, Peru und Uruguay ratifiziert.[474]

Titel II dieses Vertrages beschäftigt sich mit dem Asylrecht und Art. 17 mit dem diplomatischen Asyl im besonderen. Dort heißt es:

---

471 Allein eine Gewährung vorübergehender Zuflucht ist nach Ansicht der meisten Staaten gestattet. Da diese aber nicht in die Territorialhoheit des Empfangsstaates eingreift, kann daraus kein Erkenntnisgewinn für die Gestattung des diplomatischen Asyls hergeleitet werden. Vgl. zur vorübergehenden Zuflucht auch S. 55 ff.

472 Vgl. *Moncada*, ZöR 1944 (XXIII), S. 403, 423; *Ronning*, Diplomatic Asylum, S. 52 f.; *v. Pollern*, Modernes Asylrecht, S. 99 f.

473 Vgl. *Moncada*, ZöR 1944 (XXIII), S. 403, 423.

474 Dazu *Carrie*, Diplomatisches Asyl, S. 78; *Moncada*, ZöR 1944 (XXIII), S. 403, 451; *Morgenstern*, BYIL 1948 (XXV), S. 236, 240; *Sinha*, Asylum, S. 239; *v. Pollern*, Modernes Asylrecht, S. 100; *Whiteman*, Digest, S. 432.

„A person who has committed an ordinary crime and who obtains asylum in a legation shall be delivered by the chief thereof to the local authorities, upon request of the Ministry of Foreign Relations, when it has been done spontaneously."

„Such asylum shall be respected in cases of persons sought for political crimes, but the chief of the legation is obliged to give notice of the fact immediately to the government of the State to which he is accredited, (and) the latter may require that the person sought be transported beyond the national territorial limits within the shortest possible time."

„The chief of the legation, in turn, may demand the necessary guarantees in order that the refugee may leave the national territory, his personal inviolability being respected."[475]

Daraus lässt sich eine selbständige Rechtsgrundlage des diplomatischen Asyls herleiten, da dort eine Pflicht zur Respektierung des Asyls festgehalten wird.[476]

c) Auslieferungsabkommen von Caracas vom 18. Juli 1911

Auch das Auslieferungsabkommen von Caracas beschäftigt sich mit dem diplomatischen Asyl. Bolivien, Ecuador, Kolumbien, Peru und Venezuela unterzeichneten am 18. Juli 1911 diesen Vertrag, der in Art. 4 bestimmt, dass Flüchtlinge, die sich einer politischen Straftat schuldig gemacht haben, nicht ausgeliefert werden dürfen; es sei denn, dass sie einen Angriff auf das Leben eines Staatsoberhauptes verübt haben. Ob es sich um eine politische Straftat handelt, entscheidet der Zufluchtsstaat. In Art. 18 des Vertrages wird ausdrücklich festgelegt, dass die Unterzeichnerstaaten das diplomatische Asyl als Rechtsinstitut anerkennen.[477]

d) Konvention von Havanna vom 20. Februar 1928

Am 20. Februar 1928 unterzeichneten alle lateinamerikanischen Staaten[478] die Konvention von Havanna, welche im Rahmen der 6. Internationalen Konferenz der OAS beraten worden war. Ratifiziert wurde sie von Brasilien, Costa Rica, El Salvador, Ecuador, Guatemala, Haiti (das am 1. August 1967 seine Kündigung erklärte, diese aber am 1. Dezember 1974 widerrief), Honduras, Kolumbien, Kuba, Mexiko, Nicaragua, Panama, Paraguay, Peru und Uruguay.[479] Die Dominikanische Republik hatte das Abkommen zwar ratifiziert, aber am 6. Oktober 1954 wieder gekündigt. Die anderen Unterzeichnerstaaten haben die Konvention nicht ratifiziert. Die USA meldeten schon bei der Unterzeichnung den Vorbehalt an, dass sie das diplomatische Asyl nicht als Teil des internationalen Rechts anerkennen würden.[480]

475 Zitiert bei *Whiteman*, Digest, S. 431.

476 Vgl. *Carrie*, Diplomatisches Asyl, S. 77 f.; *Kitschenberg*, Diplomatisches Asyl, S. 19; *Morgenstern*, BYIL 1948 (XXV), S. 236, 240; *Sinha*, Asylum, S. 239 f.

477 Vgl. *v. Pollern*, Modernes Asylrecht, S. 100 f.

478 So *Kitschenberg*, Diplomatisches Asyl, S. 21; *v. Pollern*, Modernes Asylrecht, S. 101; vgl. *Moncada*, ZöR 1944 (XXIII), S. 403, 452.

479 Vgl. *Carrie*, Diplomatisches Asyl, S. 79 FN 56 (Stand: 1983).

480 Vgl. *Carrie*, Diplomatisches Asyl, S. 79 FN 57; *Hackworth*, Digest, S. 647; *Kitschenberg*, Dip-

Ob dieser Vorbehalt erforderlich war, ist allerdings fraglich, da der Vertrag selber keine rechtsbegründende Substanz besitzt.[481] Vielmehr muss sich das Recht zur Gewährung diplomatischen Asyls aus anderen Quellen ergeben. Dies macht Art. 2 der Konvention deutlich:

> „Asylum granted to political offenders in legations, warships, military camps, or military aircraft, shall be respected to the extent in which allowed, as a right or through humanitarian toleration, by the usages, the conventions, or the laws of the country in which granted“[482].

Die Beratungen zu der Konvention bestätigen diese Auslegung. Denn . ursprünglich sollte Art. 2 der Konvention folgendermaßen lauten:

> „Asylum granted to persons accused of political crimes, in national territory, in legations, on war wessels, or in military camps or aircraft must be respected.“[483]

Dieser Vorschlag wurde jedoch verworfen, eben weil sich einige Staaten dagegen aussprachen, der Konvention einen rechtsbegründenden Charakter zuzusprechen.[484]

Die Konvention bestimmt also die Voraussetzungen einer Asylgewährung, falls sich das Recht der Gewährung selber aus anderen Quellen ergibt. Die Voraussetzungen sind folgende:

- Es ist den Staaten nicht erlaubt, Personen Asyl zu gewähren, die wegen gemeiner Verbrechen angeklagt oder verurteilt sind oder Deserteure des Heeres oder der Marine sind.[485]
- Eine Asylgewährung für politische Verbrecher ist nach Art. 2 der Konvention nur unter den Voraussetzungen möglich, dass
  - es sich um dringende Fälle handelt und nur für den erforderlichen Zeitraum
  - eine Mitteilung über die Asylgewährung gemacht wird
  - der Territorialstaat die Ausreise des Flüchtlings verlangen kann, wenn er freies Geleit zusichert

---

lomatisches Asyl, S. 22 FN 1; *Moncada*, ZöR 1944 (XXIII), S. 403, 453; *Whiteman*, Digest, S. 435.

481 So *Carrie*, Diplomatisches Asyl, S. 79; *Sinha*, Asylum, S. 241; *Ronning*, Diplomatic Asylum, S. 63; *Morgenstern*, BYIL 1948 (XXV), S. 236, 240.

482 Zitiert bei *Carrie*, Diplomatisches Asyl, S. 79, *Ronning*, Diplomatic Asylum, S. 56, *Morgenstern*, BYIL 1948 (XXV), S. 236, 240 und *Whiteman*, Digest, S. 434.

483 Zitiert bei *Carrie*, Diplomatisches Asyl, S. 80; *Ronning*, Diplomatic Asylum, S. 58 und im American Journal of International Law (AJIL), 22 (1928), S. 265.

484 Vgl. *Carrie*, Diplomatisches Asyl, S. 80 und *Ronning*, Diplomatic Asylum, S. 58.

485 Art. 1 der Konvention bei *Kitschenberg*, Diplomatisches Asyl, S. 21, *Moncada*, ZöR 1944 (XXIII), S. 403, 452 und *v. Pollern*, Modernes Asylrecht, S. 101; der englische Text ist bei *Whiteman*, Digest, S. 434 zu finden.

- keine Unterbringung des Flüchtlings auf dem Gebiet des Empfangsstaates oder in dessen unmittelbarer Grenznähe erfolgt[486]

Problematisch ist jedoch, dass in der Konvention nicht geklärt wird, welcher Staat für die Qualifikation des Flüchtlings als einen politischen Flüchtling zuständig ist und was „dringende Fälle“ im Sinne von Art. 2 der Konvention sind.[487]

e) Konvention von Montevideo vom 26. Dezember 1933

Mit diesen Fragen setzte sich das Montevideoabkommen vom 26. Dezember 1933 auseinander. Nach Art. 2 der Konvention bestimmt der asylgewährende Staat, ob es sich um ein politisches Vergehen handelt[488] und Art. 3 bestimmt:

> „Political Asylum, as an institution of humanitarian character, is not subject to reciprocity. Any man may resort to its protection, whatever his nationality, without prejudice to the obligations accepted by the State to which he belongs; however, the States that does not recognize political asylum, except with limitations and peculiarities, can exercise it in foreign countries only in the manner and within the limits recognized by said countries.“[489]

Das Abkommen von Montevideo beantwortet damit einige Fragen, die das Abkommen von Havanna aufgeworfen hatte. An der fehlenden rechtsbegründenden Kraft der Konvention von Havanna ändert es jedoch nichts.[490]

Das Abkommen wurde von Brasilien, Chile, Costa Rica, Ecuador, El Salvador, Guatemala, Haiti (das am 1. August 1967 seine Kündigung erklärte, diese aber am 1. Dezember 1974 wieder zurückgenommen hatte) Honduras, Kolumbien, Kuba, Nicaragua, Panama, Paraguay und Peru ratifiziert.[491] Die Dominikanische Republik hat das Abkommen nach einer Ratifikation am 6. Oktober 1954 gekündigt.[492]

f) Abkommen von Montevideo vom 4. August 1939

In diesem Abkommen von Montevideo, das am 4. August 1939 unterzeichnet wurde, wurde nach den Erfahrungen im spanischen Bürgerkrieg als Fortführung des Vertrages von 1889[493] festgelegt, dass

---

486 Vgl. *Kitschenberg*, Diplomatisches Asyl, S. 21, *Moncada*, ZöR 1944 (XXIII), S. 403, 452 und *v. Pollern*, Modernes Asylrecht, S. 101; der englische Text ist bei *Whiteman*, Digest, S. 434 f. abgedruckt.

487 So auch *Kitschenberg*, Diplomatisches Asyl, S. 22; *v. Pollern*, Modernes Asylrecht, S. 101.

488 Dazu *Kitschenberg*, Diplomatisches Asyl, S. 24; *Moncada*, ZöR 1944 (XXIII), S. 403, 453; *v. Pollern*, Modernes Asylrecht, S. 102; der englische Text findet sich bei *Whiteman*, Digest, S. 436.

489 Zitiert bei *Whiteman*, Digest, S. 436.

490 So auch *Carrie*, Diplomatisches Asyl, S. 81; *Ronning*, Diplomatic Asylum, S. 63.

491 Vgl. *Carrie*, Diplomatisches Asyl, S. 80 FN 65; *Sinha*, Asylum, S. 240 (Stand: 1983).

492 Vgl. *Carrie*, Diplomatisches Asyl, S. 80 FN 65; *Sinha*, Asylum, S. 240.

493 Vgl. *Carrie*, Diplomatisches Asyl, S. 78; *Kitschenberg*, Diplomatisches Asyl, S. 27; *Morgenstern*, BYIL (XXV), S. 236, 241; *Sinha*, Asylum, S. 240; *Whiteman*, Digest, S. 432;

> „(a)sylum may be granted without distinction of nationality, and without prejudice to the rights and obligations of protection appertaining to the State to which the refugees belong“[494] (Art. 1 I)

und dass

> „(a)sylum may be granted (...) exclusively to persons pursued for political reasons or offences, or under circumstances involving concurrent political offences, which do not legally permit of extradiction.“[495] (Art. 2).

Dieser Vertrag wurde allerdings nur von Paraguay und Uruguay ratifiziert[496] und hat daher nur geringe Bedeutung erlangt.

g) Konvention von Caracas vom 28. März 1954

Im Rahmen der 10. Internationalen Konferenz der OAS (Organisation Amerikanischer Staaten) unterzeichneten 20 lateinamerikanische Staaten ein weiteres Abkommen zum diplomatischen Asyl. In diesem wird ausdrücklich ein Recht zur Asylgewährung ausgeführt. Art. 2 der Konvention lautet:

> „Every State has the right to grant asylum; but it is not obligated to do so or to state its reason for refusing it.“[497]

Die Fragen, ob der Flüchtling ein politisches Verbrechen begangen hat (nur dann kann rechtmäßigerweise diplomatisches Asyl gewährt werden – Art. 3) und ob ein dringender Fall vorliegt, entscheidet nach der Konvention der asylgewährende Staat (Art. 4 und 7). Allerdings wird der Fall der Dringlichkeit in Art. 6 definiert, um insofern Klarheit zu schaffen.

Die Konvention wurde von Brasilien, Costa Rica, der Dominikanischen Republik, Ecuador, El Salvador, Haiti (das am 1. August 1967 das Abkommen zunächst kündigte, die Kündigung aber am 1. Dezember 1974 zurücknahm), Mexiko, Panama, Paraguay, Peru, Uruguay und Venezuela ratifiziert.[498] Allerdings haben die Dominikanische Republik und Uruguay bei der Unterzeichnung einen Vorbehalt geltend gemacht,

---

Auch in der Präambel heißt es: „In view of the fact that the priciples governing asylum which were established by the Treaty of International Penal Law signed at Montevideo on January 23, 1889, require amplification in order that they may cover the new situations which have arisen and may serve to confirm the doctines already sanctioned in America“ zitiert bei *Carrie*, Diplomatisches Asyl, S. 78 FN 51.

494 Zitiert bei *Carrie*, Diplomatisches Asyl, S. 78 und *Whiteman*, Digest, S. 432.

495 Zitiert bei *Whiteman*, Digest, S. 432.

496 So *Carrie*, Diplomatisches Asyl, S. 78; *Kitschenberg*, Diplomatisches Asyl, S. 27; *Sinha*, Asylum, S. 240; *v. Pollern*, Modernes Asylrecht, S. 102.

497 Zitiert bei *Carrie*, Diplomatisches Asyl, S. 81, *Ronning*, Diplomatic Asylum, S. 63 und *Whiteman*, Digest, S. 437.

498 Stand 1983, *Carrie*, Diplomatisches Asyl, S. 81 FN 69; *Sinha*, Asylum, S. 241; *v. Pollern*, Modernes Asylrecht, S. 103 FN 525 (S. 226).

der aber nicht die Natur des diplomatischen Asyls als Rechtsinstitut betrifft, sondern nur einzelne Fragen bei der Durchführung der Konvention.[499]

h) Ergebnis

Jeder lateinamerikanische Staat hat mehrere Verträge zum diplomatischen Asyl ratifiziert. In den Verträgen wird klargestellt, dass nur „politischen Verbrechern" in dringenden Fällen diplomatisches Asyl in Botschaften, Kriegsschiffen, Kasernen und Militärflugzeugen gewährt werden darf. Allerdings schaffen nicht alle Verträge eine Rechtsgrundlage für das diplomatische Asyl, so dass Chile, Kolumbien, Kuba, Guatemala, Honduras und Nicaragua keine vertragliche Rechtsgrundlage für die Gewährung diplomatischen Asyls besitzen. Eine Anerkennung des diplomatischen Asyls dieser Staaten kann daher nur noch gewohnheitsrechtlicher Natur sein.

2) Gewohnheitsrecht

Ein allgemeines Völkergewohnheitsrecht existiert - wie gesehen[500] - nicht. Eventuell könnte aber in Lateinamerika eine regionale Besonderheit vorliegen, die zur Anerkennung des diplomatischen Asyls als regionales Gewohnheitsrecht in dieser Region führt. Dies wird von einigen Autoren angenommen.[501]

Bezüglich der für das Völkergewohnheitsrecht erforderlichen Übung besteht angesichts der zahlreichen Fälle[502] von Gewährungen diplomatischen Asyls auf diesem Kontinent kein Zweifel. Allerdings müssten für die Annahme eines regionalen Gewohnheitsrechtes alle Staaten dieser Region das diplomatische Asyl als völkergewohnheitsrechtlichen Rechtssatz anerkennen, da durch den verengten Geltungsbereich höhere Anforderungen als beim universellen Völkergewohnheitsrecht zu stellen sind.[503] So erklärt auch der IGH:

> „that the rule invoked by it is in accordance with a constant and uniform usage by the states in question"[504]

Wenn einige Staaten das Recht des diplomatischen Asyls gewohnheitsrechtlich nicht anerkennen und sich entsprechend äußern, so werden sie auch nicht mitverpflichtet.[505]

---

499 Die Vorbehalte (und die von Guatemala und Honduras, die den Vertrag aber noch nicht ratifiziert haben) sind zitiert bei *Whiteman*, Digest, S. 440.

500 Siehe zu diesem Ergebnis S. 69 f.

501 EPIL-*Barberis*, Vol. 1, S. 282; *Kimminich*, Grundprobleme, S. 89; *Kitschenberg*, Diplomatisches Asyl, S. 113 f.; *Moncada*, ZöR 1944 (XXIII), S. 403, 460; *Morgenstern*, LQR 67 (1951); S. 362, 363; *Strachwitz*, Asylrecht, S. 113, *Thomas*, Non-Intervention, S. 393; *Ungerer*, Diplomatisches Asyl, S. 67; *v. Pollern*, Modernes Asylrecht, S. 112 f.

502 Vgl. Listen im Anhang.

503 So auch *Akehurst*, BYIL 1974/75 (XLVII), S. 1, 29; *Carrie*, Diplomatisches Asyl, S.89; *Verdross/Simma*, Völkerrecht, § 568; *D'Amato* beschreibt die verschiedenen Äußerungen des IGH zu diesem Thema in AJIL 63 (1969), S. 211, 215 ff.

504 IGH (Asylfall), ICJ Reports 1950, S. 265, 276.

505 Vgl. *Akehurst*, BYIL 1974/75 (XLVII), S. 1, 30.

Es kann sich dann allenfalls um partikuläres Gewohnheitsrecht handeln, das die Staaten bindet, die es vertreten.[506]

Es kann nicht festgestellt werden, dass alle lateinamerikanischen Staaten das diplomatische Asyl als Völkergewohnheitsrecht anerkennen. Zwar sehen heute fünf Länder das diplomatische Asyl als Gewohnheitsrecht an; fünf weitere sprechen sich jedoch eindeutig dagegen aus. Die Befürworter des diplomatischen Asyls als völkergewohnheitsrechtlich anerkanntes Rechtsinstitut sind: Chile, Costa Rica, Ecuador, Kolumbien und Kuba.

So erklärte Chile beispielsweise am 19. Oktober 1936,

> „that the right of asylum has existed before the convention of Havana, and (...) will always exist while humanitarian sentiments exist among nations“[507].

Der Delegierte Costa Ricas führte am 25. November 1974 vor der UN-Generalversammlung aus, dass

> „(h)is country considered asylum not only as a right attributed to the State vis-à-vis other States but also as a right attributed to the individual himself as a direct subject of international law.“[508]

Ecuador bemerkte 1975 in einem Schreiben an den UN-Generalsekretär (wie bereits mehrere Male zuvor)[509], dass

> „Ecuador (...) has consistently upheld the principle complying with the positive rules laid down in treaties conventions as well as taking account of customary practice“[510].

Die Regierung Kolumbiens erklärte 1950 während des Asylstreits vor dem IGH, dass sich das diplomatische Asyl auf ein Gewohnheitsrecht stützt, das in Lateinamerika bindend sei.[511]

---

506 Vgl. *Akehurst*, BYIL 1974/75 (XLVII), S. 1, 29.

507 Zitiert bei *Ronning*, Diplomatic Asylum, S. 80.

508 UN-Doc. A/C.SR.1505 (para 24); auch zitiert bei *Carrie*, Diplomatisches Asyl, S. 149 FN 381 (S. 150).

509 Vgl. bspw. die Äußerungen des Außenministeriums im Juni 1949: „(A)sylum is consecrated and defined, not only by the pertinent American international conventions, but also by international custom, valuable source of American Law.“ zitiert bei *Carrie*, Diplomatisches Asyl, S. 149 FN 379 und *Ronning*, Diplomatic Asylum, S. 86
und die Aussage an das Inter-American Peace Committee vom 16.2.1960 bezüglich der Kündigung der Asylverträge durch die Dominikanische Republik, in der Ecuador erklärte, dass die Kündigung die Dominikanische Republik nicht bewahre „From its obligations derived from international custom, practised in a permanent, uniform and general manner by the Latin American states in the matter of diplomatic asylum“ zitiert bei *Carrie*, Diplomatisches Asyl, S. 149 FN 379 und *Whiteman*, Digest, S. 454.

510 UN-Doc. A/10139, I, S. 19; auch zitiert bei *Carrie*, Diplomatisches Asyl, S. 149 FN 379.

511 Dazu *Sinha*, Asylum, S. 227; das entsprechende Urteil des IGH findet sich in ICJ Reports, 1950,

Auch Kuba legte seine Haltung während des Asylstreits vor dem IGH dar. Es führte aus, dass die Tradition des diplomatischen Asyls

> „was incorporated into the juridical life of America through practice and custom, being recognized initially by customary law and submitted, afterwards, to the American international organizations, which determined its juridical structure."[512]

Gegen das diplomatische Asyl als Völkergewohnheitsrecht sprechen sich Brasilien, Haiti, Paraguay, Peru und Venezuela aus.

Brasilien machte seinen Standpunkt am 25. November 1974 deutlich, als sein Delegierter vor der UN-Generalversammlung erklärte, dass

> „(t)he inter-American conventions on diplomatic asylum of 1928 and 1854 were the most important instruments establishing the legal basis for the practice of asylum in Latin American countries."[513]

Der Außenminister von Haiti erklärte 1927 beim Treffen der International Commission of American Jurists, dass

> „each state is free to recognize a right of asylum, but if it does so it, will observe the following rules."[514]

und der Außenminister von Paraguay führte 1868 aus, dass

> „it belongs for the sovereign to decide, on occasion, how far the right of asylum, which an ambassador claims as belonging to his house, is to be respected".[515]

Peru erklärte während des Asylstreits vor dem IGH, dass

> „(w)e think that asylum, precisely through its humanitarian character, is a practical ideal but it lacks, even in America, the circumstances necessary in order to be realized juridicially"[516].

Am 29. Januar 1949 schrieb Venezuela in einer Note an Chile, dass

> „(t)he problem of asylum in its entirety presents two aspects: one is the acceptance of the rule of asylum, that which is manifested as a right, by the signing of the pertinent conventions and de facto, when the existence of refugees in the diplomatic missions is tolerated.

S. 265 ff.

512 Zitiert bei *Carrie*, Diplomatisches Asyl, S. 149 FN 380 (S. 150) und *Ronning*, Diplomatic Asylum, S. 89.

513 UN-Doc. A/C. 6/SR.1505 (para 17); auch zitiert bei *Carrie*, Diplomatisches Asyl, S. 149 FN 377.

514 Zitiert bei *Ronning*, Diplomatic Asylum, S. 72; *Sinha*, Asylum, S. 233.

515 Zitiert bei *Sinha*, Asylum, S. 234.

516 Zitiert bei *Carrie*, Diplomatisches Asyl, S. 149 FN 378 und *Ronning*, Diplomatic Asylum, S. 76; *Sinha*, Asylum, S. 236.

> The country which refuses to become a party to treaties on this matter would reject the principle of asylum; the country which, having contracted such agreements, refuses to permit the access by refugees to such missions would violate its international agreements on asylum."[517]

Die Stellungnahmen der letztgenannten Länder machen deutlich, dass in Lateinamerika nicht alle Länder das diplomatische Asyl als einen völkergewohnheitsrechtlichen Satz anerkennen. Folgt man der Auffassung, dass alle beteiligten Länder beim regionalen Völkergewohnheitsrecht das Recht anerkennen müssen, ist demnach kein regionales Völkergewohnheitsrecht in Lateinamerika entstanden. Teilweise wird allerdings eine prozentual höhere Beteiligung zur Begründung regionalen Völkergewohnheitsrechts als ausreichend angesehen.[518] Auch davon kann jedoch bei einem Verhältnis von fünf zu fünf keine Rede sein. Wenn darüber hinaus die Staaten berücksichtigt werden, die in ihren Äußerungen nicht eindeutig sind, so ist das Verhältnis derjenigen, die das diplomatische Asyl als Völkergewohnheitsrecht anerkennen, noch geringer.

Folglich besteht in Lateinamerika kein regionales Völkergewohnheitsrecht. Allein bei den fünf Staaten, die das diplomatische Asyl als Gewohnheitsrecht anerkennen, kann vom diplomatischen Asyl als partikuläres Völkergewohnheitsrecht gesprochen werden.

3) Ergebnis: Recht des diplomatischen Asyls in Lateinamerika

Argentinien, Bolivien, Brasilien, Costa Rica, die Dominikanische Republik, Ecuador, El Salvador, Haiti, Mexiko, Panama, Paraguay, Peru, Uruguay und Venezuela haben einen der Verträge unterzeichnet, die dem diplomatischen Asyl eine Rechtsgrundlage verschaffen. Für diese Staaten steht außer Frage, dass das diplomatische Asyl ein Rechtsinstitut im Völkerrecht ist.

Zwischen Costa Rica, Chile, Kolumbien, Kuba und Ecuador besteht bezüglich des diplomatischen Asyls partikuläres Gewohnheitsrecht. Das führt dazu, dass nur Honduras und Nicaragua scheinbar keinerlei rechtliche Bindung zum diplomatischen Asyl eingegangen sind.

Eine Ausnahme zu all diesen Grundsätzen stellt Guatemala dar. Es gibt zwar keine Aussage, in der Guatemala sich explizit für das diplomatische Asyl als Gewohnheitsrecht ausspricht, doch sprechen seine sonstigen Aussagen dafür, eben dies anzunehmen. Guatemala nimmt als eines der wenigen Länder eine Pflicht zur Asylgewährung an[519] und geht damit weit über das hinaus, was die anderen Länder als Recht ansehen.

Insgesamt kann festgestellt werden, dass das diplomatische Asyl nur von Honduras und Nicaragua nicht als Rechtsinstitut im Völkerrecht anerkannt wird. Für diese gelten die für die Länder außerhalb Lateinamerikas gemachten Aussagen. Im übrigen wird

517 Zitiert bei *Ronning*, Diplomatic Asylum, S. 69; vgl. *Sinha*, Asylum, S. 237; (weitere Äußerungen bei *Ronning*, Diplomatic Asylum, S. 67 f. und *Sinha*, Asylum, S. 237).

518 So *Carrie*, Diplomatisches Asyl, S. 89.

519 Vgl. dazu verschiedene Äußerungen bei *Sinha*, Asylum, S. 231.

das diplomatische Asyl von allen anderen Ländern Lateinamerikas als Rechtsinstitut anerkannt.

IV) Ergebnis des vertraglichen und des gewohnheitsrechtlichen Völkerrechts zum diplomatischen Asyl außerhalb Lateinamerikas

Anders als in Lateinamerika entbehrt das diplomatische Asyl außerhalb Lateinamerikas einer völkerrechtlichen Grundlage. Die vorangegangene Untersuchung des Vertragsrechtes[520] und des Völkergewohnheitsrechtes[521] hat gezeigt, dass das Völkerrecht die Gewährung diplomatischen Asyls weder vertraglich noch gewohnheitsrechtlich gestattet. Es gibt außerhalb Lateinamerikas keine vertragliche Regelung des Instituts des diplomatischen Asyls. Für eine völkergewohnheitsrechtliche Rechtsgrundlage fehlt die Rechtsüberzeugung der Staaten, rechtlich gebunden zu sein. Mangels dieser opinio iuris besteht trotz der vorhandenen Ausübung des diplomatischen Asyls keine völkergewohnheitsrechtliche Grundlage des diplomatischen Asyls. Die Gewährung diplomatischen Asyls ist, da sie ohne völkerrechtliche Grundlage geschieht, zunächst einmal völkerrechtswidrig.

V) Rechtfertigungsmöglichkeiten

Die Untersuchung des kodifizierten Völkerrechts und des Völkergewohnheitsrecht haben außerhalb Lateinamerikas keine völkerrechtliche Grundlage für die Gewährung diplomatischen Asyls erkennen lassen. In der Folge soll überlegt werden, ob sich für nicht-lateinamerikanische Staaten eine Rechtfertigung aus anderen völkerrechtlichen Grundsätzen herleiten lässt. Eine derartige Rechtfertigung würde dazu führen, dass die Einmischung in die Ausübung der Territorialhoheit des Empfangsstaates erlaubt ist und kein Verstoß gegen das Interventionsverbot vorliegt.

Hierfür kommen verschiedene Rechtfertigungsgründe des allgemeinen Völkerrechts in Betracht. Als solche sollen im Folgenden die Zustimmung des Empfangsstaates (1), die Immunität der Botschaften (2) und die Selbsthilfemaßnahmen (3) untersucht werden.

1) Zustimmung des Empfangsstaates

Die völkerrechtswirksame Einwilligung eines Staates in das grundsätzlich völkerrechtswidrige Handeln eines anderen Staates schließt die Rechtswidrigkeit dessen Handelns von vornherein aus.[522] Eine Genehmigung lässt die Rechtswidrigkeit hingegen „- im Zweifel mit rückwirkender Kraft -“[523] entfallen. Voraussetzung für eine völkerrechtswirksame Zustimmung ist allerdings, dass der betroffene Staat seine Zustim-

520 Siehe S. 23 f.

521 Siehe S. 24 ff.

522 Dazu *Berber*, Völkerrecht, Bd. 3, S. 5; *Carrie*, Diplomatisches Asyl, S. 67; *Dahm*, Völkerrecht, Bd. III, S. 215; vgl. auch *Kempen/Hillgruber*, Völkerrecht, § 31 RN 67.

523 *Dahm*, Völkerrecht, Bd. III, S. 215.

mung[524] zu dem Handeln des anderen Staates erklärt und er über das Rechtsgut, in das eingegriffen wird, verfügungsberechtigt ist.[525] Die Erklärung der Zustimmung kann grundsätzlich sowohl ausdrücklich als auch stillschweigend erfolgen.[526] Eine Einwilligung kann ausnahmsweise auch vermutet werden.[527]

Diese Aussagen gelten grundsätzlich auch für die Gewährung diplomatischen Asyls. Die Gewährung diplomatischen Asyls erfolgt jedenfalls dann völkerrechtsgemäß, wenn der Empfangsstaat seine Einwilligung zur Asylgewährung ausdrücklich erklärt, bzw. sie wird rückwirkend dann völkerrechtsgemäß, wenn der Empfangsstaat das Verhalten des Entsendestaates ausdrücklich genehmigt.

Grundsätzlich würde auch eine stillschweigende Zustimmung oder eine mutmaßliche Einwilligung dazu führen, dass das Verhalten des Entsendestaates nicht völkerrechtswidrig ist.[528] Jedoch ist diese Möglichkeit bei der Gewährung diplomatischen Asyls nur mit größter Vorsicht in Erwägung zu ziehen. Die Gewährung diplomatischen Asyls berührt schließlich die Territorialhoheit des Empfangsstaates[529] und greift damit in die innerste Souveränität des betroffenen Staates ein[530]; dadurch kommt es zu einem Verstoß gegen das Interventionsverbot.[531] Gerade bei der Aufnahme von Staatsangehörigen des Empfangsstaates[532] ist davon auszugehen, dass diese von ihrem Heimatstaat verfolgt werden und dieser daher grundsätzlich gegen eine Asylgewährung durch den Entsendestaat ist. Es ist dem Empfangsstaat in einem solchen Fall nicht zumutbar, ihm eine Pflicht zum Protest aufzuerlegen, die dazu führt, dass, wenn er nicht protestiert, der Entsendestaat von einer stillschweigenden Zustimmung ausgehen darf. Im Gegenteil muss davon ausgegangen werden, dass ein schweigender Empfangstaat im Falle der Gewährung diplomatischen Asyls die Asylgewährung ablehnt, weil er den Flüchtling selbst verfolgt. Von einer stillschweigenden Zustimmung kann in einem solchen Fall keine Rede sein.

Allein eine ausdrückliche Zustimmung kann dazu führen, dass die völkerrechtswidrige Gewährung diplomatischen Asyls rechtmäßig ist. Nur wenn der Empfangsstaat der Asylgewährung durch den Entsendestaat ausdrücklich zustimmt und sich damit mit

524 Der Begriff der Zustimmung umfasst sowohl die vorherige Einwilligung, als auch die nachträgliche Genehmigung.

525 Vgl. *Dahm*, Völkerrecht, Bd. III, S. 215.

526 Dazu *Berber*, Völkerrecht, Bd. 3, S. 5; *Carrie*, Diplomatisches Asyl, S. 68; *Dahm*, Völkerrecht, Bd. III, S. 215.

527 Vgl. *Berber*, Völkerrecht, Bd. 3, S. 5; *Carrie*, Diplomatisches Asyl, S. 68; *Dahm*, Völkerrecht, Bd. III, S. 215.

528 Siehe S. 81.

529 Siehe S. 8 ff.

530 Siehe S. 13. f.

531 Siehe S. 21.

532 Dieser „klassische“ Fall des diplomatischen Asyl wird an dieser Stelle untersucht. Zu den anderen Fallkonstellationen s. S. 113 ff.

dem Eingriff des Entsendestaates in seine Territorialhoheit einverstanden erklärt, verstößt die Gewährung diplomatischen Asyls nicht gegen Völkerrecht.[533]

2) Immunität

Denkbar ist, die Rechtfertigung des diplomatischen Asyls auch aus der Immunität der Botschaften abzuleiten. Wie bereits erwähnt[534] genießen Botschaften gemäß Art. 22 WÜD[535] Immunität. Diese ermöglicht es ihnen, Personen aufzunehmen und sie der Territorialhoheit des Empfangsstaates zu entziehen. Somit ist die in Art. 22 WÜD festgelegte Immunität faktische Grundlage für die Gewährung diplomatischen Asyls; ohne diese Immunität wäre die Gewährung diplomatischen Asyls nicht möglich.[536]

Es stellt sich daher die Frage, ob aus Art. 22 WÜD nicht hergeleitet werden kann, dass Art. 22 WÜD auch die rechtliche Grundlage für die Gewährung diplomatischen Asyls darstellt. Dies ist jedoch nicht der Fall, da nach Art. 41 III WÜD die „Räumlichkeiten der Mission nicht in einer Weise benutzt werden (dürfen), die unvereinbar ist mit den Aufgaben der Mission". Damit wird die Vereinbarkeit mit den Aufgaben der Mission zur Voraussetzung des diplomatischen Asyls.

An dieser Stelle wird erneut[537] deutlich, dass die Immunität der Botschaft nicht zweckfrei ist, sondern dass es sich um eine sogenannte „funktionelle Immunität"[538] handelt. Der Grund für die Immunität besteht darin, dem Botschafter seine Aufgaben des diplomatischen Verkehrs zu ermöglichen.[539] Nur für diese Aufgaben – so stellt Art. 41 III

---

533 Vgl. dazu beispielhaft die Aussagen einiger Staaten: die Law Officers of the Crown (**Großbritannien**) erklärten 1896: „(...) but there is, in our opinion, no doubt that this right of asylum, even in the case of Ambassadors, can be properly conferred only by the consent of the countries to whom they are accredited." zitiert bei *Morgenstern*, BYIL 1948 (XXV), S. 237, 244; der Vertreter **Russlands** erklärte 1937 vor dem Völkerbund: „such a practice could be tolerated only by the goodwill and the free consent of the interested Government." zitiert bei *Carrie*, Diplomatisches Asyl, S. 119; der Bundesrates der **Schweiz** erklärte am 22.3.1974: „Das diplomatische Asyl entzieht bestimmte, der Gerichtsbarkeit unterworfene Personen der territorialen Hoheitsgewalt. Es darf somit nicht gegen die Zustimmung des Territorialstaates ausgeübt werden." zitiert bei *Carrie*, Diplomatisches Asyl, S. 136 FN 326; *Caflisch*, SchwJbIR XXXI (1975), S. 155, 238; der Staatssekretär der **USA** Olney erklärte 1895: „(Diplomatic asylum) can only find excuse when tactily invited and consented to by the state within whose jurisdiction it may be practiced." zitiert bei *Ronning*, Diplomatic Asylum, S. 103 und *Morgenstern*, BYIL 1948 (XXV), S. 237, 244.

534 Siehe S. 8 ff.

535 „Die Räumlichkeiten der Mission sind unverletzlich. Vertreter des Empfangsstaates dürfen sie nur mit Zustimmung des Missionschefs betreten."

536 Vgl. dazu auch S. 8 ff.

537 Vgl. schon S. 9.

538 *Doehring*, Völkerrecht, 1. Auflage, RN 930.

539 So auch die **USA** 1930 bei *Morgenstern*, BYIL 1948 (XXV), S. 236, 239; Beitz/Wollenschläger-*Hailbronner*, S. 73; *Doehring*, Völkerrecht, RN 930; *Kitschenberg*, Diplomatisches Asyl, S. 86; *Ungerer*, Diplomatisches Asyl, S.27 ff.; *Schubert*, Asylrecht, S. 16 f.; *Sinha*, Asylum, S. 208; *Sen*, Diplomat's Handbook, S. 357; *Vitzthum*, Völkerrecht, 3. Abschnitt RN 57 f.; *v. Pollern*, Modernes Asylrecht, S. 95.

WÜD klar – darf die Immunität der Botschaft genutzt werden. Eine andere Nutzung der Immunität würde einen völkerrechtswidrigen Missbrauch der Botschaftsimmunität darstellen.[540] Die Immunität der Botschaften könnte folglich allenfalls dann als Grundlage für das diplomatische Asyl angesehen werden, wenn die Gewährung diplomatischen Asyls selbst eine Aufgabe der Botschaften darstellte. Das soll in der Folge ausgeschlossen werden.

a) Diplomatisches Asyl als Aufgabe einer Botschaft

In Art. 3 WÜD werden die verschiedenen Aufgaben der Missionen beispielhaft aufgeführt. Er lautet:

> „(1) Aufgabe einer diplomatischen Mission ist es unter anderem,
> a) den Entsendestaat im Empfangsstaat zu vertreten,
> b) die Interessen des Entsendestaats und seiner Angehörigen im Empfangsstaat innerhalb der völkerrechtlich zulässigen Grenzen zu schützen,
> c) mit der Regierung des Empfangsstaats zu verhandeln,
> d) sich mit allen rechtmäßigen Mitteln über Verhältnisse und Entwicklungen im Entsendestaat zu unterreichten und darüber an die Regierung des Entsendestaats zu berichten,
> e) freundschaftliche Beziehungen zwischen Entsendestaat und Empfangsstaat zu fördern und ihre wirtschaftlichen, kulturellen und wissenschaftlichen Beziehungen auszubauen."

Keine der aufgeführten Aufgaben kann jedoch so ausgelegt werden, dass es Aufgabe des Entsendestaates sei, Angehörigen des Empfangsstaates diplomatisches Asyl zu gewähren.[541] Darüber hinaus ist allen in Art. 3 WÜD genannten Aufgaben gemeinsam, dass sie ausschließlich dem Interesse des Entsendestaates oder dem seiner Staatsangehörigen dienen. Die Gewährung diplomatischen Asyls an einen Staatsangehörigen des Empfangsstaates dient jedoch nicht dem ausschließlichen Interesse des Entsendestaates, sondern auch dem Interesse des für den Entsendestaate fremden Flüchtlings. Daher kann auch aus der Tatsache, dass Art. 3 WÜD die Botschaftsaufgaben nur beispielhaft aufzählt, nicht geschlossen werden, dass die Gewährung diplomatischen Asyls eine Botschaftsaufgabe darstellt. Die Gewährung diplomatischen Asyls an einen Staatsangehörigen des Empfangsstaates ist mit den in Art. 3 WÜD aufgezählten Aufgaben nicht vergleichbar. Auch ansonsten ist keine Grundlage ersichtlich, nach der das diplomatische Asyl für diese Personengruppe als eine Aufgabe der Botschaften gelten könnte.[542]

---

540 So *Seidl-Hohenveldern/Stein*, Völkerrecht, RN 1021; vgl. auch *Carrie*, Diplomatisches Asyl, S. 55.

541 So auch Beitz/Wollenschläger-*Hailbronner*, S. 73; *Carrie*, Diplomatisches Asyl, S. 55; *Gfrörer*, Asyl, S. 42; *Kitschenberg*, Diplomatisches Asyl, S. 86; *Dahm*, Völkerrecht, Bd. I, S. 349; *Sinha*, Asylum, S. 209; *Ungerer*, Diplomatisches Asyl, S. 33; *v. Pollern*, Modernes Asylrecht, S. 95.

542 Anders stellt sich die Situation für die Asylgewährung gegenüber Staatsangehörigen des Entsendestaates - also eigenen Staatsangehörigen dar. In dieser Situation kann eine Rechtfertigung über den diplomatischen Schutz, der eine Aufgabe der Botschaften darstellt, erfolgen. Vgl. dazu S. 113 ff.

b) Vereinbarkeit des diplomatischen Asyls mit den Aufgaben der Missionen

Das diplomatische Asyl selber stellt also keine Aufgabe der Missionen dar. Im Gegenteil ist die Gewährung diplomatischen Asyls sogar mit den Aufgaben einer Mission unvereinbar und verstößt damit gegen 41 III WÜD[543]. Denn den in Art. 3 WÜD genannten Aufgaben ist gemeinsam, dass es bei ihnen – wie bereits angedeutet - darum geht, die eigenen Interessen, also die des Entsendestaates, wahrzunehmen und zu schützen und eine freundschaftliche Beziehung zum Empfangsstaat aufzubauen.[544] Diese Ziele der Botschaftsaufgaben sind auch der Grund für die Existenz von Botschaften überhaupt. Sie sollen den Verkehr und die Beziehungen zwischen den Staaten erleichtern.

Die Gewährung diplomatischen Asyls an einen Staatsangehörigen des Empfangsstaates stellt jedoch eine Einmischung in die Territorialhoheit des Empfangsstaates dar. Der Flüchtling wird gegen den Willen des Empfangsstaates dessen Jurisdiktion entzogen.[545] Die Reaktionen vieler Staaten in einer solchen Situation zeigen, dass der Empfangsstaat sich herausgefordert fühlt und es zu Spannungen zwischen dem Empfangs- und dem Entsendestaat – bis hin zum Abbruch der diplomatischen Beziehungen – kommen kann.[546] Die Gewährung diplomatischen Asyls und damit die Einmischung in die Territorialhoheit durch den Entsendestaat ist keine Hilfe, sondern bedroht im Gegenteil die (freundschaftlichen) Beziehungen zwischen Entsende- und Empfangsstaat. Das diplomatische Asyl steht damit im Widerspruch zu dem Sinn der Botschaftsaufgaben. Es ist mit den in Art. 3 WÜD genannten Aufgaben unvereinbar.

c) Zusammenfassung

Das diplomatische Asyl gegenüber Staatsangehörigen des Empfangsstaates stellt weder selbst eine Aufgabe der Botschaften dar, noch ist es mit den Aufgaben der Missionen vereinbar. Die Gewährung diplomatischen Asyls widerspricht dem Sinn der in Art. 3 WÜD genannten Aufgaben; es führt nicht zu einer Festigung der freundschaftlichen Beziehungen zwischen den Staaten, sondern stellt im Gegenteil eine Gefahr für eben diese Beziehung dar. Damit verstößt die Gewährung diplomatischen Asyls gegen Art. 41 III WÜD. Die Immunität, die den Botschaften ausschließlich zur Erfüllung ihrer Aufgaben gewährt wird[547], wird in diesen Fällen, in denen das Handeln der Botschaft deren Aufgaben widerspricht, rechtsmissbräuchlich genutzt. Dies ist auch bei der Gewährung diplomatischen Asyls an einen Staatsangehörigen des Empfangsstaates

543 Vgl. dazu den Text des Artikels auf S. 83.

544 Vgl. den Text auf S. 83 und die Ausführungen bei *Richtsteig*, Wiener Übereinkommen, S. 20 ff.

545 Vgl. S. 8 ff.

546 Vgl. nur beispielhaft die jüngsten Äußerung en **Chinas** bei der Aufnahme Fang Lizhis und seiner Frau in die Us-amerikanische Botschaft 1989: die Aufnahme sei „eine verantwortungslose Einmischung in die inneren Angelegenheiten Chinas" zitiert bei *Carrie*, Diplomatisches Asyl, S. 121 und **Albaniens**, das die aufnehmenden Botschaften 1990 eines „brutalen Angriffs und unmenschlicher Akte" gegen Albanien bezichtigte, zitiert bei *Carrie*, Diplomatisches Asyl, S. 121; vgl. auch die Äußerungen bei der Beschreibung der Fälle S. 50 ff. und die Listen im Anhang.

547 Zur sogenannten „funktionalen Immunität" s. S. 9.

der Fall. Die Immunität ist daher keine Grundlage für eine Rechtfertigung des diplomatischen Asyls.[548] Die bloße faktische Möglichkeit, Asyl zu gewähren, führt noch nicht zu dessen Rechtmäßigkeit.

3) Das diplomatische Asyl als Selbsthilfemaßnahme

Eine weitere Rechtfertigungsmöglichkeit stellen die Selbsthilfemaßnahmen des allgemeinen Völkerrechts dar. Unter Selbsthilfe sind alle diejenigen Verhaltensweisen eines Staates zu verstehen, die „eine unmittelbare Reaktion auf einen vermeintlich rechtswidrigen Vorgang"[549] eines anderen Staates darstellen. Selbsthilfemittel sind beispielsweise die Notwehr und die Nothilfe, die Retorsion, die Repressalie (heute: Gegenmaßnahme), der Rücktritt vom Vertrag, die humanitäre Intervention und die Nichtanerkennung fremder Hoheitsakte.[550] Diese Selbsthilfemaßnahmen sind bei jedem „vermeintlich rechtswidrigen Vorgang"[551] anwendbar, also auch dann, wenn ein fremder Staat beispielsweise völkerrechtlich garantierte Menschenrechte verletzt. Somit wäre die Gewährung diplomatischen Asyls eine gerechtfertigte Handlung, wenn sie einer der anerkannten Selbsthilfemaßnahmen entspräche und der Empfangsstaat vermeintlich völkerrechtswidrig handeln würde.

---

548 So auch die verschiedenen (beispielhaften) Äußerungen der Staaten: der **belgische** Außenminister erklärte am 14.3.1984: „Generell gilt, daß, obwohl eine Botschaft unverletzlich ist, sie sich in den Grenzen ihrer funktionellen Zuständigkeiten zu halten hat." zitiert bei *Carrie*, Diplomatisches Asyl, S. 140; 1848 erklärte der Law Officer **Großbritanniens**, dass die Immunität des Botschafters „has in modern timesbeen considered as established only in favour of himself, his family, suite, and domestics, and does not extend to the right of granting Asylum" zitiert bei *Sinha*, Asylum, S. 212 und 1896 erklärte er, dass das Recht zur Asylgewährung in keiner Weise zur Erfüllung der Aufgaben eines Botschafters notwendig sei und dass daher ein solches Privileg von keinem Botschafter beansprucht werden könnte, vgl. *Morgenstern*, BYIL 1948 (XXV), S. 236, 239; **Russland** erklärte1948 vor der UN-Generalversammlung: „the sole purpose of embassies and legations (is) to permit governments to transact business with one another" zitiert bei *Kitschenberg*, Diplomatisches Asyl, S. 95 FN 1 und *Ungerer*, Diplomatisches Asyl, S.33 FN 83 (S. 35); die **USA** instruierten ihre Botschafter 1930 folgendermaßen: „Immunity from local jurisdiction is granted foreign embassies and legations to enable the foreign representatives and their suites to enjoy the fullest opportunity to represent the interests of their states. The fundamental principle of legation is that it should yield entire respect to the exclusive jurisdiction of the territorial government in all matters not within the purpose of the mission. The affording of asylum is not within the purposes of a diplomatic mission" zitiert bei *Hackworth*, Digest, S. 623; *Ronning*, Diplomatic Asylum, S. 7, 101, *Ungerer*, Diplomatisches Asyl, S.33 FN 83 (S. 34 f.) und *Whiteman*, Digest, S. 429.

549 LdR-*Ermacora*, S. 243.

550 Vgl. *Carrie*, Diplomatisches Asyl, S. 187; LdR-*Ermacora*, S. 243 f.; *Verdross/Simma*, Völkerrecht, § 1334; *Zemanek*, ZaöRVRR 47 (1987), S. 32, 34 f.; vgl. auch *Simma*, in Schreuer, S. 129, 144 ff.

551 Siehe LdR-*Ermacora*, S. 243.

a) Notwehr und Nothilfe

Von vornherein scheiden hierfür die Selbsthilfemittel der Notwehr und Nothilfe aus.[552] Die Notwehr oder -hilfe beziehen sich auf das Selbstverteidigungsrecht der Staaten. Es geht um die Abwehr eines Angriffs auf den eigenen (Notwehr) oder einen fremden (Nothilfe) Staat.[553] Das diplomatische Asyl richtet sich aber nicht gegen einen Angriff auf einen Staat, sondern zielt auf den Schutz eines durch einen anderen Staat bedrohten Flüchtlings.

b) Retorsion

Auch stellt die Ausübung diplomatischen Asyls keine Retorsion dar.[554] Diese wird als eine unfreundliche, dem Völkerrecht aber nicht widersprechende Handlung definiert.[555] Das diplomatische Asyl beschränkt aber – wie bereits gesehen[556] - nicht nur die Territorialhoheit eines fremden Staates, sondern verstößt damit auch gegen Interventionsverbot, so dass es im Gegensatz zu einer Retorsion eine grundsätzlich völkerrechtswidrige Handlung darstellt. Die Gewährung diplomatischen Asyls kann als eine grundsätzlich völkerrechtswidrige Handlung keine Retorsion sein, die nur unfreundliche, aber völkerrechtsgemäße Handlungen umfasst.

c) Gegenmaßnahme

Nicht ganz so klar ist die Antwort auf die Frage, ob das diplomatische Asyl eine Repressalie, heute auch Gegenmaßnahme,[557] darstellt. Bei der Gegenmaßnahme ist der Eingriff in fremde Rechte definitionsgemäße Voraussetzung. Bei ihr handelt es sich um „einen Rechtseingriff eines in seinen (völkerrechtlichen) Rechten verletzten Staa-

552 Vgl. auch *Carrie*, Diplomatisches Asyl, S. 187.

553 Vgl. *Doehring*, Völkerrecht, RN 1040; LdR-*Ermacora*, S. 243; *Seidl-Hohenveldern/Stein*, Völkerrecht, RN 1787; *Verdross/Simma*, § 1336.

554 So auch *Carrie*, Diplomatisches Asyl, S. 187.

555 Vgl. *Tomuschat*, ZaöRVRR 33 (1973), S. 179, 184 f.; *Malanczuk*, ZaöRVRR 45 (1985), S. 293, 300; *Doehring*, Völkerrecht, RN 1025; *Ipsen*, Völkerrecht, § 59 RN 44; *Meron*, Human Rights, S. 234; *Seidl-Hohenveldern/Stein*, Völkerrecht, RN 1775; *Shaw*, International Law, S. 1022; *Verdross/Simma*, Völkerrecht, § 1335.

556 Siehe S. 8 ff.

557 Dieser Begriff hat sich neben dem Begriff der Repressalie durchgesetzt, nachdem in dem ILC-Entwurf von 2001 (*Draft Articles on Responsibility of States for Internationally Wrongful Acts* - ZaöRVR 62 (2002), 797 ff.) von „countermeasures" (Art. 22 und Chapter II) gesprochen wurde. Vgl. auch: *Herdegen*, Völkerrecht, § 59 RN 6; *Hillgruber* in: Tomuschat/Thouvenin, S. 265, 266; *Ipsen*, Völkerrecht, § 40 RN 55; *Kempen/Hillgruber*, Völkerrecht, § 31 RN 71; *Kimminich/Hobe*, Völkerrecht, S. 236, *Stein/v. Buttlar*, Völkerrecht, RN 562; anders nur *Seidl-Hohenveldern/Stein*, Völkerrecht, RN 1777, der versuchte, dem Begriff der Gegenmaßnahme einen selbständigen Sinn zu geben. In der von Stein fortgeführten Nachfolgeauflage wird davon jedoch wieder Abstand genommen (*Stein/v. Buttlar*, Völkerrecht RN 562).

tes in *einzelne* Rechtsgüter jenes Staates, der ihm gegenüber den Unrechtstatbestand gesetzt hat, um ihn zur Wiedergutmachung des Unrechts zu bewegen."[558]

Das diplomatische Asyl entspricht insoweit der Definition einer Gegenmaßnahme, dass es bei dessen Gewährung zu einem Eingriff in die Territorialhoheit und damit in die Rechtsgüter eines anderen Staates kommt.[559] Es fehlt dem diplomatischen Asyl aber an der für eine Gegenmaßnahme erforderlichen Zweckrichtung. Denn es wird dem Entsendestaat in der Regel nicht darum gehen, den rechtswidrig handelnden Empfangsstaat durch diesen Eingriff zu einem rechtmäßigen Handeln und einer Wiedergutmachung zu bewegen. Das diplomatische Asyl entzieht den Flüchtling der Einwirkung durch den Empfangsstaat und beendet damit ein möglicherweise rechtswidriges Verhalten des Empfangsstaates gegenüber dem Flüchtling. Es führt aber regelmäßig nicht dazu, dass der Empfangsstaat sein rechtswidriges Verhalten gegenüber dem Flüchtling „freiwillig" aufgibt und sich ihm gegenüber rechtmäßig verhält. Im Gegenteil, die Möglichkeit der „freiwilligen" Verhaltensänderung wird dem Empfangsstaat von vornherein genommen, da der Flüchtling durch das diplomatische Asyl gänzlich seiner Einwirkung entzogen wird. Das Instrument des diplomatischen Asyls kann daher den anderen Staat nicht dazu bewegen, sein Verhalten zu verändern, sondern stellt diesen im Gegenteil vor vollendete Tatsachen. Die Gewährung diplomatischen Asyls ist daher auch nicht als Gegenmaßnahme einzuordnen.[560]

d) Humanitäre Intervention

Es fragt sich jedoch, ob es sich bei der Gewährung diplomatischen Asyls um eine humanitäre Intervention handelt.[561] Unter einer humanitären Intervention ist das Eingreifen eines Staates in den Hoheitsbereich eines anderen Staates mit Gewalt oder unter Androhung von Gewalt zum Schutz fremder Staatsangehöriger, zu verstehen.[562] Einen Unterfall stellt die Intervention zum Schutz eigener Staatsangehöriger im Ausland dar.[563]

---

558 (Noch) zur Repressalie: *Verdross/Simma*, Völkerrecht, § 1342; ähnlich auch *Doehring*, Völkerrecht, RN 1029; *Hillgruber* in: Tomuschat/Thouvenin,S. 265 f.; *Ipsen*, Völkerrecht, § 59 RN 45; *Malanczuk*, ZaöRVRR 45 (1985), S. 293, 295; *Seidl-Hohenveldern/Stein*, Völkerrecht, RN 1776; *Shaw*, International Law, S. 1023; *Stein/v. Buttlar*, Völkerrecht, RN 562; EPIL-*Partsch*, Vol. 4, S. 201; *Zemanek*, ZaöRVRR 47 (1987), S. 32, 35; vgl. auch *Meron*, Human Rights, S. 234.
Zur Gegenmaßnahme: *Ipsen*, Völkerrecht, § 40 RN 55; *Kempen/Hillgruber*, Völkerrecht, § 31 RN 71; *Kimminich/Hobe*, S. 236.

559 Siehe S. 8 ff.

560 Ähnlich auch *Carrie*, Diplomatisches Asyl, S. 188.

561 Dafür sprechen sich folgende Autoren aus: *Berber*, Völkerrecht Bd. 1, S. 290; *Oppenheim/Lauterpacht*, International Law, S. 797 FN 2; *Stowell*, AJIL 1939 (33), S. 733, 735; *Strachwitz*, Asylrecht, S. 64.

562 Vgl. *Beyerlin*, Humanitäre Aktion, S. 61; *Carrie*, Diplomatisches Asyl, S. 189; *Dicke*, JfP 1993, S. 259, 269; *Doehring*, Völkerrecht, RN 1008; EPIL-*Beyerlin*, Vol. 2, S. 926; *Greenwood*, E-A 4/1993, S. 93; *Herdegen*, Völkerrecht, § 34 RN 25; *Ipsen*, Völkerrecht, § 59 RN 26; *Isensee*, JZ 1995, S. 421, 423; *Kempen/Hillgruber*, Völkerrecht, § 35 RN 114; *Kitschenberg*, Diplomatisches Asyl, S. 90 FN 2; *Ungerer*, Diplomatisches Asyl, S. 43 m. w. N.; *Pape*, Humanitäre

Für die Einordnung des diplomatischen Asyls als humanitäre Intervention spricht, dass die humanitäre Intervention ebenso wie das diplomatische Asyl durch eine Einmischung in die Ausübung der Hoheitsgewalt eines anderen Staates die Menschenrechte der in diesem Staat befindlichen Menschen schützen will.[564]

Dagegen spricht jedoch, dass die humanitäre Intervention zwingend das Element der Gewalt bzw. Gewaltandrohung beinhaltet.[565] Ohne das Gewaltelement als Voraussetzung für die humanitäre Intervention wäre die Gefahr des Missbrauchs zu groß. An eine Ausnahme zu einem so grundlegendem Prinzip wie dem Interventionsverbot sind hohe Anforderungen zu stellen. Die Einmischung in die Ausübung der Territorialhoheit durch das diplomatische Asyl erfolgt jedoch - anders als bei der humanitären Intervention - nicht mit Gewalt oder unter Androhung von Gewalt durchgeführt. Die Gewährung diplomatischen Asyls erfolgt gewaltfrei, nämlich durch die Aufnahme des Flüchtlings in die Botschaft bzw. durch das Nichtherausgeben des Flüchtlings an den Empfangsstaat.

Die Begriffe von Zwang und Gewalt sind streng zu unterscheiden. Der Gewaltbegriff beinhaltet grundsätzlich militärische Gewalt. Der einfache Zwang, wie er bei der Gewährung diplomatischen Asyls gegeben ist[566], bleibt unter dieser Schwelle. Natürlich kann auch mit Gewalt Zwang ausgeübt werden, aber Gewalt ist keine Voraussetzung für Zwang. Die Gewährung des diplomatischen Asyl erfüllt daher mangels Gewalt nicht die Voraussetzungen einer humanitären Intervention.[567]

e) Ergebnis: Selbsthilfemaßnahmen

Festzuhalten bleibt an dieser Stelle, dass das diplomatische Asyl keiner der allgemein anerkannten Selbsthilfemaßnahmen entspricht.[568] Hinsichtlich jeder dieser Selbsthilfemaßnahmen fehlt dem diplomatischen Asyl mindestens ein entscheidendes Merkmal.

Intervention, S. 26, 83 u. 88; *Philipp*, Internationale Maßnahmen, S. 77; *Roberts*, International Affairs 69 (1993), S. 429; *Schilling*, AdV 35 (1997), S. 430, 431; *Verdross/Simma*, Völkerrecht, § 473; *v. Pollern*, Modernes Asylrecht, S. 95 FN 457 (S. 223) m. w. N.; *Weschke*, Instrumente, S. 138.

563 EPIL-*Beyerlin*, Vol. 2, S. 926; *Herdegen*, Völkerrecht, § 34 RN 25; *Ipsen*, Völkerrecht, § 59 RN 26; *Pape*, Humanitäre Intervention, S. 26 u. 83.

564 Bei der Gewährung diplomatischen Asyls kommt es zu einem Eingriff in die Territorialhoheit des Empfangsstaates. s. dazu S. 8 ff.

565 Vgl. zur Definition zwei Absätze weiter oben.
Vereinzelt wird ein Verzicht auf das Gewaltelement der Definition vertreten doch führt dies letztlich nur zu einer Aufweichung des Begriffs der humanitären Intervention, deren Grenzen dann gegenüber anderen Maßnahmen zum Schutz der Menschenrechte verschwimmen.

566 Siehe dazu S. 13 ff.

567 So auch *Kitschenberg*, Diplomatisches Asyl, S. 93; *Ungerer*, Diplomatisches Asyl, S. 43; *v. Pollern*, Modernes Asylrecht, S. 95; vgl. *Carrie*, Diplomatisches Asyl, S. 190; *Morgenstern*, LQR 67 (1951), S. 362, 375 f.

568 *Carrie* betrachtet das diplomatische Asyl daher als eine Selbsthilfemaßnahme sui generis, *Carrie*, Diplomatisches Asyl, S. 188.

4) Ergebnis: Rechtfertigungsmöglichkeiten

Als Ergebnis der Untersuchung der Rechtfertigungsmöglichkeiten kann folgendes festgehalten werden: Eine Zustimmung des Staates, in dessen Territorium diplomatisches Asyl gewährt wird, führt immer dazu, dass das diplomatische Asyl nicht rechtswidrig gewährt wird. Bei einer vorherigen Einwilligung entsteht schon keine rechtswidrige Situation; die Gewährung diplomatischen Asyls ist von vornherein rechtmäßig. Eine nachträgliche Genehmigung lässt demgegenüber die Rechtswidrigkeit entfallen.[569]

Anders sieht es bei der Frage aus, ob die Immunität der Botschaften, die erst die Gewährung diplomatischen Asyls faktische möglich macht, auch dazu führt, dass das diplomatische Asyl eine rechtliche Grundlage erhält. Die Immunität der Botschaften ist weder eine Rechtsgrundlage für die Gewährung des diplomatischen Asyls, noch führt sie zu einer Rechtfertigung des diplomatischen Asyls.[570]

Auch entspricht das diplomatische Asyl keiner der im Völkerrecht anerkannten Selbsthilfemaßnahmen, die zu einer Rechtfertigung führen würden. Eine gerechtfertigte Gewährung diplomatischen Asyls scheint daher zunächst nur auf Grund einer Zustimmung des Empfangsstaates zur Asylgewährung möglich.[571]

VI) Menschenrechte

Da das diplomatische Asyl in keinem völkerrechtlichem Vertrag als Instrument zum Schutze der Menschenrechte bezeichnet oder angeführt wird, können die Menschenrechte nicht unmittelbar zu einer Rechtfertigung der Gewährung diplomatischen Asyls führen. Es ist aber denkbar, dass menschenrechtliche Bindungen mittelbar doch dazu führen, dass die Gewährung diplomatischen Asyls zum Schutz von Menschenrechten rechtmäßig ist. Ob das der Fall ist, wird im Folgenden untersucht.

Das diplomatische Asyl stellt zwar – wie gesehen[572] - mangels Gewalt keine humanitäre Intervention dar, dennoch könnte ein Gedanke, der für die humanitäre Intervention entwickelt worden ist, auch für das diplomatische Asyl fruchtbar gemacht werden: Denn in beiden Fällen stellt sich die Frage, ob nicht die Verletzung der Menschenrechte in einem fremden Staat dazu führt, dass die jeweilige intervenierende Maßnahme (humanitäre Intervention bzw. diplomatisches Asyl) des eingreifenden Staates völkerrechtsgemäß ist.

1) Die These von der Zulässigkeit der humanitären Intervention

In Bezug auf die humanitäre Intervention wird vertreten, dass dann keine rechtswidrige Intervention vorliegt, wenn die Menschenrechte aus dem Bereich der alleinigen Zu-

569 Siehe S. 81 ff.
570 Siehe S. 82 ff.
571 Zu den Voraussetzungen s. S. 81 ff.
572 Siehe S. 88.

ständigkeit des fremden Staates „herausgenommen" sind. Dann sei das Interventionsverbot[573] nicht verletzt. Die menschenrechtliche Bindung enge den Bereich der alleinigen Zuständigkeit ein und führe dazu, dass andere Staaten die Einhaltung dieser Verpflichtungen durchsetzen könnten ohne gegen das Interventionsverbot zu verstoßen.[574]

Der Verstoß der humanitären Intervention gegen das Gewaltverbot wird damit jedoch nicht ausgeräumt. Der vorliegende Ansatz beschäftigt sich allein mit dem Verstoß der humanitären Intervention gegen das Interventionsverbot, nicht aber mit der allgemeinen Rechtmäßigkeit der humanitären Intervention. Für die Annahme einer solchen allgemeinen Rechtmäßigkeit der humanitären Intervention müsste auch der Verstoß der humanitären Intervention gegen das Gewaltverbot ausgeräumt werden. Auch wenn dies einige Autoren mit unterschiedlichen Begründungen vertreten,[575] ist an dieser Stelle festzuhalten, dass die humanitäre Intervention gegen das Gewaltverbot verstößt und damit als solche völkerrechtswidrig ist.[576] Dies begründet sich folgendermaßen: Das Gewaltelement ist schon in der Definition der humanitären Intervention enthalten.[577] Es ist kein überzeugender Grund ersichtlich, der den elementaren und denknotwendigen Verstoß der humanitären Intervention gegen das Gewaltverbot rechtfertigen könnte. Die Ansichten, die eine Rechtfertigung des Verstoßes gegen das Gewaltverbot annehmen,[578] laufen auf eine Abwägung der verschiedenen betroffenen Interessen hinaus. Dabei werden die Ziele, die mit der humanitären Intervention verfolgt werden sollen, insbesondere die Einhaltung der Menschenrechte, gegen das Gewaltverbot, das einen der elementaren Grundsätze des Völkerrechts darstellt, abgewogen. Eine solche Abwägung widerspricht aber dem Sinn einer völkerrechtlichen Verfahrensregel wie dem Gewaltverbot.[579] Mit diesen Regeln wird festgelegt, wie in völkerrechtlich rechtmäßiger Weise gehandelt werden darf, in welchem Rahmen Ziele verfolgt werden dürfen. Dabei wird keine Aussage darüber getroffen, wie wichtig und legitim die Verfolgung bestimmter Ziele ist, sondern nur darauf bestanden, dass „die zivilisatorischen Fesseln, die die Verfassung der Vereinten Nationen aus guten Gründen dem Prozess

573 Das Interventionsverbot besagt, dass kein Staat sich in diejenigen Angelegenheiten eines anderen Staates einmischen darf, die dessen alleiniger Zuständigkeit unterfallen. s. S. 10 f.

574 Vgl. *Blanke*, AdV 36 (1998), S. 257, 164 f.; *Doehring*, Völkerrecht, RN 1012; *Pape*, Humanitäre Intervention, S. 89 f.; *Pauer*, Humanitäre Intervention, S. 126; *Wellhausen*, Humanitäre Intervention, S. 248; so auch in Bezug auf das Interventionsverbot im Allgemeinen: *Berstmann*, Einmischungsverbot, S. 83 f., 85 f. u. 132; *Bindschedler*, FS Schlochauer, S. 179, 182 u. 187; *Ermacora*, RdC 1968 II, S. 371, 436; *Henkin*, in: Buergenthal, S. 21, 25, 26, 28 u. 35; *Trautner*, Einmischung, S. 37 und 38; vgl. auch *Simma*, EuGRZ 4 (1977), S. 235, 238 f.

575 So insbesondere *Greeenwood*, ICLQ 49 (2000), 926, 929 ff.; aber auch: *Doehring*, Völkerrecht, RN 1014; *Blumwitz*, APuZ, B 47 (1994), S. 3, 7; *Schweisfurth*, GYIL 23 (1980), S. 159, 177; *Herdegen*, Völkerrecht, § 34 RN 26 ff.

576 So auch *Blanke*, AdV 36 (1998), S. 257, 264 f. und 268; *Kimminich/Hobe*, Völkerrecht, S. 339 f.; *Vitzthum*, Völkerrecht, 8. Abschnitt RN 22; *Simma*, EJIL 10 (1999), S. 1, 5; *Cassese*, EJIL 10 (1999), S. 23, 23, 25; *Ipsen*, Völkerrecht, § 59 RN 26.

577 Siehe S. 88.

578 Siehe FN .

579 *Blanke*, AdV 36 (1998), S. 257, 265 führt dazu aus: „Denn das Gewaltverbot (...) ist im Verhältnis der Staaten untereinander schlechthin nicht abwägungsgeeignet (...)"

der Zielverwirklichung anlegt"[580], eingehalten werden. Der Zweck heiligt im Völkerrecht eben nicht die Mittel. *Kempen / Hillgruber* führen dazu plastisch aus: „Wer auf der Einhaltung des internationalen Gewaltverbots (...) beharrt, bestreitet nicht die Geltung und die Notwendigkeit der Verwirklichung internationaler Menschenrechte. Er lehnt aber die „humanitäre Intervention" als Mittel zur Realisierung dieses Ziels ab. *So nicht!*, lautet seine Antwort (...)."[581] Dem ist nichts hinzuzufügen.

Das diplomatische Asyl verstößt aber gerade nicht gegen das Gewaltverbot[582], sondern „nur" gegen das Interventionsverbot. Der Gedanke, der zunächst anhand der humanitären Intervention entwickelt wurde und heute allgemein im Verhältnis der Menschenrechte zum Interventionsverbot vertreten wird,[583] dass nämlich dann kein Verstoß gegen das Interventionsverbot vorliegt, wenn die Menschenrechte aus dem Bereich der inneren Angelegenheiten „herausgenommen" sind, könnte deshalb bei der Bewertung des diplomatischen Asyls durchaus zu überzeugenden Ergebnissen führen. Zunächst einmal ist aber zu prüfen, ob bzw. wann die Menschenrechte außerhalb des Bereichs der alleinigen Angelegenheiten liegen. In einem zweiten Schritt soll dann untersucht werden, was dies für die rechtliche Beurteilung des diplomatischen Asyls bedeutet.

2) Menschenrechte als alleinige Angelegenheit eines Staates?

Alleinige Angelegenheiten eines Staates sind all diejenigen Angelegenheiten, die weder durch völkerrechtliche Verträge, noch durch Völkergewohnheitsrecht oder andere Bestimmungen des Völkerrechts geregelt sind.[584] Das bedeutet, dass der Bereich der alleinigen Zuständigkeit für jeden Staat gesondert bestimmt werden muss.[585] In dem Maße, in dem ein Staat völkerrechtliche Verpflichtungen eingeht, engt sich der Bereich seiner alleinigen Zuständigkeit ein.[586]

---

580 *Habermas* zitiert bei *Kempen/Hillgruber*, Völkerrecht, § 35 RN 116 a. E.

581 *Kempen/Hillgruber*, Völkerrecht, § 35 RN 116.

582 Siehe S. 88 f.

583 So auch *Doehring*, Völkerrecht, RN 193; *Herdegen*, Völkerrecht, § 35 RN 4; *Kempen/Hillgruber*, Völkerrecht, § 29 RN 12; *Stein/v. Buttlar*, Völkerrecht, RN 639 ff.; *Vitzthum*, Völkerrecht, 4. Abschnitt RN 196.

584 So *Ipsen*, Völkerrecht, § 59 RN 53; vgl. auch *Berstmann*, Einmischungsverbot, S. 84; *Bindschedler*, FS Schlochauer, S. 179, 182; *Henkin*, in: Buergenthal, S. 21, 22; *Kempen/Hillgruber*, Völkerrecht, § 29 RN 11; *Pape*, Humanitäre Intervention, S. 89; Resolution des Instituts de Droit International, in: Annuaire de l'Institut 45 (1954), Bd. II, S. 292 und schon der StIGH, PCIJ Series B Nr. 4 (1923), S. 6, 23 f.

585 Vgl. *Pape*, Humanitäre Intervention, S. 89; vgl. *Berstmann*, Einmischungsverbot, S. 84 f.; *Ipsen*, Völkerrecht, § 59 RN 53 und der StIGH, PCIJ Series B Nr. 4 (1923), S. 6, 24 zitiert in FN .

586 Dazu *Berstmann*, Einmischungsverbot, S. 86; *Pape*, Humanitäre Intervention, S. 89; *Trautner*, Einmischung, S. 38;
der Permanent Court of International Justice erklärte 1923: „The question of whether a certain matter is or is not solely within the jurisdiction of a state is an essetially relative question; it depends on the development of international relations" (Nationalities Decrees in Tunis and Morocco, PCIJ, Series B, No. 4, S. 6, 24 (1923)).

Für den Bereich der Menschenrechte existieren diverse Verträge auf regionaler und universeller Ebene, die in ihrer Ausgestaltung, Reichweite und Verbindlichkeit voneinander abweichen. Für die Bestimmung der Reichweite der alleinigen Zuständigkeit eines Staates sind alle völkerrechtlichen Verbindlichkeiten zu überprüfen, die dieser Staat eingegangen ist, d. h. alle Verträge, bei denen er Vertragspartei ist und das Völkergewohnheitsrecht, das für ihn Geltung erlangt hat. Eine solche Prüfung wäre allerdings derart umfassend, dass sie den Rahmen dieser Untersuchung sprengen würde. Daher sollen an dieser Stelle nur die wichtigsten Verträge und Ansätze des Völkergewohnheitsrechtes genannt und im Hinblick auf die Frage, ob sie den Bereich der alleinigen Zuständigkeit eines Staates einschränken, untersucht werden.

a) UN-Charta

In der Charta der Vereinten Nationen[587], die 192 Mitgliedstaaten hat, finden die Menschenrechte an verschiedenen Stellen Erwähnung; insbesondere in der Präambel[588], in den Zielbestimmungen des Art. 1 UN-Charta[589] und in Art. 55 lit. c UN-Charta[590]. Allerdings findet sich weder in der Präambel noch in den Zielbestimmungen des Art. 1 UN-Charta eine rechtliche Verpflichtung zur Beachtung der Menschenrechte. Auch bezüglich Art. 55 lit. c UN-Charta verpflichten sich die Mitgliedstaaten in Art. 56 UN-Charta nur dazu

> „gemeinsam und jeder für sich mit der Organisation zusammenzuarbeiten, um die in Artikel 55 dargelegten Ziele zu erreichen."

Eine rechtliche Pflicht zur Einhaltung der Menschenrechte gegenüber den anderen Mitgliedsstaaten kann aus der UN-Charta nicht hergeleitet werden. Folglich ist der Rechtsbindungsgehalt der UN-Charta im Hinblick auf die Menschenrechte als gering anzusehen. Allein das Diskriminierungsverbot des Art. 55 lit. c UN-Charta hat unmittelbare Bindungswirkung.[591] Bei den anderen Menschenrechten handelt es sich nur um proklamatorische Erklärungen, deren größte Bedeutung darin liegt, dass sie einen Auftrag der Vereinten Nationen an ihre Mitglieder darstellen, weiterführende Anstrengungen zur Verbesserung des Menschenrechtsschutzes zu unternehmen.[592]

---

587 BGBl. 1973 II S. 431 ff.; 1974 II S. 769; 1980 II S. 1252.

588 Präambel: „Wir (...) sind fest entschlossen (...) unseren Glauben an die Grundrechte der Menschen, an Würde und Wert der menschlichen Persönlichkeit, an die Gleichberechtigung von Mann und Frau (...) erneut zu bekräftigen"

589 Art. 1 UN-Charta: „Die Vereinten Nationen setzen sich folgende Ziele: (...) Nr. 3 (...) die Achtung der Menschenrechte und Grundfreiheiten für alle ohne Unterschied der Rasse, des Geschlechts, der Sprache oder der Religion zu fördern und zu festigen"

590 Art. 55 UN-Charta: „(...) fördern die Vereinten Nationen (...) c) die allgemeine Achtung und Verwirklichung der Menschenrechte und Grundfreiheiten für alle ohne Unterschied der Rasse, des Geschlechts, der Sprache oder der Religion."

591 Vgl. *Carrie*, Diplomatisches Asyl, S. 155; *Pape*, Humanitäre Intervention, S. 33; vgl. auch IGH (*Namibia*), ICJ Reports 1971, S. 15, 57.

592 So auch *Carrie*, Diplomatisches Asyl, S. 154 f.; *Pape*, Humanitäre Intervention, S. 33; kritisch dazu *Henkin*, in: Buergenthal, S. 21, 26 f., der wie auch *Buergenthal*, AJIL 100 (2006), S. 783,

b) Internationaler Pakt über bürgerliche und politische Rechte

Der Internationale Pakt über bürgerliche und politische Rechte (IPBPR)[593] wurde am 16.12.1966 unterzeichnet und trat 10 Jahre später in Kraft. Er ist von 149 Staaten ratifiziert worden und damit der zur Zeit mitgliedstärkste Vertrag zur Sicherung der Menschenrechte.[594] Im Gegensatz zur UN-Charta verpflichtet Art. 2 I IPBPR jeden Vertragsstaat ausdrücklich,

> „die in diesem Pakt anerkannten Rechte zu achten und sie allen in seinem Gebiet befindlichen und seiner Herrschaftsgewalt unterstehenden Personen ohne Unterschied (...) zu gewährleisten."

Dadurch entsteht eine rechtliche Bindungswirkung, die allerdings durch Vorbehalte der Vertragsstaaten eingeschränkt werden kann.[595] Auch im Vertrag selber existieren diverse Schranken bezüglich einzelner Rechte[596] und Art. 4 IPBPR formuliert eine Notstandsklausel, die es den Staaten erlaubt „im Falle eines öffentlichen Notstandes, der das Leben des Staates bedroht" unter bestimmten Voraussetzungen[597] ihre Vertragspflichten vorübergehend zu suspendieren. Allerdings sind einige Rechte gemäß Art. 4 II IPBPR von dieser Notstandsklausel ausgenommen. Dazu gehören neben bestimmten justiziellen Rechten (Art. 11, 15 und 16 IPBPR) das Recht auf Leben (Art. 6 IPBPR), das Verbot der Folter oder anderer grausamer, unmenschlicher oder erniedrigender Behandlung (Art. 7 IPBPR), das Verbot der Sklaverei und der Leibeigenschaft (Art. 8 IPBPR) und das Recht auf Gedanken-, Gewissens- und Religionsfreiheit (Art.

---

787 eine darüber hinausgehende rechtliche Bindung annimmt.
Anders sieht das *Hobe* in *Kimminich/Hobe*, Völkerrecht, S. 395, der von einer rechtlichen Bindung an die Menschenrechte durch die UN-Charta ausgeht. Aber auch nach der von ihm vertretenen Ansicht der Rechtsverbindlichkeit der Menschenrechte in der UN-Charta hilft die UN-Charta für die Bestimmung des Bereichs der inneren Angelegenheiten eines Staates nicht weiter, da die UN-Charta zwar die Achtung der Menschenrechte gebietet, aber nicht ausführt, um welche Menschenrechte es sich dabei handeln soll, welche Menschenrechte also aus dem Bereich der alleinigen Zuständigkeit der Staaten herausgenommen sind. (vgl. auch Koenig, Menschenrechte, S. 58 und dem auch wieder zustimmend *Buergenthal*, AJIL 100 (2006), S. 783, 786).

593 BGBl. 1973 II S. 1533 ff.
Darüber hinaus existieren zwei Fakultativprotokolle, die die Einführung einer Individualbeschwerde (Sartorius II, Nr. 20a – Ratifikationsstand vom 1.12.2002: 104 Staaten; *Ipsen*, Völkerrecht, § 48 RN 51) und die Abschaffung der Todesstrafe (BGBl. 1992 II, 391; Sartorius II, Nr. 20b – Ratifikationsstand vom 1.12.2002: 49 Staaten; *Ipsen*, Völkerrecht, § 48 RN 52) regeln.

594 Vgl. zum Ratifikationsstand vom 2.5.2003: *Kimminich/Hobe*, Völkerrecht, S. 401.

595 Davon haben mehrere Staaten auch Gebrauch gemacht: s. Centre for Human Rights (Hrsg.), Human Rights, Status of International Instruments, New York, S. 28 ff.

596 Insbesondere Art. 9 (Recht auf persönliche Freiheit) und Art. 12 IPBPR (Recht auf Freizügigkeit) können unter gesetzlich normierten Voraussetzungen eingeschränkt werden.

597 Diese sind in Art. 4 I IPBPR genannt: Notstandsmaßnahmen dürfen nicht den sonstigen völkerrechtlichen Verpflichtungen der Staaten zuwiderlaufen „und keine Diskriminierung allein wegen der Rasse, der Hautfarbe, des Geschlechts, der Sprache, der Religion oder der sozialem Herkunft enthalten.".

18 IPBPR). Diese Rechte bilden den notstandsfesten Kern des IPBPR und sind somit der einzelstaatlichen Disposition entzogen.

Darüber hinaus zeigt sich die Anerkennung dieses Vertrages auch in der Tatsache, dass durch den Vertrag ein Ausschuss für Menschenrechte eingerichtet wurde (Art. 28 ff. und 40 ff. IPBPR), der einen Kontrollmechanismus zur Einhaltung der vertraglichen Verpflichtungen darstellt. Daneben hat sich ein Großteil der Vertragsstaaten dem 2. Fakultativprotokoll[598] unterworfen,[599] das eine Individualbeschwerde zu besagtem Ausschuss zulässt.

c) Weitere universelle Abkommen

Über die bereits genannten Verträge hinaus wurden auf Initiative der Vereinten Nationen mehrere weitere thematisch spezifische Menschenrechtsabkommen beschlossen. Diese behandeln jeweils ein spezielles fundamentales Menschenrecht, dessen Einschränkung grundsätzlich nicht möglich ist.[600] Dazu zählen unter anderen[601]

- das wegen seiner großen Verbreitung[602] wichtige *Internationale Übereinkommen zur Beseitigung jeder Form der Rassendiskriminierung* vom 7. März 1966[603],

- das dieses ergänzende *Internationale Abkommen über die Bekämpfung und Bestrafung des Verbrechens der Apartheid* vom 30. November 1973[604],

- die *Konvention über die Verhütung und Bestrafung des Völkermordes* vom 9. Dezember 1948[605],

- die Abkommen zum Schutz von Frauen und Kindern, die *Konvention zur Beseitigung jeder Form von Diskriminierung der Frauen* vom 18. Dezember 1979[606], die *Konvention über politische Rechte der Frau* vom 31. März 1953[607] und die *Konvention über die Rechte des Kindes* vom 20. November 1989, die im Mai 2003 die meisten Mitgliedstaaten, nämlich 191 Vertragsstaaten, hatte[608]

598 BGBl. 1992 II, S. 1247; Sartorius II, Nr. 20a.
599 Vgl. *Herdegen*, Völkerrecht, § 48 RN 4.
600 Vgl. *Pape*, Humanitäre Intervention, S. 42 f.
601 Weitere Abkommen finden sich bei *Ipsen*, Völkerrecht, § 48 RN 3 ff.
602 166 Staaten (vgl. zum Ratifikationsstand von Anfang 2003: *Kimminich/Hobe*, Völkerrecht, S. 408.).
603 Deutscher Text: BGBl. 1969 II S. 961.
604 101 Vertragsstaaten (zum Ratifikationsstand vom 1.2.2002: *Ipsen*, Völkerrecht, § 48 RN 23); deutsche Übersetzung in: VN 1975, S. 57 f.
605 133 Staaten (vgl. zum Ratifikationsstand Oktober 2001: *Ipsen*, Völlkerrecht, § 48 RN 9; *Kimminich/Hobe*, Völkerrecht, S. 408); deutscher Text: BGBl. 1954 II S. 729 ff.; Sartorius II, Nr. 48.
606 172 Staaten (vgl. zum Ratifikationsstand Anfang Mai 2003: *Kimminich/Hobe*, Völkerrecht, S. 407); deutscher Text: Sartorius II, Nr. 23.
607 Vgl. dazu *Kimminich/Hobe*, Völkerrecht, S. 408.
608 Zum Ratifikationsstand: *Kimminich/Hobe*, Völkerrecht, S. 407; deutscher Text: BGBl. 1992 II, 122 ff.; Sartorius II, Nr. 29.

diese wird ergänzt durch die *Fakultativprotokolle betreffend die Beteiligung von Kindern in bewaffneten Konflikten* und *betreffend Kinderhandel, Kinderprostitution und Kinderpornographie,*

- das *Übereinkommen über die Sklaverei* in der Fassung vom 7. Dezember 1953[609] und dessen
  Zusatzübereinkommen vom 7. September 1956 über die Abschaffung der Sklaverei, des Sklavenhandels und der sklavereiähnlichen Einrichtungen und Praktiken[610] sowie

- die *Konvention gegen Folter und andere grausame, unmenschliche oder erniedrigende Behandlung oder Strafe* vom 10. Dezember 1984[611], die auf universeller Ebene eine Lücke im Menschenrechtsschutz schließt, da sie die Mitgliedstaaten verpflichtet, wirkungsvolle Maßnahmen aller Art zu ergreifen, um die Anwendung der Folter auf ihrem Staatsgebiet zu verhindern.

Darüber hinaus existiert eine *Erklärung über den Schutz aller Personen vor dem Verschwindenlassen* vom 18. Dezember 1992[612], die allerdings noch unverbindlich ist.

Teilweise bestehen in den vorgenannten Bereichen Gremien zur Überwachung der Verwirklichung der Menschenrechte[613]. Bezüglich der Rassendiskriminierung existiert eine Unterkommission der Menschenrechtskommission der Vereinten Nationen und es gibt Expertenkomitees, die für den Bereich der Verstöße gegen die Rassendiskriminierung, gegen die Folter, gegen die Recht des Kindes und gegen das Verbot der Diskriminierung der Frauen eingesetzt sind.[614] Diese Organe können im Falle von „consistent pattern of gross and reliably attested violations“ im Rahmen des Verfahrens nach der Resolution 1503 (XLVIII) des ECOSOC[615] tätig werden. Die Einrichtung derartiger Gremien erhöht die Durchsetzungskraft der Verträge und ist ein Indiz für die erhebliche Bedeutung der durch die Verträge geschützten Menschenrechte.[616]

Nur kurz soll an dieser Stelle auf das humanitäre Völkerrecht, bei dem es unter anderem um den Schutz von Menschenrechten in bewaffneten Konflikten geht, eingegangen werden. Grundsätzlich geht es beim humanitären Völkerrecht um das Verhalten

---

609 Vgl. BGBl. 1973 II S. 1508.

610 119 Mitgliedsstaaten (zum Ratifikationsstand im Februar 2002: *Ipsen*, Völkerrecht, § 48 RN 11); deutscher Text: BGBl. 1958 II S. 203 ff.

611 132 Staaten (zum Ratifikationsstand von Anfang 2003: *Kimminich/Hobe*, Völkerrecht, S. 408); deutscher Text: BGBl. 1990 II S. 246; Sartorius II, Nr. 22.

612 Deutsche Übersetzung in: VN 41 (1993), S. 188 ff.

613 Vgl. *Herdegen*, Völkerrecht, § 48 RN 2; *Kimminich/Hobe*, Völkerrecht, S. 408; *Pape*, Humanitäre Intervention, S. 43; *Schmidt*, VN 42 (1994), S. 7 ff.

614 Vgl. *Herdegen*, Völkerrecht, § 48 RN 2; *Pape*, Humanitäre Intervention, S. 43.

615 *Verfahren über die Behandlung von Mitteilungen mit Bezug auf Verletzung von Menschenrechten und Grundfreiheiten* vom 27.5.1970; deutsche Übersetzung bei *Simma/Fastenrath*, Nr. 5. Zitat aus Abs. 1, 5.

616 Dazu *Pape*, Humanitäre Intervention, S. 44.

der Konfliktparteien untereinander. Das „Genfer Recht“[617] regelt hauptsächlich das Schicksal der verwundeten oder gefangenen Soldaten und das „Haager Recht“[618] zieht der Durchführung bestimmter militärischer Operationen Grenzen, indem beispielsweise die Nutzung bestimmter Waffen verboten wird.[619] In der neueren Entwicklung des humanitären Völkerrechts kommt der Achtung der Menschenrechte im Falle eines bewaffneten Konfliktes zunehmend größere Bedeutung zu. So lautet der allen vier Genfer Konventionen gemeinsame Art. 3:

> „Im Falle eines bewaffneten Konflikts (...) ist jede der am Konflikt beteiligten Parteien gehalten, mindestens die folgenden Bestimmungen anzuwenden:
> 1. Personen, die nicht unmittelbar an den Feindseligkeiten teilnehmen, (...) werden unter allen Umständen mit Menschlichkeit behandelt, ohne jede auf Rasse, Farbe, Religion oder Glauben, Geschlecht, Geburt oder Vermögen oder auf irgendeinem anderen ähnlichen Unterscheidungsmerkmal beruhende Benachteiligung. Zu diesem Zweck bleiben in bezug auf die oben erwähnten Personen jederzeit und überall verboten
> a) Angriffe auf das Leben und die Person, namentlich Tötung jeder Art, Verstümmelung, grausame Behandlung und Folterung,

---

617 Die Bestimmungen der vier Konventionen von 1949 betreffen die Verwundeten und Kranken der bewaffneten Kräfte im Felde (Genfer Abkommen I), die Verwundeten, Kranken und Schiffbrüchigen der bewaffneten Kräfte zur See (Genfer Abkommen II), die Kriegsgefangenen (Genfer Abkommen III) und die Zivilpersonen in Kriegszeiten (Genfer Abkommen IV);
vgl. zum Text der verschiedenen Konventionen:
http://www.icrc.org/ihl.nsf/CONVPRES?OpenView.

618 Auf der (Ersten) Haager Friedenskonferenz am 29.7.1899 wurden folgende Abkommen und Erklärungen unterzeichnet:
Abkommen zur friedlichen Erledigung internationaler Streitfälle; Abkommen, betreffend die Gesetze und Gebräuche des Landkriegs; Abkommen, betreffend die Anwendung der Grundsätze der Genfer Konvention vom 22. August 1864 auf den Seekrieg; Erklärung, betreffend das Verbot des Werfens von Geschossen und Sprengstoffen aus Luftschiffen oder auf anderen ähnlichen neuen Wegen. (wegen Ablaufs der Geltungsdauer gegenstandslos geworden); Erklärung, betreffend das Verbot der Verwendung von Geschossen mit erstickenden oder giftigen Gasen; Erklärung, betreffend das Verbot von Geschossen, die sich leicht im menschlichen Körper ausdehnen oder platt drücken.
Auf der Zweiten Haager Friedenskonferenz am 18.10.1907 unterzeichnete Abkommen:
Abkommen zur friedlichen Erledigung internationaler Streitfälle; Abkommen, betreffend die Beschränkung der Anwendung von Gewalt bei der Eintreibung von Vertragsschulden; Abkommen über den Beginn der Feindseligkeiten; Abkommen, betreffend die Gesetze und Gebräuche des Landkriegs; Abkommen, betreffend die Rechte und Pflichten der neutralen Mächte und Personen im Falle eines Landkriegs; Abkommen über die Behandlung der feindlichen Kauffahrteischiffe beim Ausbruche der Feindseligkeiten; Abkommen über die Umwandlung von Kauffahrteischiffen in Kriegsschiffe; Abkommen über die Legung von unterseeischen selbsttätigen Kontaktminen; Abkommen, betreffend die Beschießung durch Seestreitkräfte in Kriegszeiten; Abkommen, betreffend die Anwendung der Grundsätze des Genfer Abkommens auf den Seekrieg; Abkommen über gewisse Beschränkungen in der Ausübung des Beuterechts im Seekriege; Abkommen, betreffend die Rechte und Pflichten der Neutralen im Falle eines Seekriegs.
Vgl. zu den deutschen Texten: http://www.brandtcomputer.de/Voelkerrecht/.

619 Vgl. insbesondere die Abkommen, die auf der (Ersten) Haager Friedenskonferenz am 29.7.1899 unterzeichnet wurden; s. FN 00.

b) das Festnehmen von Geiseln,

c) Beeinträchtigungen der persönlichen Würde, namentlich erniedrigende und entwürdigende Behandlung,

d) Verurteilung und Hinrichtung ohne vorhergehendes Urteil eines ordentlich bestellten Gerichts, das die von zivilisierten Völkern als unerläßlich anerkannten Rechtsgarantien bietet (...)“[620]

Dieser Artikel wird, auch wenn er zunächst nur für den Fall eines nicht-internationalen bewaffneten Konflikt gedacht war, als eine „Convention en miniature“[621] begriffen, die den Mindeststandard für jeden bewaffneten Konflikt darstellt.[622]

d) Regionale Menschenrechtsabkommen

Über die universellen Menschenrechtsabkommen hinaus existieren verschiedene regionale Abkommen, die sich mit den Menschenrechten beschäftigen.

i) EMRK

Als erstes regionales Menschenrechtsabkommen wurde am 4. November 1950 die *(Europäische) Konvention zum Schutz der Menschenrechte und Grundfreiheiten* (EMRK)[623] unterzeichnet.[624] Sie gilt heute für 47 Vertragsstaaten.[625]

Die EMRK setzt die Errichtung eines Gerichtshofes, der über ihre Einhaltung wachen soll (Art. 19 EMRK)[626], und die Möglichkeit der Staaten- (Art. 33 EMRK) und Individualbeschwerde (Art. 34 EMRK)[627] fest. Dadurch erhält sie im Verhältnis zu anderen Menschenrechtsabkommen, die derartige Instrumente meist nicht vorsehen, eine erhöhte Durchsetzbarkeit.

Andererseits sind auch die in der EMRK garantierten Rechte durch verschiedene Gewährleistungsschranken, ausdrückliche Vorbehalte und durch die generelle Notstandsklausel des Art. 15 EMRK einschränkbar. Art. 15 EMRK erlaubt eine Suspendierung der Vertragsrechte

620 Siehe zum Vergleich der verschiedenen Konventionen: http://www.icrc.org/ihl.nsf/CONVPRES?OpenView.

621 Vgl. *Pape*, Humanitäre Intervention, S. 49.

622 Dazu *Pape*, Humanitäre Intervention, S. 48 f. und die IGH-Entscheidung (*Nicaragua*) vom 27.6.1986, para. 218 (S. 14 ff.).

623 BGBl. 1954 II S. 14 ff.

624 Seit 1952 wurde sie durch 13 Zusatzprotokolle weiterentwickelt (vgl. *Kimminich/Hobe*, Völkerrecht, S. 413).

625 Zum Ratifikationsstand Ende 2006: *Kempen/Hillgruber*, Völkerrecht, § 51 RN 32.

626 Das 11. Zusatzprotokoll vom 1.11.1998 führt zu einer obligatorischen Zuständigkeit des nunmehr ständigen Europäischen Gerichtshofs für Menschenrechte (EuGMR). Zuvor war eine ausdrückliche Unterwerfung der einzelnen Staaten erforderlich (vgl. *Kempen/Hillgruber*, Völkerrecht, § 51 RN 35; *Kimminich/Hobe*, Völkerrecht, S. 414 ff.; *Vitzthum*, 3. Abschnitt RN 249).

627 Dies wurde durch das 9. Zusatzprotokoll vom 6.11.1970 eingeführt.

„(i)m Falle eines Krieges oder eines anderen öffentlichen Notstandes, der das Leben der Nation bedroht (...) in dem Umfang, den die Lage unbedingt erfordert, und unter der Bedingung (...), daß diese Maßnahmen nicht in Widerspruch zu den sonstigen völkerrechtlichen Verpflichtungen stehen."

Von dieser Notstandsklausel sind gemäß Art. 15 II EMRK das Recht auf Leben (Art. 2 EMRK), das Verbot der Folter (Art. 3 EMRK), das Verbot der Sklaverei und Leibeigenschaft (Art. 4 I EMRK) und der Grundsatz nulla poene sine lege (Art. 7 EMRK) ausgenommen. Diese Rechte sind folglich notstandsfest und somit der einzelstaatlichen Disposition entzogen. Ebenso wurde durch das 13. Zusatzprotokoll zur EMRK vom 3. Mai 2002[628] die Todesstrafe in Europa unter allen Umständen, also auch im Krieg, abgeschafft. Auch dabei handelt es sich folglich um ein notstandsfestes Recht.

ii) AMRK

Am 22. November 1969 wurde die *American Convention on Human Rights* (AMRK)[629] von der Organization of American States (OAS) verabschiedet.[630] Sie ist inhaltlich in wesentlichen Zügen der EMRK nachgebildet.

Zum einen schafft auch sie einen Gerichtshof, der durch Staaten- und Individualbeschwerde (letzteres über den Umweg über die Menschenrechtskommission) angerufen werden kann.[631] Zum anderen hat auch sie eine Notstandsklausel (Art. 27 AMRK), von der das Recht auf Anerkennung der Rechtsfähigkeit (Art. 3 AMRK), das Recht auf Leben (Art. 4 AMRK), das Recht auf Menschenwürde und das Verbot der Folter (Art. 5 AMRK), das Verbot der Sklaverei (Art. 6 AMRK), das Rückwirkungsverbot (Art. 9 AMRK), die Gewissens- und Religionsfreiheit (Art. 12 AMRK), das Recht auf Familie (Art. 17 AMRK), das Recht auf einen Namen (Art. 18 AMRK), die Rechte des Kindes (Art. 19 AMRK), das Recht auf eine Staatsangehörigkeit (Art. 20 AMRK), die „Staatsbürgerlichen Grundrechte" (Art. 23 AMRK) und justizieller Garantien ausgenommen sind.

iii) Banjul-Charta

Die von der Organization of African Unity (OAU), heute Afrikanische Union (AU), am 26. Juni 1981 verabschiedete *Afrikanische Charta der Menschenrechte und der*

---

628 ETS Nr. 187.

629 25 Mitgliedsstaaten (zum Ratifikationsstand vom 15.1.2003: *Ipsen*, Völkerrecht, § 49 RN 16; *Vitzthum*, Völkerrecht, 3. Abschnitt RN 262); deutsche Übersetzung: EuGRZ 7 (1980), S. 435 ff.

630 Ergänzt wird sie durch weitere Menschenrechstverträge: die *Interamerikanische Folterkonvention* von 1985, ein *Zusatzprotokoll zur Abschaffung der Todesstrafe* von 1990, die *Konvention zum gewaltsamen Verschwindenlassen von Personen* von 1992 und die *Konvention gegen Gewalt gegen Frauen* von 1994 (vgl. *Kimminich/Hobe*, Völkerrecht, S. 421).

631 Vgl. *Herdegen*, Völkerrecht, § 39 RN 5; *Ipsen*, Völkerrecht, § 49 RN 18; *Kempen/Hillgruber*, Völkerrecht, § 51 RN 43; *Kimminich/Hobe*, Völkerrecht, S. 420.

Völker (Banjul-Charta)[632] beinhaltet neben den individuellen Freiheitsrechten[633] auch soziale, wirtschaftliche und kulturelle Rechte[634] sowie Menschenrechte der Dritten Generation wie beispielsweise das Recht auf Entwicklung, Frieden, Sicherheit und eine allgemein zufriedenstellende Umwelt[635]. Allerdings sind einerseits die Menschenrechtsschranken deutlich weiter als in den anderen bisher genannten Konventionen[636], während andererseits eine Notstandsklausel fehlt, was als ein Indiz für einen eventuell nur deklaratorisch gemeinten Charakter der Banjul-Charta sprechen könnte. Dem widerspricht die Tatsache, dass nach Art. 30 Banjul-Charta eine Afrikanische Kommission für Menschenrecht und Recht der Völker mit elf unabhängigen Mitgliedern eingerichtet worden ist. Bei dieser können auch nichtstaatliche Organisationen und Individuen Beschwerde einlegen.[637] Darüber hinaus sieht das von 32 Staaten unterzeichnete, aber mangels hinreichender Ratifizierungen noch nicht in Kraft getretene, Zusatzprotokoll vom 9. Juni 1998[638] die Errichtung eines Afrikanischen Menschenrechtsgerichtshofs vor.

e) Völkergewohnheitsrecht

Für das Vorliegen von Völkergewohnheitsrecht ist – wie bereits gesagt[639] - das Zusammentreffen einer bestehenden Staatenpraxis (*consuetudo*) mit einer entsprechenden Rechtsüberzeugung der Staaten (*opinio iuris*) erforderlich. Im Fall der Menschenrechte befindet sich das Völkergewohnheitsrecht in einer Phase der Entwicklung. Besonders schwierig ist die Beurteilung des Vorliegens von Völkergewohnheitsrecht in diesem Bereich auf Grund zahlreicher Menschenrechtsverletzungen der Staaten einerseits und der diesen oft widersprechenden Erklärungen der gleichen Staaten andererseits. Viele dieser Erklärungen können daher nur als unverbindliche „Lippenbekenntnisse“ gewertet werden.[640]

Andererseits geraten Staaten, die elementare Menschenrechte wie etwa die Verbote der Sklaverei und Folter, des Völker- und Massenmordes, der willkürlichen Verhaftung oder der systematischen Rassendiskriminierung verletzen, international immer weiter ins Abseits und bemühen sich daher um Verschleierung dieser Vorfälle.[641] Dies

632 53 Mitgliedstaaten (vgl. zum Ratifikationsstand vom 1.1.2003: *Ipsen*, Völkerrecht, § 49 RN20); deutsche Übersetzung: EuGRZ 17 (1990), S. 348 ff.

633 Art. 2 – 14 Banjul-Charta.

634 Art. 15 ff. Banjul-Charta.

635 Art. 19 ff. Banjul-Charta.

636 Dazu *Pape*, Humanitäre Intervention, S. 40 FN 103.

637 Art. 47 ff. und 55 Banjul-Charta.

638 Dazu und zum Gerichtshof allgemein: *Magliveras/Naldi*, ZaöRVR 66 (2006), S. 187, 188 f.

639 Siehe S. 24 ff.

640 So auch *Carrie*, Diplomatisches Asyl, S. 164 f; vgl. auch *Herdegen*, Völkerrecht, § 47 RN 4.

641 Dazu *Carrie*, Diplomatisches Asyl, S. 164; *Schachter*, RdC 1982 V, S. 11, 335 f.; *Simma*, FS Schlochauer, S. 633.

spricht dafür, dass diesen elementaren Menschenrechten heutzutage eine größere Achtung entgegen gebracht wird als noch vor einigen Jahren.[642]

Ein weiteres Indiz für die Ausweitung der Anerkennung der Menschenrechte sind die vielen zunächst rechtlich unverbindlichen Dokumente. Deren Bedeutung insbesondere darin liegt, dass andere Verträge auf sie Bezug nehmen.

aa) Allgemeine Erklärung der Menschenrechte

Zu dieser Art von Dokumenten ist auch die *Allgemeine Erklärung der Menschenrechte*,[643] die Ende 1948 ohne Gegenstimmen[644] von der UN-Generalversammlung verabschiedet wurde, zu zählen. Sie wurde zwar als eine bloße Absichtserklärung der Staaten beschlossen und entfaltet daher zunächst keine rechtliche Bindungswirkung.[645] Seitdem haben sich aber viele amtliche Erklärungen,[646] völkerrechtliche Verträge[647], nationale Verfassungen[648] und Gerichtsurteile bzw. -gutachten[649] auf sie bezogen. Darüber hinaus wurde sie konkreten Maßnahmen der Vereinten Nationen zugrundegelegt.[650] Auf Grund dieser Entwicklung kann von einer Akzeptanz der Staaten und damit einer rechtlichen Bindung zumindest für den menschenrechtlichen Kernbestand der Allgemeinen Erklärung der Menschenrechte gesprochen werden.[651]

---

642 So auch *Carrie*, Diplomatisches Asyl, S. 164; *Schachter*, RdC 1982 V, S. 11, 335 f.

643 Universal Declaration of Human Rights, Resolution 217 [III]; abgedruckt in: Sartorius II, Nr. 19.

644 Vgl. *Koenig*, Menschenrechte, S. 61.

645 Vgl. *Beyerlin*, in: Simma/Blenk-Knocke, S. 157, 177; *Carrie*, Diplomatisches Asyl, S. 165; *Herdegen*, Völkerrecht, § 47 RN 3; *Kempen/Hillgruber*, Völkerrecht, § 50 RN 20; *Kimminich*, in.: Uertz, S. 149, 156; *Kimminich*, Humanitäres Völkerrecht, S. 19 m. w. N.; *Kimminich/Hobe*, Völkerrecht, S. 396; *Pape*, Humanitäre Intervention, S. 34; *Verdross/Simma*, Völkerrecht, § 1234; *Vitzthum*, Völkerrecht, 3. Abschnitt RN 223; vgl. auch *Hanz*, Aktivlegitimation, S. 22.

646 Die wichtigsten unter ihnen sind der „Final Act of the International Conference on Human Rights" von Teheran vom 13.5.1968, in dem es heisst: „The Universal Declaration of Human Rights states a common understanding of the peoples of the world concerning inalienable and inviolable rights of all members of the human family and constitutes an obligation for the members of the international community" zitiert bei *Carrie*, Diplomatisches Asyl, S. 166 FN 475; (dieser „Final Act" wurde durch die Resolution 2442 (XXIII) der UN-Generalversammlung bestätigt) und das VII. Prinzip der KSZE-Schlussakte; zu weiteren Erklärungen: s. *Schwelb*, AJIL 66 (1972), S. 337, 341 ff.; vgl. *Beyerlin*, in: Simma/Blenk-Knocke, S. 157, 177 f; *Vitzthum*, Völkerrecht, 3. Abschnitt RN 246.

647 Vgl. *Carrie*, Diplomatisches Asyl, S.165; *Herdegen*, Völkerrecht, § 47 RN 3; *Kimminich/Hobe*, Völkerrecht, S. 396; *Verdross/Simma*, Völkerrecht, § 1234.

648 So auch *Carrie*, Diplomatisches Asyl, S. 165; vgl. auch *Herdegen*, Völkerrecht, § 47 RN 12, der allgemein den Bezug der Menschenrechte in nationalen Verfassungen anspricht.

649 Sowohl nationaler Art: vgl *Verdross/Simma*, Völkerrecht, § 1234; als auch des IGH: ICJ Reports 1971, S. 57.

650 So schon in einem „Survey ot International Law" der UN-Generalsekretäre an die ILC 1971, UN-Doc. A/CN.4/245, S. 195 ff.; vgl. *Carrie*, Diplomatisches Asyl, S.165 f.; Nachweise für solche Maßnahmen auch bei *Schwelb*, AJIL 66 (1972), S. 337, 341 ff.

651 So erklärte der **Iran**-Sonderberichterstatter des UN-Menschenrechtsausschusses 1987 (UN-Doc. E/CN.4/1987/23, S. 5 f.): „The Universal Declaration (...) as international customary law,

bb) KSZE / OSZE

Für den nordatlantisch-europäischen Raum ist darüber hinaus der *KSZE*-Prozess[652] bzw. die *OSZE*[653] zu erwähnen. Allerdings hat keines der im Rahmen der KSZE oder der OSZE verfassten bzw. verabschiedeten Dokumente den Status eines völkerrechtlichen Vertrages.[654] Vielmehr sind diese Dokumente nur Erklärungen in der Grauzone zwischen Recht und Politik.[655] Dennoch ist erwähnenswert, dass im Rahmen des KSZE-/OSZE-Prozesses nicht nur die Achtung der Menschenrechte und Grundfreiheiten[656] vereinbart wurde, sondern auch ein „Mechanismus der menschlichen Dimension“[657], der diesen Menschenrechten zur Durchsetzung und Beachtung verhelfen soll.

Dieser Mechanismus ermöglicht es den Mitgliedstaaten, eine vermutete Menschenrechtsverletzung eines anderen Mitgliedstaates zur Sprache zu bringen und durch eine Expertengruppe im betroffenen Land Erkundungen über die menschenrechtliche Lage einzuholen. Sofern diese Expertenmission ergebnislos durchgeführt wurde oder die Anfrage auf ihre Einsetzung unberücksichtigt geblieben ist, kann eine Berichterstattermission eingesetzt werden, die nicht nur die Tatsachen im Land feststellen kann, sondern auch berechtigt ist, Empfehlungen auszusprechen.[658]

---

binds all States“;
vgl. bezüglich der gewohnheitsrechtlichen Wirkung des Folterverbotes die **USA** in ILM 19 (1980), S. 592 f.;
außerdem: *Carrie*, Diplomatisches Asyl, S. 166; *Herdegen*, Völkerrecht, § 47 RN 3; *Kimminich/Hobe*, Völkerrecht, S. 396 f.; *Verdross/Simma*, Völkerrecht, § 1234; *Partsch*, EuGRZ 16 (1989), S. 1, 2; *Schwelb*, AJIL 66 (1972), S. 337, 351; vgl. *Vitzthum*, Völkerrecht, 3. Abschnitt RN 223; mit anderer Begründung *Beyerlin*, in: Simma/Blenk-Knocke, S. 157, 179.

652 Dieser begann 1975 in Helsinki und wurde 1977/78 in Belgrad, 1980-1983; 1989 in Paris (dazu AdG 1989, S. 33457 f.); 1990 in Kopenhagen (dazu *Tretter*, EuGRZ 17 (1990), S. 235 ff.) und 1991 in Moskau fortgesetzt. Darüber hinaus gab es einen KSZE-Gipfel 1990 in Paris, der in der *Charta für ein neues Europa* (Text in EuGRZ 17 (1990), S. 517 ff.) mündete.

653 Die Umstrukturierung der KSZE in die OSZE begann 1990 in Paris. 1992 wurde in Helsinki die KSZE zu einer „regionalen Abmachung“ i. S. d. Kapitels VIII der UN-Charta erklärt und in Budapest kam es 1994 zur Umbenennung der KSZE in die OSZE. Die Vereinbarungen der KSZE gelten für die OSZE weiter.

654 Dazu *Bortloff*, OSZE, S. 327 ff.; *Herdegen*, Völkerrecht, § 45 RN 1; *Riepe*, Minderheitenstandard, S. 137 ff.; *Wenig*, Ethnische Konflikte, S. 61 ff. und 72 (mit sehr ausführlicher Begründung, warum die *Schlussakte von Helsinki 1975* kein Vertrag ist, S. 62 ff.).

655 Vgl. *Carrie*, Diplomatisches Asyl, S. 167 FN 480; vgl. auch *Beyerlin*, in: Simma/Blenk-Knocke, S. 157, 174; m. w. N. *Hanz*, Aktivlegitimation, S. 22; *Bindschedler*, FS Schlochauer, S. 179, 180; *Frowein*, in: Buergenthal, S. 71, 72; *Henkin*, in: Buergenthal, S. 21, 29; LdR- *Beyerlin*, S. 186; *Tretter*, EuGRZ 16 (1989), S.79, 80.

656 Prinzip VII der *Schlussakte von Helsinki* vom 1.8.1975 (Text: ILM 14 (1975), S. 1293 ff.); Dokument des Treffens der Konferenz über die menschliche Dimension der KSZE in *Kopenhagen* vom 29.6.1990 (dt. Text: *Auswärtiges Amt*, KSZE/OSZE, S. 392 ff.).

657 Dieser wurde auf dem Treffen der Konferenz über die menschliche Dimension der KSZE am 3.10.1991 in *Moskau* vereinbart. (Der dt. Text des Dokuments des Moskauer Treffens findet sich in: *Auswärtiges Amt*, KSZE/OSZE, S. 417 ff.).

658 Dieser Mechanismus wird detailliert bei *Wenig*, Ethnische Konflikte, S. 111 ff. beschrieben; vgl. auch *Riepe*, Minderheitenschutzstandard, S. 58 ff.

Die Einsetzung einer Berichterstattermission kann unter Umständen auch gegen den Willen des betroffenen Staates geschehen. Dies ist zum einen dann der Fall, wenn ein Mitgliedstaat der Auffassung ist, dass in einem anderen Mitgliedstaat „eine besonders schwerwiegende Gefahr für die Verwirklichung der Bestimmungen der menschlichen Dimension der (OSZE) aufgetreten ist", und er die Unterstützung von mindestens neun weiteren Mitgliedstaaten für die Einsetzung einer Berichterstattermission findet.[659] Zum anderen ist dies möglich, wenn entweder der Hohe Rat oder der Ständige Rat auf Ersuchen eines Mitgliedstaates die Entsendung einer Berichterstattermission beschließen.[660]

Außerdem wurde beim *2. Ratstreffen der KSZE in Prag 1992* das Konsensprinzip für die Fälle eingeschränkt, in denen eindeutige, grobe und nicht behobene Verletzungen von KSZE-(heute OSZE-)[661]Verpflichtungen im menschenrechtlichen Bereich vorliegen. In diesen Fällen kann der Rat ohne Zustimmung des betroffenen Staates Maßnahmen beschließen.[662] Auch wenn diese Maßnahmen auf Handlungen außerhalb des Territoriums des betroffenen Staates beschränkt sind[663], spricht diese Möglichkeit und der „Mechanismus der menschlichen Dimension" für eine starke Gewichtung der Menschenrechte und eine erhöhte Akzeptanz und Verbindlichkeit durch die Staaten, die sich an der KSZE bzw. heute der OSZE beteiligen[664].[665]

cc) Abschlusserklärung der UN-Weltkonferenz für Menschenrechte 1993

Auch in der *Abschlusserklärung der UN-Weltkonferenz für Menschenrechte* vom 14. bis zum 25. Juni 1993 in Wien wurde das Gewicht der Menschenrechte bestätigt. Dort bekannten sich die fast vollzählig versammelten 171 Staaten einmütig zu ihren menschenrechtlichen Verpflichtungen. Im Abschlussdokument der Konferenz heißt es:

> „The World Conference on Human Rights reaffirms the solemn commitment of all States to fulfill their obligations to promote universal respect for, and observance and protection of, all human rights and fundamental freedoms for all in accordance with the Charter of the United Nations, other instruments relating to human rights, and international law. The universal nature of these rights and freedoms is beyond question."[666]

659 *Moskauer Dokument*, Ziffer 12 (dt. Text: *Auswärtiges Amt*, KSZE/OSZE, S. 423).

660 *Moskauer Dokument*, Ziffer 13.

661 Siehe FN .

662 Vgl. *Auswärtiges Amt*, KSZE/OSZE, S. 17; *Kimminich/Hobe*, Völkerrecht, S. 142; *Vitzthum*, Völkerrecht, 3. Abschnitt RN 260; *Wenig*, Ethnische Konflikte, S. 118.

663 *Prager Dokument*, Ziffer 16 (dt. Text, *Auswärtiges Amt*, KSZE/OSZE, S. 244); vgl. *Bortloff*, OSZE, S. 467; *Wenig*, Ethnische Konflikte, S. 118.

664 Mitglieder der OSZE sind alle Staaten Europas, der Heilige Stuhl, die USA und Canada (*Herdegen*, Völkerrecht, § 45 RN 1).

665 *Herdegen* spricht sogar explizit davon, dass die in der OSZE anerkannten Prinzipien „aus dem Kreis der „inneren Angelegenheiten" heraustreten und ihrer Einforderung nicht mehr das Interventionsverbot entgegengehalten werden kann" (*Herdegen*, Völkerrecht, § 45 RN 1).

666 Zitiert bei *Carrie*, Diplomatisches Asyl, S. 167.

Diese Erklärung wurde in der bestehenden Form zwar erst nach heftigen Protesten vieler asiatischer und islamischer Staaten unterzeichnet, die die Universalität der Menschenrechte zunächst unter Hinweis auf die kulturellen und historischen Unterschiede anzweifelten.[667] Doch spricht allein die Tatsache, dass die Erklärung in der bestehenden Form unterzeichnet wurde, für sich. Trotz aller Zweifel unterzeichneten alle Staaten das Schlussdokument, in dem die Universalität der Menschenrechte „als außer Frage stehend" bezeichnet wird. Damit kann davon ausgegangen werden, dass eine sehr hohe Anzahl der Staaten jedenfalls die fundamentalen Menschenrechte als universell gültig anerkennen.

dd) Bewertung der Entwicklung

Aus der dargestellten neueren Entwicklung schließen verschiedene Autoren[668], dass der Kernbestand der Menschenrechte wie das Recht auf Leben, die Verbote von Sklaverei und Folter, der systematischen Rassendiskriminierung und elementare justizielle Rechte auch auf Grund Völkergewohnheitsrecht zu beachten sind. Dem ist zuzustimmen. Insbesondere die Entwicklung, die die Allgemeine Erklärung der Menschenrechte genommen hat, führt zu einer gewohnheitsrechtlichen Verfestigung ihres elementaren menschenrechtlichen Kerns, da sie die Akzeptanz der Staaten für diesen Kernbestand der Menschenrechte zeigt.[669] Diese Akzeptanz findet einen weiteren Ausdruck in der Schlussakte der UN-Weltkonferenz für Menschenrechte, in der eben diese Universalität der Menschenrechte festgehalten wird.

Teilweise werden Verletzungen dieser Menschenrechte allerdings nur dann als ein Verstoß gegen das Völkergewohnheitsrecht gewertet, wenn eine gewisse qualitative und quantitative Schwelle überschritten ist.[670] Dem ist indes kritisch zu begegnen.

---

667 Vgl. *Carrie*, Diplomatisches Asyl, S. 167 FN 479.

668 Dazu gehören *Carrie*, Diplomatisches Asyl, S. 172; *Ermacora*, in: FS Verdross, S. 357, 368 und 372; *Herdegen*, Völkerrecht, § 47 RN 10; *Ipsen*, Völkerrecht, § 50 RN 6 und 11; *Simma*, EuGRZ 4 (1977), S. 238; *Verdross/Simma*, Völkerrecht, § 1234; vorsichtig *Henkin*, in: Buergenthal, S. 21, 27; EPIL-*Henkin*, Vol. 2, S. 887 f.; *Ritterband*, Menschenrechtsschutz, S. 152 ff.; *Bernhardt*, ZaöRVRR 36 (1976), S. 50, 61; vgl. auch *Beyerlin*, in: Simma/Blenk-Knocke, S. 157, 179; *Bryde*, in: BDGV, Aktuelle Probleme des Menschenrechtsschutzes, S. 165, 169; *Kempen/Hillgruber*, Völkerrecht, § 52 RN 49; *Wellhausen*, Humanitäre Intervention, S. 40; a.A. *Kimminich*, Einführung, S. 353; vorsichtig *Steinberger*, ZaöRVRR 48 (1988), S. 1, 13.

669 Diese Akzeptanz findet sich auch in den Erklärungen **Schwedens** (s. S. 59), **Östereichs** (s. S. 60) und **Italiens** (s. S. 62), die eine Asylgewährung im Falle der Verletzung fundamentaler Menschenrechte befürworten.

670 So *Beyerlin*, in: Simma/Blenk-Knocke, S. 157, 183; *Carrie*, Diplomatisches Asyl, S. 173; *Henkin* in: Buergenthal, S. 21, 27 f.; *Meron*, Human Rights, S. 194; auch Art. 19 II, III (c) des Kodifikationsentwurfes der ILC zur Staatenverantwortlichkeit fordert als Voraussetzung für ein internationales Verbrechen „erhebliche, umfangreiche Verletzungen einer internationalen Verpflichtung, die von essentieller Bedetuntung für den Schutz des Menschen ist" (ILC-Yearbook 1981 II/2, S. 142; vorsichtig: *Schachter*, RdC 1982 V, S. 11, 330
weitergehend aber *Simma*, EuGRZ 4 (1977), S. 239 f., der bereits einzelne Verletzungen der individuellen Basisrechte als ausreichend für die Begründung einer internationalen Verantwortlichkeit ansieht.

Unabhängig davon, dass diese Schwelle schwer zu bemessen bzw. zu definieren sein dürfte, stellt eine Verletzung eines gewohnheitsrechtlich anerkannten Menschenrechts immer einen Verstoß gegen das Völkergewohnheitsrecht dar. Dabei kann kein Unterschied gemacht werden, wie intensiv oder wie oft gegen dieses gewohnheitsrechtlich anerkannte Recht verstoßen wird. Die Quantität bzw. Qualität, mit der ein gewohnheitsrechtlich anerkanntes Recht verletzt wird, kann nicht den Verstoß selber beeinflussen, sondern allenfalls die Reaktionen, die den anderen Staaten durch das Völkerrecht gegen diesen Verstoß gestattet sind.

So ist es beispielsweise denkbar, eine gewisse Qualität bzw. Quantität, mit der gegen die Menschenrechte verstoßen wird, als Voraussetzung für die Rechtmäßigkeit einer völkerrechtlichen Maßnahme gegen diesen Verstoß zu verlangen. Es ist aber nicht möglich, einen Verstoß gegen das Völkerrecht zu leugnen, wenn eine völkerrechtliche Verpflichtung verletzt wird, nur weil es sich um eine einmalige bzw. unter „einer gewissen qualitativen und quantitativen Schwelle" liegende Verletzung handelt. Denn es stellt das Wesen des Rechts dar, das es immer und überall in seinem Geltungsbereich Beachtung beansprucht. Jede Verletzung der völkergewohnheitsrechtlich anerkannten Menschenrechte ist ein Verstoß gegen das Völkergewohnheitsrecht.

f) Zwischenergebnis Völkergewohnheitsrecht

Damit kann an dieser Stelle festgehalten werden, dass der elementare menschenrechtliche Kernbestand bestehend aus dem Recht auf Leben, den Verboten der Sklaverei und Folter, des Völker- und Massenmordes, der systematischen Rassendiskriminierung und der Verletzung elementarer justizieller Rechte völkergewohnheitsrechtlich anerkannt ist und dass eine Verletzung dieser Rechte einen Verstoß gegen das Völkerrecht darstellt.[671]

3) Ergebnis: Keine alleinige Zuständigkeit der Staaten im Bereich der Menschenrechte

Nach der Untersuchung der bedeutenderen Verträge und Ansätze des Völkergewohnheitsrechts[672] kann festgehalten werden, dass die elementaren Menschenrechte, namentlich das Rechts auf Leben, das Sklaverei- und Folterverbot, das Verbot der systematischen Rassendiskriminierung oder die elementaren justizieller Rechte,[673] Teil des Völkergewohnheitsrechts sind. Aus diesem Grund kann sich kein Staat darauf berufen, dass diese Menschenrechte innerhalb seiner alleinigen Zuständigkeit liegen.

---

671 Vgl. auch den IGH (*Nicaragua*-Fall), ICJ Reports 1986, S. 14 (para 2127 ff.) und in seinem „Legality of the Threat or Use of Nuclear Weapons"-Gutachten vom 8.7.1996 in: ILM 35, 1996, S. 27 ff. (para 79-83).

672 Siehe S. 92 ff.

673 Diese Menschenrechte können wohl auch als „basic rights of a human person" im Sinne des IGH-Urteils zum *Barcelona Traction* Fall (ICJ Reports, 1970, S. 3, 32 (para. 34)) gewertet werden. Vgl. dazu: *Meron*, Human Rights, S. 194; *Shaw*, International Law, S. 116.

Bei der Verletzung anderer Menschenrechte ist zu prüfen, ob der verletzende Staat eine über die fundamentalen Menschenrechte hinausgehende völkerrechtliche Verpflichtung eingegangen ist. Wenn das geschehen ist, sind diese Menschenrechte ebenfalls aus dem Bereich der alleinigen Zuständigkeit „herausgenommen". Wenn der betroffene Staat aber keine völkerrechtliche Bindung eingegangen ist, fallen die Menschenrechte nach wie vor in den Bereich seiner - durch das Interventionsverbot geschützten – alleinigen Angelegenheiten.

Gegen dieses Ergebnis könnte eingewandt werden, dass dann gerade die Staaten, die die Menschenrechte gering achten und verletzen, lediglich keine menschenrechtlichen Bindungen eingehen brauchten. So könnten sie erreichen, dass jeder Versuch, anderer Staaten die Menschenrechte auf ihrem Staatsgebiet zu schützen, gegen das Interventionsverbot verstößt.

Dem ist jedoch zum einen entgegenzuhalten, dass dies eine Folge der Tatsache ist, dass die Souveränität der Staaten im Völkerrecht nicht nur eines der höchsten Güter ist, sondern auch eines der grundlegenden Güter, auf denen das Völkerrecht aufbaut. So erklären *Verdross/Simma*: „(...) wäre die Souveränität der Staaten und damit zugleich das VR (Völkerrecht) aufgehoben".[674] Ohne Souveränität der Staaten ist das Völkerrecht nicht denkbar. Ausfluss dieses Grundsatzes ist aber auch das Recht des Staates, (nur) diejenigen völkerrechtlichen Bindungen einzugehen, die er für richtig hält. Das mag man für nicht wünschenswert halten, doch ist es ein zwingendes Ergebnis des Völkerrechts in seiner bestehenden Form.

Darüber hinaus besteht die Möglichkeit, keine völkerrechtlichen Bindungen einzugehen, um den Bereich der alleinigen Zuständigkeit möglichst groß zu halten, allein im Völkervertragsrecht. Das universelle Völkergewohnheitsrecht hingegen gilt für alle Staaten. Diesem kann sich kein Staat entziehen. Das führt dazu, dass in den Fällen, in denen ein Staat den menschenrechtlichen Kernbestand verletzt, das völkerrechtliche Interventionsverbot nicht einschlägig ist.[675] Das universelle Völkergewohnheitsrecht schränkt den Bereich der alleinigen Zuständigkeit jedes Staates ein. Damit verstößt eine intervenierende Maßnahme in diesen Fällen nicht gegen das Interventionsverbot. Denn ein Verstoß gegen das Interventionsverbot setzt – wie gesehen[676] - einen Eingriff in die alleinigen Angelegenheiten eines anderen Staates voraus. Wenn, wie im universellen Völkergewohnheitsrecht und in einigen völkerrechtlichen Verträgen geschehen,

---

674 *Verdross/Simma*, Völkerrecht, § 41; ähnlich auch *Kimminch*, in: Uertz, S. 149, 157f.

675 Dies wurde für den Fall schwerwiegender Menschenrechtsverletzungen auch im Schlussdokument der UN-Weltkonferenz über Menschenrechte in Wien vom 14.-25.6.1993 so festgehalten, dazu FAZ v.17.6.1993, S. 6 und v. 28.6.1993, S. 6;
Auch die **Bundesrepublik Deutschland** teilt diese Ansicht. Bundesaußenminister Genscher erklärte schon am 3.9.1978, „daß jedenfalls bei systematischen und schwerwiegenden Menschenrechtsverletzungen die Berufung auf die staatliche Souveränität und das Einmischungsverbot nicht mehr zulässig ist." (Bull. 1978, S. 872); Diese Ansicht bestätigte er am 4.7.1986 (Bull. 1986, S. 698). Ebenso äußerten sich am 17.3.1982 der Bundesminister für wirtschaftliche Zusammenarbeit (Offergeld, Bull. 1982, S. 205) und Bundeskanzler Kohl (BT-Prot. 11/117).

676 Siehe S. 10 ff.

die Menschenrechte aus dem Bereich der alleinigen Zuständigkeit „herausgenommen“ sind, greift eine intervenierende Maßnahme nicht in den Bereich der alleinigen Zuständigkeit ein.

4) Ergebnis: Kein Verstoß gegen das Interventionsverbot bei Eingriffen zugunsten elementarer Menschenrechte

Im Ergebnis bedeutet das, dass jedenfalls dann, wenn die Menschenrechtsverletzung den elementaren Kernbestand der Menschenrechte betrifft, intervenierende Maßnahmen zum Schutz dieser Menschenrechte nicht gegen das Interventionsverbot verstoßen. Diese elementaren Menschenrechte sind völkergewohnheitsrechtlich anerkannt und fallen daher nie in den Bereich der alleinigen Zuständigkeit der Staaten. In allen anderen Fällen ist die Frage, ob ein Eingriff in die alleinige Zuständigkeit eines Staates und damit ein Verstoß gegen das Interventionsverbot vorliegt, in jedem Einzelfall sorgfältig anhand der völkerrechtlichen Bindung des betroffenen Staates im menschenrechtlichen Bereich zu prüfen.

5) Übertragung auf das diplomatische Asyl: Rechtmäßigkeit desselben auf Grund menschenrechtlicher Verpflichtungen?

Was bedeutet das vorstehende Ergebnis nun für die Rechtmäßigkeit des diplomatischen Asyls? Gilt der eben dargestellte Gedanke auch für das diplomatische Asyl und führt er dann dazu, dass die Gewährung diplomatischen Asyls zum Schutz von Menschenrechten rechtmäßig ist?

Das diplomatische Asyl verstößt, wie gesehen,[677] grundsätzlich gegen das Interventionsverbot, ist also eine intervenierende Maßnahme. Durch die Gewährung diplomatischen Asyls wird grundsätzlich die Ausübung der Territorialhoheit durch den Empfangsstaates eingeschränkt. Dadurch kommt es zu einer Einmischung in den Bereich der alleinigen Zuständigkeit eines anderen Staates, die zu einem Verstoß gegen das Interventionsverbot führt. Aber auch beim diplomatischen Asyl wird, ebenso wie bei allen anderen intervenierenden Maßnahmen, der Bereich der alleinigen Zuständigkeit durch das Eingehen menschenrechtlicher Verpflichtungen eingeengt.

Durch den Eingang einer menschenrechtlichen Verpflichtung begibt sich der Staat eines Bereiches, in dem er zuvor die alleinige Herrschaftsmacht innehatte. Derartige Verpflichtungen schränken den alleinigen Zuständigkeitsbereich ein und damit den Bereich, in dem ein Verstoß gegen das Interventionsverbot denkbar ist. Dieser Befund gilt für jede Handlung, die am Interventionsverbot gemessen wird, also auch für das diplomatische Asyl.

Das bedeutet, dass auch beim diplomatischen Asyl der Bereich der alleinigen Zuständigkeit durch menschenrechtliche Verpflichtungen eingeengt sein kann, so dass kein Verstoß gegen das Interventionsverbot vorliegt. Mit anderen Worten: menschenrech-

677 Siehe S. 21 ff.

tliche Verpflichtungen eines Staates führen dazu, dass das diplomatische Asyl, das zum Schutz dieser Menschenrechte gewährt wird, nicht gegen das Interventionsverbot verstößt. Das Ergebnis scheint also zu sein, dass die Gewährung diplomatischen Asyls dann völkerrechtskonform ist, wenn der Empfangsstaat durch Völkergewohnheitsrecht oder völkerrechtliche Verträge zur Einhaltung bestimmter Menschenrechte verpflichtet ist.

Dem könnte nun, zumindest auf den ersten Blick, entgegengehalten werden, dass eine menschenrechtliche Verpflichtung des Empfangsstaates zwar dazu führe, dass kein Verstoß gegen das Interventionsverbot vorliege, sie aber eine rechtswidrige Einschränkung der Territorialhoheit des Empfangsstaates nicht verhindern könne. Denn durch die menschenrechtliche Verpflichtung werde nur der Bereich der alleinigen Zuständigkeit des Empfangsstaates im Hinblick auf die Menschenrechte eingeengt, nicht aber in Bezug auf die Territorialhoheit.

Diese Argumentation verkennt jedoch das Verhältnis, in dem die Territorialhoheit und das Interventionsverbot zueinander stehen. Das Interventionsverbot und die Territorialhoheit stehen nicht als zwei verschiedene Rechtsgüter nebeneinander, sondern sind wie zwei Seiten einer Medaille untrennbar miteinander verbunden. Das Interventionsverbot schützt die Staaten vor Einmischungen in ihre inneren Angelegenheiten und damit auch vor Einmischungen in ihre Territorialhoheit; oder anders formuliert: die Territorialhoheit wird durch das Interventionsverbot geschützt. Das Interventionsverbot ist der Schutzschirm des Rechtsgutes Territorialhoheit. Wenn dieser Schutzschirm auf Grund menschenrechtliche Verpflichtungen verkürzt wird, dann liegt kein Eingriff in den rechtlich geschützten Bereich der Territorialhoheit vor.[678] Die Tatsache, dass durch die Gewährung diplomatischen Asyls die Territorialhoheit eingeschränkt wird, führt in dem Fall, in dem das Interventionsverbot die Territorialhoheit auf Grund menschenrechtlicher Verpflichtungen nicht mehr schützt, nicht zur Rechtswidrigkeit des diplomatischen Asyls.

6) Voraussetzungen für die rechtmäßige Gewährung diplomatischen Asyls

Voraussetzung dafür, dass die Gewährung diplomatischen Asyls auf Grund menschenrechtlicher Erwägungen rechtmäßig ist, ist, dass der Empfangsstaat, die Menschenrechte verletzt, zu deren Beachtung er sich völkerrechtlich verpflichtet und die er damit aus dem Bereich seiner alleinigen Zuständigkeit „herausgenommen“ hat. Nur in diesem Fall liegt auf menschenrechtlicher Ebene kein Verstoß gegen das Interventionsverbot vor und die Einschränkung der Territorialhoheit erfolgt in rechtmäßiger Weise.

Darüber hinaus dürfen in der völkerrechtlichen Verpflichtung keine anderen Maßnahmen zum Schutz der Menschenrechte abschließend festgelegt worden sein, die das dip-

---

678 Dies voraussetzend führt *Doehring*, Völkerrecht, RN 94 hinsichtlich der Territorialhoheit aus: „Die Anwendung nationalen Rechts auf nationalem Territorium ist (...), soweit fundamentale Menschenrechte nicht verletzt sind, eine innere Angelegenheit des handelnden Staates“

lomatische Asyl als Maßnahme zum Schutz der Menschenrechte ausschließen (self-contained régime).

Außerdem muss der Entsendestaat zur Ergreifung einer Maßnahme zum Schutz der Menschenrechte, also des auch des diplomatischen Asyls, aktivlegitimiert sein.

Wenn diese drei Voraussetzungen erfüllt sind, kann das diplomatische Asyl auf Grund menschenrechtlicher Erwägungen in rechtmäßiger Weise gewährt werden. In der Folge sollen die genannten zusätzlichen Bedingungen näher erläutert werden.

a) Menschenrechtliche Verträge als self-contained régime

Das diplomatische Asyl kann im Hinblick auf die vertraglich festgesetzten Menschenrechte nur dann als völkerrechtlich rechtmäßige Maßnahme zum Schutz der Menschenrechte angesehen werden, wenn die menschenrechtliche Verpflichtung des Empfangsstaates nicht (ausschließlich) in einem Vertrag begründet ist, der die Verfahren im Falle einer Vertragsverletzung abschließend regelt (self-contained régime)[679]. In einem solchen Falle schließen die Vertragsmechanismen jede andere als die verabredeten Reaktionen auf eine Vertragsverletzung aus. Da das diplomatische Asyl in keinem der menschenrechtlichen Verträge als mögliche Reaktion genannt wird, wäre beim Vorliegen eines self-contained régimes die Gewährung diplomatischen Asyls nicht in rechtmäßiger Weise möglich.

Ob ein Vertrag ein derartiges self-contained régime darstellt, ist für jeden Vertrag gesondert zu prüfen. Dabei ist zunächst einmal zu beachten, dass ein Vertrag nur dann zu einem self-contained régime wird, wenn die Vertragsparteien dies ausdrücklich wünschen.[680] Wenn dies nicht der Fall ist, gelten die Vertragsmechanismen und die allgemeinen Verfahren nebeneinander.[681]

Bezüglich der erwähnten[682] menschenrechtlichen Verträge stellt allein die EMRK nach diesen Kriterien ein self-contained régime dar.[683] In Art. 55 EMRK heißt es:

> **„Ausschluß anderer Verfahren zur Streitbeilegung**

---

679 Vgl. *Carrie*, S: 177; *Ipsen*, Völkerrecht, § 59 RN 47; *Herdegen*, Völkerrecht, § 59 RN 9; IGH (*Teheraner Geiselfall*), ICJ Reports 1980, S. 1, 40.

680 Vgl. *Carrie*, Diplomatisches Asyl, S. 178, *Hanz*, Aktivlegitimation, S. 45; vgl. auch *Wengler*, Völkerrecht, Bd. 1, S. 504.

681 So *Carrie*, Diplomatisches Asyl, S. 176; *Hanz*, Aktivlegitimation, S. 45; *Simma*, FS Schlochauer, S. 635, 641; vgl. auch, *Henkin*, in: Buergenthal, S. 21, 25.

682 Siehe S. 92 ff.

683 So auch *Bryde*, in: BDGV, Aktuelle Probleme des Menschenrechtsschutzes, S. 165, 182 f.; *Carrie*, Diplomatisches Asyl, S. 178; vgl. auch *Hanz*, Aktivlegitimation, S. 47; *Simma*, FS Schlochauer, S. 635, 639; *Frowein*, in: Buergenthal, S. 71, 79; ähnlich: *Simma*, in: Schreuer, S. 129, 134, der allerdings für den Fall, dass diese Mittel nicht (mehr) greifen, andere Möglichkeiten zugelassen sehen will.

> Die hohen Vertragsschließenden Teile kommen überein, daß sie, es sei denn auf Grund besonderer Vereinbarungen, keinen Gebrauch von zwischen ihnen geltenden Verträgen, Übereinkommen oder Erklärungen machen werden, um von sich aus einen Streit um die Auslegung oder Anwendung dieser Konvention einem anderen Verfahren zu unterwerfen, als in der Konvention vorgesehen ist.“

Jeder Streit, der durch eine Vertragsverletzung entsteht, muss demnach nach dem in dem Vertrag vorgesehenen Maßgaben behandelt werden; andere Verfahren, darunter auch das diplomatische Asyl, können nicht zur Anwendung gebracht werden.

Demgegenüber bestimmt beispielsweise Art. 44 IPBPR, dass

> „(d)ie Bestimmungen über die Durchführung dieses Paktes (...) die Vertragsstaaten nicht (hindern), in Übereinstimmung mit den zwischen ihnen in Kraft befindlichen allgemeinen oder besonderen internationalen Übereinkünften andere Verfahren zur Beilegung von Streitigkeiten anzuwenden“.[684]

Die meisten anderen menschenrechtlichen Verträge lassen bezüglich der Frage, ob neben den in ihnen genannten Verfahren weitere Maßnahmen des allgemeinen Völkerrechts zur Anwendung kommen, überhaupt keine Regelung erkennen, so dass davon auszugehen ist, dass ein Wille zur Schaffung eines self-contained régimes nicht vorhanden ist.

Dieser Wille ist aber Voraussetzung für ein self-contained régime[685]. Ohne einen derartigen Willen kann nicht davon ausgegangen werden, dass der entsprechende Vertrag ein self-contained régime darstellen soll. Die meisten der dargestellten menschenrechtlichen Verträge, von der EMRK einmal abgesehen, lassen einen Willen zur Schaffung eines self-contained régimes vermissen und regeln daher die Maßnahmen, die bei einer Vertragsverletzung ergriffen werden können, nicht abschließend.[686] Außerhalb der EMRK ist bei Verletzungen einer menschenrechtlichen Verpflichtung die Gewährung diplomatischen Asyls als Maßnahme zum Schutz der Menschenrechte daher nicht dadurch versperrt, dass der Vertrag das diplomatische Asyl als Maßnahme zum Schutz der Menschenrechte nicht ausdrücklich erwähnt. Das diplomatische Asyl kann auch bei der Verletzung vertraglich geregelte Menschenrechte angewandt werden.[687] Es wird, außer von der EMRK, von den untersuchten menschenrechtlichen Verträgen nicht als Reaktionsmaßnahme ausgeschlossen.

---

684 Ausführlich dazu *Hanz*, Aktivlegitimation, S. 46 ff; vgl. auch *Simma*, in: Schreuer, S. 134; *Frowein*, in: Buergenthal, S. 78 f

685 Siehe S. 108.

686 Ähnlich auch *Carrie*, Diplomatisches Asyl, S. 179; *Henkin*, in: Buergenthal, S. 21, 31; EPIL-Henkin, Vol. 2, S. 891; vgl. auch *Bryde*, in: BDGV, Aktuelle Probleme des Menschenrechtsschutzes, S. 165, 183; *Simma*, FS Schlochauer, S. 635, 647 und 647 f.

687 Bezüglich des Völkergewohnheitsrechts stellt sich die Frage nach einem self-contained régime nicht.

b) Aktivlegitimation

Darüber hinaus muss der asylgewährende Staat auch aktivlegitimiert sein, d. h. gerade er muss zur Ausführung der völkerrechtlichen Maßnahme, hier des diplomatischen Asyls, berechtigt sein. Nur, wenn dies der Fall ist, kann die Gewährung diplomatischen Asyls rechtmäßig sein.

Bei völkerrechtlichen Verträgen ist es im allgemeinen so, dass die Vertragsparteien sich gegenseitig verpflichten[688] und aus diesem Grunde auch als Vertragsparteien aktivlegitimiert sind, bei einem Verstoß einer anderen Partei gegen den Vertrag völkerrechtliche Maßnahmen zu ergreifen.[689]

Im Falle menschenrechtlicher Verträge wird jedoch eingewandt, dass diese nicht zu gegenseitigen Verpflichtungen der Vertragsparteien führten, sondern nur Pflichten der Parteien gegenüber in ihrem Herrschaftsbereich befindlichen Individuen begründeten. Dadurch entstünde kein für die Aktivlegitimation erforderliches Gegenseitigkeitsverhältnis.[690]

Dem ist entgegenzuhalten, dass zwar die Vertragspflichten zugunsten der Individuen bestehen, die vertragliche Verpflichtung aber gegenüber den anderen Vertragsparteien eingegangen wurde.[691] Auch hätte ein menschenrechtlicher Vertragsschluss keinen Sinn und wäre in der Praxis sehr unwahrscheinlich, wenn er nicht auch zu einer völkerrechtlichen Verpflichtung der Parteien untereinander führen würde. Denn die Parteien begeben sich, wie gesehen,[692] durch die Einschränkung des Bereiches ihrer alleinigen Zuständigkeit eines Teils ihrer staatlichen Souveränität.[693] Entscheidender aber ist, dass vertraglich vereinbarte Rechte und Pflichten nur zwischen Rechtssubjekten entstehen können.[694] Individuen haben im Völkerrecht, sofern ihnen nicht, wie in einigen Verträgen geschehen,[695] durch einen Vertrag eine gewisse Subjektfähigkeit zuerkannt wird, keine derartige Stellung inne.[696] Sie können daher keine Träger der Rechte

688 Vgl. *Simma*, in: Schreuer, S. 129, 136; *Hanz*, Aktivlegitimation, S. 74.

689 Vgl. *Klein*, Statusverträge, S. 240; *Partsch*, in: Strupp/Schlochauer, Bd. 3, S.103, 104; *Verdross*, Völkerrecht (1964), S. 126; vgl. auch *Hanz*, Aktivlegitimation, S. 60; *Henkin*, in: Buergenthal, S. 21, 30.

690 Eine entsprechende Darstellung dieser Auffassung befindet sich bei *Hanz*, Aktivlegitimation, S. 60 ff.; *Simma*, in: Schreuer, S. 129, 136 ff. Vertreter dieser Ansicht war *Fitzmaurice*, BYIL 1957 (XXXIII), S. 203, 278.

691 Dazu *Simma*, in: Schreuer, S. 129, 140 ff.; *Frowein*, FS Mosler, S. 241, 256; so im Ergebnis auch *Carrie*, Diplomatisches Asyl, S. 182 f.; *Hanz*, Aktivlegitimation, S. 72; *v. Münch*, völkerrechtliches Delikt, S. 138; vgl. auch IGH (2. Südwestafrika-Urteil), ICJ Reports 1966, S. 6, 32, wo der IGH ausdrücklich von verpflichteten Staaten spricht.

692 Siehe S. 90 ff.

693 Vgl. dazu auch *Carrie*, Diplomatisches Asyl, S. 182 f.

694 Vgl. *Simma*, in: Schreuer, S. 129, 140; *Simma*, FS Schlochauer, S. 635, 643; *Verdross/Simma*, Völkerrecht, § 534; vgl. *Doehring*, Völkerrecht, RN 328, der bezüglich des Vertragsabschlusses nur von Staaten spricht; *Ipsen*, Völkerrecht, § 4 RN 9.

695 Beispielesweise durch die Individualbeschwerde in Art. 34 EMRK.

696 Dazu *Doehring*, Völkerrecht, RN 245; *Ipsen*, Völkerrecht, § 7 RN 4; *Seidl-Hohenveldern/Stein*,

und Pflichten eines Vertrages sein. Allein die Staaten kommen für eine derartige Stellung in Betracht; allein sie werden durch einen völkerrechtlichen Vertrag verpflichtet. Eine solche vertragliche Verpflichtung wird gegenüber allen Vertragsparteien eingegangen, weshalb jede Partei eines menschenrechtlichen Vertrages berechtigt ist, im Falle einer Vertragsverletzung völkerrechtliche Maßnahmen zu ergreifen.[697]

Auch dem Völkergewohnheitsrecht wohnt ein derartiges Gegenseitigkeitselement inne.[698] Auch hier ergibt sich die Situation, dass sich kein Staat rechtlich binden würde, wenn dies nicht auch der andere täte. Im Völkergewohnheitsrecht wirkt sich darüber hinaus die Gleichheit aller Staaten dergestalt aus, dass für alle Staaten ein gleicher Verpflichtungsgrad entsteht. Das Gegenseitigkeitsverhältnis ist dem Völkergewohnheitsrecht immanent[699] und führt dazu, dass auch alle Staaten, die auf diese Weise gebunden sind, bei einem Verstoß eines anderen gebundenen Staates eine völkerrechtliche Maßnahme ergreifen können.[700]

Dies bestätigte der IGH im *Barcelona Traction* Fall, in dem er erklärte, dass es bestimmte Menschenrechte gäbe, die erga omnes wirkten. Im einzelnen führte er aus:

> „obligations of a State towards the international community as a whole (...) (are) by their very nature (...) the concerns of all States. In view of the importance of the rights involved, all States can be held to have a legal interest in their protection; they are obligations *erga omnes*.
> 34. Such obligations derive, for example, in contemporary international law, from the outlawing acts of aggression, and of genocide, as also from the principles and rules concerning the basic rights of the human person, including protection from slavery and racial discrimination. Some of the corresponding rights of protection have entered into the body of general international law (...) others are conferred by international instruments or a universal or quasi-universal character."[701]

Alle Staaten, die eine gegenseitige Verpflichtung, sei es durch einen Vertrag, sei es durch Gewohnheitsrecht, eingegangen sind, sind berechtigt und damit auch aktivlegi-

---

Völkerrecht, RN 927 ff; *Simma*, in: Schreuer, S. 129, 140 f.; *Verdross/Simma*, Völkerrecht, § 423 ff.

697 So *Simma*, FS Schlochauer, S. 635, 644, der darüber hinaus ausführlich dazu Stellung nimmt, warum nicht an der Staatsangehörigkeit des in seinen Menschenrechten verletzten Individuums angeknüpft werden darf; *Simma*, in: Schreuer, S. 129, 141; *Tomuschat*, VN 26 (1978), S. 1, 8; vgl. auch *Bindschedler*, FS Schlochauer, S. 179, 182; *Carrie*, Diplomatisches Asyl, S. 182 f.; *Geck*, ZaöRVRR 38 (1978), S. 182, 207; *Henkin*, in: Buergenthal, S. 21, 25, 30 f., 33 u. 35; *Meron*, Human Rights, S. 235; S. 193 in Bezug auf Art. 41 IPBPR, vgl. auch *ders.* S. 196; *Hanz*, Aktivlegitimation, S. 108; IGH (Barcelona Traction), ICJ Reports 1970, S. 3, 47 (para. 91).

698 So auch *Carrie*, Diplomatisches Asyl, S. 183; *Simma*, Völkergewohnheitsrecht, S. 48 ff.

699 So auch *Simma*, Völkergewohnheitsrecht, S. 49 f.; *de Visscher*, RdC 1954 II, S. 445, 475; *Fitzmaurice*, RdC 1957 II, S. 1, 39; *Schaumann*, Gleichheit, S. 141.

700 Grundsätzlich hinsichtlich der Aktivlegitimation im Völkergewohnheitsrecht kritisch, aber im Hinblick auf einen menschenrechtlichen Mindeststandard doch zustimmend: *Hillgruber*, in: Tomuschat/Touvenin, S. 265, 283 ff., 287.

701 IGH (*Barcelona Traction*), ICJ Reports 1970, S. 3, 32.

timiert bei einem Verstoß durch einen, auch durch diesen Vertrag oder das Völkergewohnheitsrecht verpflichteten, anderen Staat, völkerrechtliche Maßnahmen gegen diesen zu ergreifen.

VII) Ergebnis: Rechtmäßigkeit des diplomatischen Asyl auf Grund menschenrechtlicher Verpflichtungen

Die Frage, ob das diplomatische Asyl auf Grund menschenrechtlicher Erwägungen in rechtmäßiger Weise gewährt werden kann, ist an dieser Stelle zu bejahen. Das diplomatische Asyl schränkt die Territorialhoheit des Empfangsstaates ein und verstößt damit grundsätzlich gegen das Interventionsverbot.[702] In dieser Hinsicht ist es mit der humanitären Intervention vergleichbar. Auch diese steht im Konflikt mit dem Interventionsverbot. Für die humanitäre Intervention wurde der Gedanke entwickelt, dass kein Verstoß gegen das Interventionsverbot vorliegt, wenn der fremde Staat sich menschenrechtlich verpflichtet und damit den Bereich seiner alleinigen Zuständigkeit beschränkt hat. Eine menschenrechtliche Verpflichtung führt dann dazu, dass kein Eingriff in den Bereich der alleinigen Zuständigkeit und damit kein Verstoß gegen das Interventionsverbot vorliegt. Dieser Ansatz ist auf Grund der Vergleichbarkeit der beiden völkerrechtlichen Instrumente (beide Instrumente verstoßen zum Schutz der Menschenrechte grundsätzlich gegen das Interventionsverbot) auf das diplomatische Asyl übertragbar.

Für das diplomatische Asyl führt dies – anders als bei der humanitären Intervention, die darüber hinaus auch gegen das Gewaltverbot verstößt – dazu, dass die gesamte Maßnahme rechtmäßig ist. In dem Fall, in dem das Interventionsverbot auf Grund menschenrechtlicher Verpflichtungen nicht betroffen ist, wird der Schutzschild der Territorialhoheit, nämlich das Interventionsverbot, auf Grund der menschenrechtlichen Verpflichtungen verkürzt. Damit greift die Gewährung diplomatischen Asyls nicht in den durch das Interventionsverbot geschützten Bereich der Territorialhoheit ein.

Eine menschenrechtliche Verpflichtung des Empfangsstaates führt zur Rechtmäßigkeit des diplomatischen Asyls, wenn folgende Voraussetzungen erfüllt sind:

1.) das diplomatische Asyl muss zum Schutz von Menschenrechten gewährt werden,

2.) bezüglich genau dieser Menschenrechte muss sich der Empfangsstaat völkerrechtlich verpflichtet und dadurch den Bereich seiner alleinigen Zuständigkeit eingeschränkt haben[703] und

3.) der Entsendestaat muss eben diese Verpflichtung auch eingegangen sein, damit er zur Gewährung des diplomatischen Asyls aktivlegitimiert ist.

---

702 Siehe S. 21.

703 Ausnahme ist eine Verpflichtung durch die EMRK, die ein self-contained régime darstellt und daher das diplomatische Asyl als eine Maßnahme zum Schutz ihrer Menschenrechte ausschließt. s. S. 108 f.

Sofern diese Voraussetzungen erfüllt sind, ist die Gewährung diplomatischen Asyls auf Grund menschenrechtlicher Erwägungen rechtmäßig.

E) Besonderheiten anderer Fallkonstellationen

Beim diplomatischen Asyl sind – wie bereits erwähnt[704] – mehrere Fallkonstellationen denkbar. Der „klassische“ Fall des diplomatischen Asyls, in dem ein Staatsangehöriger des Empfangsstaates in die Botschaft des Entsendestaates flüchtet, wurde im vorangegangenen Teil der Arbeit auf seine Rechtmäßigkeit hin untersucht: Dabei wurde festgestellt, dass eine rechtmäßige Gewährung des diplomatischen Asyls nur auf Grund einer rechtfertigenden Zustimmung des Empfangsstaates[705] oder auf Grund menschenrechtlicher Verpflichtungen des Empfangsstaates[706] möglich ist. Im Folgenden soll geprüft werden, ob sich an dem gefundenen Ergebnis bei einer der anderen Fallkonstellationen etwas ändert, beziehungsweise, welche Besonderheiten in diesen Fällen gegeben sind.

I) Der Flüchtling ist Staatsangehöriger des Entsendestaates

Wenn der Flüchtling Staatsangehöriger des Entsendestaates ist, untersteht er nicht nur, wie alle Personen, die sich auf dem Staatsgebiet des Empfangsstaates befinden, der Territorialhoheit des Empfangsstaates[707], sondern auch weiterhin der Personalhoheit des Entsendestaates[708]. Dieser ist daher berechtigt diplomatischen Schutz für seine Staatsangehörigen auszuüben.[709] Dies führt zu der Frage, ob sich auf Grund dieser Tatsache etwas an der Beurteilung der Rechtmäßigkeit der Gewährung diplomatischen Asyls ändert. Denkbar wäre, dass der diplomatische Schutz dazu führt dass die Gewährung diplomatischen Asyls völkerrechtlich gestattet ist. Dies soll in der Folge geprüft werden.

1) Das diplomatische Asyl als diplomatischer Schutz

Unter diplomatischem Schutz wird der repressive oder präventive Schutz natürlicher und juristischer Personen gegenüber völkerrechtswidrigen Handlungen einer fremden Hoheitsgewalt verstanden.[710] Darunter lässt sich das diplomatische Asyl als Schutz des Flüchtlings, also einer natürlichen Person, vor dem Empfangsstaat grundsätzlich subsumieren.[711]

---

704 Siehe S. 6.

705 Vgl. S. 81 ff.

706 Dazu S. 89 ff.

707 Siehe S. 8.

708 Vgl. *Herdegen*, Völkerrecht, § 25 RN 1 mit § 26 RN 9; LdR-*Oehler*, S. 204; *Oppenheim/Lauterpacht*, § 123; *Seidl-Hohenveldern/Stein*, Völkerrecht, RN 1370; *Ungerer*, S. 58; *Verdross/Simma*, Völkerrecht, § 1225.

709 Vgl. *Kitschenberg*, Diplomatisches Asyl, S. 126; *Ungerer*, Diplomatisches Asyl, S.58; *Verdross/Simma*, Völkerrecht, § 1226.

710 Vgl. Callies/Ruffert-*Kluth*, Art. 20 EGV, RN 5; *Carrie*, Diplomatisches Asyl, S. 195; *Geiger*, EGV/EUV, Art. 20 EGV, RN 1; *Hailbronner*, in: Ress/Stein, S. 27; *Ipsen*, Völkerrecht, § 24 RN 33; EPIL-*Geck*, Vol. 1, S. 1046; *Schilling*, AdV 35 (1997), S. 459, 460 f.

711 So im Ergebnis auch: *Carrie*, Diplomatisches Asyl, S. 194 ff.; *Ungerer*, Diplomatisches Asyl, S.60.

Weitere Voraussetzung für die Gewährung diplomatischen Schutzes ist, dass das Verhalten des Empfangsstaates, vor dem der Flüchtling geschützt werden soll, völkerrechtswidrig ist.[712] Dies ist bei einer Verletzung der Menschenrechte, zu deren Beachtung sich der Empfangsstaat völkerrechtlich verpflichtet hat, der Fall. Bei für den Empfangsstaat fremden Staatsangehörigen kommt außerdem eine Verletzung des völkerrechtlichen Fremdenrechts in Betracht. Dieses gewährt den Ausländern in einem fremden Staat einen gewissen Mindeststandard, der das Recht auf Rechtsfähigkeit beziehungsweise Rechtssubjektivität der Ausländer, das Sklavereiverbot, das Recht auf Leben, körperliche Unversehrtheit und Sicherheit der Person und das Recht auf Gleichheit vor Gesetz und Gericht einschließlich eines geordneten Verfahrens und rechtlichen Gehörs umfasst.[713] Bei Verletzungen dieses völkerrechtlichen Mindeststandards oder darüber hinausgehenden vertraglich zwischen den einzelnen Staaten vereinbarten[714] Fremdenrechten ist die Gewährung diplomatischen Schutzes durch die Botschaft des Staates, dessen Staatsangehörigkeit der in diesen Rechten Verletzte besitzt, grundsätzlich möglich.

Dieser diplomatische Schutz kann auch in Form des diplomatischen Asyls ausgeübt werden, da es auch bei der Gewährung diplomatischen Asyls zugunsten eigener Staatsangehöriger auf Grund völkerrechtswidrigem Verhalten des Empfangsstaates um den Schutz der eigenen Bürger vor eben einem solchen Verhalten eines fremden Staates geht.

Über die Völkerrechtswidrigkeit des fremden staatlichen Handelns hinaus muss als Voraussetzung für die rechtmäßige Gewährung diplomatischen Schutzes auf Seiten der Verletzten allerdings die „local remedies rule" erfüllt sein.[715] Diese besagt, dass der Schutzbegehrende zunächst alle ihm zur Verfügung stehenden innerstaatlichen rechtlichen Möglichkeiten, das Unrecht abzuwenden, ausgeschöpft haben muss, bevor ihm durch seinen Heimatstaat diplomatischer Schutz gewährt werden darf.[716] Für den Fall einer Asylgewährung auf Grund einer eiligen Notsituation stellt diese Voraussetzung grundsätzlich eine unüberwindliche Hürde für die Gewährung diplomatischen Asyls als diplomatischen Schutz dar. In einer derartigen Notsituation scheint die Pflicht zur Erschöpfung aller rechtlichen Möglichkeiten die Botschaft daran zu hindern, ihren eigenen Staatsangehörigen zu schützen. Betrachtet man dieses zunächst

---

712 Vgl. *Doehring*, Völkerrecht, RN 868; *Ipsen*, Völkerrecht, § 24 RN 33;

713 Vgl. *Carrie*, Diplomatisches Asyl, S. 197; *Ipsen*, Völkerrecht, § 50 RN 6; *Kitschenberg*, Diplomatisches Asyl, S. 128; *Ritterband*, Menschenrechtsschutz, S. 56;*ngerer*, Diplomatisches Asyl, S.58; *Oppenheim/Lauterpacht*, International Law, S. 627; *Verdross/Simma*, Völkerrecht, § 1213.

714 Vgl. *Doehring*, Völkerrecht, RN 868; *Ipsen*, Völkerrecht, §50 RN 2.

715 Vgl. *Doehring*, Völkerrecht, RN 874 ff.; EPIL-*Doehring*, Vol. 3, S. 241; *Herdegen*, Völkerrecht, § 27 RN 11; *Ipsen*, Völkerrecht, § 24 RN 38; *Kitschenberg*, Diplomatisches Asyl, S. 129; *Pergantis*, ZaöRVR 66 (2006), S. 351, 364; *Shaw*, International Law, S. 730; *Ungerer*, Diplomatisches Asyl, S.59.

716 Vgl. EPIL-*Doehring*, Vol. 3, S. 238; *Ipsen*, Völkerrecht, § 24 RN 38; *Shaw*, International Law, S. 730; IGH (*Interhandel*), ICJ Reports 1959, 5, 27.

unbefriedigend erscheinende Ergebnis näher, so ist festzustellen, dass zwischen verschiedenen Fällen unterschieden werden muss:

a) Wenn der Flüchtling von Behörden des Empfangsstaates oder diesem zugeordneten Personen in seinen Rechten beschränkt wird, so ist der Weg des innerstaatlichen Rechtsschutzes zu gehen. Wenn dieser allerdings keinen Erfolg verspricht oder es sich um eine eilige Situation handelt und der Empfangsstaat kein Verfahren des vorläufigen Rechtsschutzes bereitstellt, so entfällt die Voraussetzung der local remedies rule für die Gewährung diplomatischen Schutzes. Diese Bedingung ist nämlich nur dann zu erfüllen, wenn ein ausreichender und effektiver Rechtsschutz im Empfangsstaat gegeben ist. Gibt es keinen innerstaatlichen Rechtsschutz oder ist dieser unzureichend, so greift die local remedies rule nicht ein.[717] In einem solchen Fall kann die Botschaft dem Flüchtling sofort diplomatischen Schutz und damit diplomatisches Asyl gewähren.

b) Wenn allerdings ein entsprechendes und effektives System des (vorläufigen) Rechtsschutzes besteht, so ist der Betroffene auf dieses zu verweisen. Er ist insofern rechtlich den Inländern gleichgestellt, denen es auch nicht möglich ist, eine weitere Instanz zur Durchsetzung ihrer Rechte einzubinden. In einem Staat, in dem ein derartiges effektives und rechtstaatliches Rechtsschutzsystem vorhanden ist, ist grundsätzlich auch nicht von einer unmittelbaren Gefährdung der Person auszugehen. Folglich ist dieser Weg zumutbar. In einem solchen Fall muss der Betroffene alle innerstaatlichen rechtlichen Möglichkeiten erschöpft haben, bevor ihm seine Botschaft diplomatischen Schutz gewähren kann.

c) Anders stellt sich die Situation dar, wenn der Betroffene durch Staatsangehörige des Empfangsstaates bedroht wird und der Empfangsstaat den Staatsangehörigen des Entsendestaates nicht hinreichend zu schützen in der Lage ist. In diesem Fall kann die Botschaft den Flüchtling sofort aufnehmen, falls dessen Leib oder Leben bedroht sind. Allerdings ist dies kein Fall des diplomatischen Asyls, sondern der vorübergehenden Zuflucht[718], die in derartigen Ausnahmesituationen gewährt werden kann. Sie berührt nicht die Territorialhoheit des Empfangsstaates, da die Botschaft in einem solchen Fall die dem Empfangsstaat obliegende Pflicht des Schutzes aller Personen, die sich auf seinem Staatsgebiet befinden, für diesen ausübt.[719]

Nach Betrachtung der verschiedenen Notfallsituationen, die sich für den Flüchtling ergeben können, kann festgehalten werden, dass grundsätzlich für die Gewährung diplomatischen Schutzes die Voraussetzung der local remedies rule erfüllt sein muss. Wenn allerdings kein ausreichender und effektiver Rechtsschutz im Empfangsstaat gewährleistet ist, so ist die Erfüllung der local remedies rule nicht erforderlich. Dies führt dazu, dass dem Flüchtling in Notsituationen, in denen er nicht durch das Rechts-

717 Vgl. *Doehring*, RN 877; *Ipsen*, Völkerrecht, § 24 RN 39; *Shaw*, International Law, S. 730 f.; *Verdross/Simma*, Völkerrecht, § 1306.

718 Vgl. dazu S. 5 f.

719 Siehe dazu S. 5 f.

system des Empfangsstaates geschützt ist, direkt diplomatischer Schutz gewährleistet werden kann.

Für den Fall, dass sich der Empfangsstaat gegenüber den Staatsangehörigen des Entsendestaates völkerrechtswidrig verhält und die local remedies rule erfüllt ist oder auf Grund der Tatsache, dass kein effektiver Rechtsschutz im Empfangsstaat gegeben ist, nicht erfüllt zu werden braucht, kann die Botschaft des Entsendestaates ihren eigenen Staatsangehörigen diplomatisches Asyl als Form des diplomatischen Schutzes gewähren.

2) Das diplomatische Asyl und die Botschaftsimmunität

Das Ergebnis, dass das diplomatische Asyl als eine Form des diplomatischen Schutzes dann rechtmäßig ist, wenn die Voraussetzungen die für den diplomatischen Schutz gelten, erfüllt sind, könnte auch zu einer veränderten Beurteilung der Botschaftsimmunität führen. Grundsätzlich ist die Gewährung diplomatischen Asyls eine rechtsmissbräuchliche Ausnutzung der Immunität[720]. Im Falle der Gewährung diplomatischen Asyls zugunsten eigener Staatsangehöriger könnte diese Bewertung anders ausfallen, da die Asylgewährung als eine Form des diplomatischen Schutzes ausgeübt werden kann und damit eine Aufgabe der Botschaft sein könnte, zu deren Zweck der Botschaft die Immunität nach Art. 22 I WÜD[721] in Verbindung mit 41 III WÜD[722] gewährt wird. Aus Art. 41 III WÜD ergibt sich, dass, wenn die Gewährung diplomatischen Schutzes vereinbar ist mit den Aufgaben der Mission, die Ausübung des diplomatischen Schutzes keine rechtsmissbräuchliche Ausnutzung der Botschaftsimmunität ist. Die Aufgaben der Mission sind in Art. 3 I WÜD exemplarisch aufgezählt. Danach ist

> „Aufgabe einer Mission (...) unter anderem,
>
> a) (...)
>
> b) die Interessen des Entsendestaates und seiner Angehörigen im Empfangsstaat innerhalb der völkerrechtlich zulässigen Grenzen zu schützen".

Der diplomatische Schutz ist ein anerkannter Bestandteil des allgemeinen Völkerrechts, dessen Sinn der Schutz der eigenen Staatsangehörigen ist. Demnach ist er eine Möglichkeit die eigenen Staatsangehörigen „innerhalb der völkerrechtlich zulässigen Grenzen zu schützen" und stellt somit eine Aufgabe der Botschaften dar. Der diplomatische Schutz ist also nicht nur mit den Aufgaben einer Mission vereinbar, sondern stellt sogar selbst eine Botschaftsaufgabe dar. In dem Fall der Gewährung diplomatischen Schutzes kommt es daher nicht zu einer rechtsmissbräuchlichen Ausnutzung der

720 Vgl. S. 8 ff.

721 „Die Räumlichkeiten der Mission sind unverletzlich. (...)"

722 „Die Räumlichkeiten der Mission dürfen nicht in einer Weise benutzt werden, die unvereinbar ist mit den Aufgaben der Mission, wie sie in diesem Übereinkommen, in anderen Regeln des allgemeinen Völkerrechts oder in besonderen, zwischen dem Entsendestaat und dem Empfangsstaat in Kraft befindlichen Übereinkünften niedergelegt sind."

Botschaftsimmunität.[723] Das gilt auch dann, wenn der diplomatische Schutz in Form der Gewährung diplomatischen Asyls ausgeübt wird.

3) Ergebnis: diplomatisches Asyl zugunsten eigener Staatsangehöriger

Das diplomatische Asyl zugunsten eigener Staatsangehöriger unterscheidet sich insofern vom „klassischen" Fall des diplomatischen Asyls, in dem einem Staatsangehörigen des Empfangsstaates diplomatisches Asyl gewährt wird, als dass in ersterem das diplomatische Asyl eine Form des diplomatischen Schutzes darstellen kann. Damit ist, sofern die für den diplomatischen Schutz geltenden Voraussetzungen (Völkerrechtswidrigkeit des Verhaltens des Empfangsstaates und Einhaltung der local remedies rule) gegeben sind, die Gewährung diplomatischen Asyls zugunsten eigener Staatsangehöriger rechtmäßig. Da die Gewährung diplomatischen Schutzes außerdem zu den Aufgaben einer Botschaft gehört, kommt es bei der den Voraussetzungen des diplomatischen Schutzes entsprechenden Gewährung diplomatischen Asyls zugunsten eigener Staatsangehöriger auch nicht zu einer rechtsmissbräuchlichen Ausnutzung der Botschaftsimmunität.

II) Der Entsendestaat ist Schutzmacht für die Staatsangehörigen eines anderen Staates (Bsp.: EU-Staaten)

Als nächstes soll die Konstellation betrachtet werden, bei welcher der Entsendestaat zur Schutzmacht für den Staatsangehörigen eines anderen Staates bestellt wurde. Grundsätzlich ist ein fremder Staatsangehöriger für eine Botschaft immer auch als fremder Staatsangehöriger zu behandeln.[724] Das bedeutet, dass er entweder ein Staatsangehöriger des Empfangsstaates oder eines dritten Staates ist. In ersterem Fall würde es sich um den bereits untersuchten „klassischen" Fall des diplomatischen Asyls handeln,[725] während letzteres Fall noch einer Untersuchung bedarf.[726] Jedenfalls kann der fremde Flüchtling grundsätzlich nicht von den Vorzügen des diplomatischen Schutzes, der nur für eigene Staatsangehörige gilt, profitieren.[727]

Anders stellt sich diese Situation dar, wenn Staaten untereinander vereinbaren, dass der eine Staat als Schutzmacht für die Staatsangehörigen des anderen Staates auftritt.[728] [729] In einem solchen Fall kann der zum Schutz der fremden Staatsangehörigen ermächtigte Staat, diejenigen Rechte ausüben, die dem ermächtigenden Staat zustehen.[730] Dazu gehört auch der diplomatische Schutz und folglich auch das diplomati-

---

723 So im Ergebnis auch: *Ungerer*, Diplomatisches Asyl, S. 60.

724 Vgl. *Hailbronner*, in: Ress/Stein, S. 27, 28.

725 Vgl. dazu S. 8 ff.

726 Diese ist ab S. 118 ff. zu finden.

727 Vgl. Callies/Ruffert-*Kluth*, Art. 20 EGV, RN 1.

728 Vgl. Callies/Ruffert-*Kluth*, Art. 20 EGV, RN 5; *Ipsen*, Völkerrecht, § 24 RN 36; EPIL-*Raub*, Vol. 3, S. 1147.

729 In der Praxis erfolgt beispielsweise die diplomatische Vertretung der Bürger Liechtensteins durch die Schweiz (*Ipsen*, Völkerrecht, § 24 RN 36).

730 *Ipsen*, Völkerrecht, § 24 RN 36.

sche Asyl als diplomatischer Schutz. Dieses kann der berechtigte Staat für den Heimatstaat des Flüchtlings ausüben.

In der Europäischen Union (EU) gibt es eine derartige Vereinbarung. Art. 20 EGV (Vertrag zur Gründung der Europäischen Gemeinschaft)[731] bestimmt, dass

> „(j)eder Unionsbürger[732] (...) im Hoheitsgebiet eines dritten Landes, in dem der Mitgliedstaat, dessen Staatsangehörigkeit er besitzt, nicht vertreten ist, den diplomatischen und konsularischen Schutz eines jeden Mitgliedstaates unter den selben Bedingungen (genießt) wie Staatsangehörige dieses Staates“

Damit wird jeder Staat der EU zur Schutzmacht für die Staatsangehörigen eines anderen Mitgliedstaates, wenn dieser in einem Land, in dem ersterer diplomatisch vertreten ist, keine diplomatische Vertretung besitzt. Das bedeutet, dass ein EU-Staat, sofern die Voraussetzungen des diplomatischen Schutzes (völkerrechtswidriges Verhalten des Empfangsstaates und Erfüllung der local remedies rule) erfüllt sind[733], in seiner Botschaft einem Staatsangehörigen eines anderen EU-Staates, der keine diplomatische Vertretung in diesem Land hat, diplomatischen Schutz[734] und damit diplomatisches Asyl gewähren darf.

Für den Fall, dass zwei oder mehrere Staaten untereinander vereinbart haben, dass der eine für die Staatsangehörigen des anderen als Schutzmacht auftreten soll, kann der ermächtigte Staat daher nicht nur seinen eigenen Staatsangehörigen, sondern auch den Staatsangehörigen des ermächtigenden Staates, unter den Voraussetzungen, die die Ermächtigung vorsieht, und denen des diplomatischen Schutzes diplomatisches Asyl gewähren.

III) Der Flüchtling ist sowohl für den Empfangs- als auch für den Entsendestaat ein Drittstaatler

Ein Drittstaatler ist ein Staatsbürger eines sowohl vom Empfangs- als auch vom Entsendestaat verschiedenen Staates, der den Entsendestaat auch nicht zu einer Schutzmacht für seine Staatsangehörigen berufen hat. Damit entfällt eine Rechtfertigung durch den diplomatischen Schutz, der nur für eigene Staatsangehörige[735] beziehungsweise für Staatsangehörige, für die der Entsendestaat Schutzmacht ist,[736] gilt. Dennoch könnten sich Unterschiede zum „klassischen“ Fall des diplomatischen Asyls ergeben, da der Flüchtling nicht nur der Territorialhoheit des Empfangstaates untersteht,[737]

731 In der jüngsten Fassung: BGBl. 1999 II, S. 416.

732 Art. 17 EGV bestimmt: „(1) (...) Unionsbürger ist, wer die Staatsangehörigkeit eines Mitgliedstaates besitzt. (...)“

733 Vgl. dazu S. 113 ff.

734 Bestätigend: G/H-*Hilf*, Art. 20 EGV, RN 2; Streinz-*Magiera*, Art. 20 EGV, RN 3.

735 Siehe dazu S. 113 ff.

736 Vgl. dazu S. 117 f.

737 Siehe S. 8 ff.

sondern auch der Personalhoheit des Drittstaates.[738] Das führt dazu, dass die Gewährung diplomatischen Asyls zugunsten eines Drittstaatlers unter diesen beiden Gesichtspunkten betrachtet werden muss.

1) Personalhoheit des Drittstaates

Mit dem Begriff der Personalhoheit wird die Autorität des Staates über seine eigenen Staatsangehörigen bezeichnet.[739] Die Personalhoheit erlaubt es dem Staat darüber hinaus auch denjenigen Staatsangehörigen Regeln aufzuerlegen, die sich nicht auf seinem Staatsgebiet befinden.[740] Allerdings sind diese Regeln auf fremdem Territorium nicht durchsetzbar.[741]

Damit kann der Drittstaat zwar ein Interesse an der Verfolgung des Flüchtlings im Empfangsstaat haben, er kann dieses aber nicht aktiv verfolgen, sondern ist auf die Verfolgung des Staates, in dem sich der Flüchtling befindet, angewiesen. Ein Recht auf die Verfolgung seines Staatsangehörigen durch den fremden Staat hat der Drittstaat allerdings nur dann, wenn er den Staat, in dem sich der Flüchtling aufhält, völkerrechtlich verpflichten konnte, den Flüchtling zu verfolgen oder sogar auszuliefern. Nur aus dieser völkerrechtlichen Vereinbarung heraus kann der Drittstaat die Verfolgung und Auslieferung seines Staatsangehörigen verlangen. Die Personalhoheit gibt ihm dieses Recht nicht. Sie beinhaltet zwar auch Rechte gegenüber anderen Staaten, doch sind diese auf den diplomatischen Schutz beschränkt.[742]

Dies gilt auch dann, wenn der Drittstaatler in die Botschaft eines Staates flüchtet, mit dem der Drittstaat ein derartiges völkerrechtliches Auslieferungsabkommen geschlossen hat. Auf Grund eines solchen Abkommens ist der Botschaftsstaat völkerrechtlich verpflichtet, den Flüchtling auszuliefern. Wenn er trotzdem dem Flüchtling diplomatisches Asyl gewährt, verstößt er gegen das mit dem Drittstaat geschlossene völkerrechtliche Abkommen, nicht aber gegen die Personalhoheit des Drittstaates, aus der die Pflicht zur Auslieferung nicht hergeleitet werden kann[743]. Eine völkerrechtliche Gestattung des diplomatischen Asyls kann, da es in diesem Fall gegen ein völkerrechtliches Abkommen verstößt, allein durch eine Vertragsänderung erfolgen.[744]

---

738 Vgl. *Herdegen*, Völkerrecht, § 25 RN 1 mit § 26 RN 9; LdR-*Oehler*, S. 204; *Oppenheim/Lauterpacht*, International Law, § 123; *Seidl-Hohenveldern/Stein*, Völkerrecht, RN 1370; *Ungerer*, Diplomatisches Asyl, S.58; *Verdross/Simma*, Völkerrecht, § 1225.

739 Vgl. *Herdegen*, Völkerrecht, § 25 RN 1; *Verdross/Simma*, Völkerrecht, § 388.

740 Vgl. *Hailbronner*, in: Ress/Stein, S. 27, 28; *Herdegen*, Völkerrecht, § 26 RN 9; *Seidl-Hohenveldern/Stein*, Völkerrecht, RN 1363 u. 1370; *Verdross/Simma*, Völkerrecht, § 1225.

741 Dazu *Seidl-Hohenveldern/Stein*, Völkerrecht, RN 1364 u. 1370; dies ergibt sich auch aus einem Umkehrschluss zu *Verdross/Simma*, Völkerrecht, § 1225 a. E.

742 Vgl. *Ipsen*, Völkerrecht, § 24, wo nur der diplomatische Schutz als Recht des Staates genannt wird (RN 32 ff.); *Verdross/Simma*, Völkerrecht, § 1226.

743 Siehe S. 119 f.

744 Bei einer Vertragsänderung sind die dafür im Vertrag festgelegten Regeln zu beachten. Für den Fall, dass der Vertrag keine derartigen Regelungen trifft, sind die allgemeinen im Wiener Übereinkommen über das Recht der Verträge (BGBl. 1985 II, S. 927 ff.) vereinbarten Artikel zu be-

Eine rechtmäßige Gewährung des diplomatischen Asyls auf Grund menschenrechtlicher Verpflichtungen kommt hingegen nicht in Betracht, da die Argumentation, dass dann keine Intervention vorliege, wenn der Bereich der alleinigen Zuständigkeit eines Staates auf Grund menschenrechtlicher Verpflichtungen nicht betroffen sein könne,[745] auf den Fall einer Vertragsverletzung nicht übertragbar ist. Anders als die Einmischung in die Territorialhoheit und der damit verbundene Verstoß gegen das Interventionsverbot[746] kann ein Vertragsverstoß nicht durch Überlegungen und Einschränkungen zum Interventionsverbot rechtmäßig sein. Es kann den Staaten, die die Menschenrechte schützen wollen, daher nur geraten werden, keine Auslieferungsabkommen mit Staaten zu schließen, in denen es zu Menschenrechtsverletzungen kommt.

Wenn dieser Rat beherzigt wurde, also kein Auslieferungsabkommen zwischen Drittstaat und Entsendestaat abgeschlossen wurde, schränkt die Gewährung diplomatischen Asyls nur, wie beim „klassischen" Fall, die Territorialhoheit des Empfangsstaates ein.[747] Ein Eingriff in die Personalhoheit des Drittstaates kommt mangels daraus herzuleitender Rechte, gegen die der Botschaftsstaat verstoßen haben könnte, nicht in Betracht.[748] Für den Fall, dass kein Auslieferungsabkommen zwischen Entsendestaat und Drittstaat besteht, liegt mangels Vertragsverletzung keine Völkerrechtsverletzung gegenüber dem Drittstaat vor.

2) Territorialhoheit des Empfangsstaates

Für die Frage, ob die Gewährung diplomatischen Asyls an einen Drittstaatler gegen die Territorialhoheit des Empfangsstaates verstößt, sind zwei Fallgruppen zu unterscheiden. Der Drittstaatler wird vom Empfangsstaat verfolgt und der Empfangsstaat verfolgt den Drittstaatler nicht.

a) Der Drittstaatler wird vom Empfangsstaat verfolgt

Wenn der Drittstaatler vom Empfangsstaat verfolgt wird, ändert sich an der Ausgangssituation im Vergleich zur „klassischen" Fallkonstellation des diplomatischen Asyls nichts. Durch die Aufnahme des Flüchtlings in die Botschaft entzieht der Entsendestaat den Flüchtling der Ausübung der Territorialhoheit des Empfangsstaates, die sich auf alle Personen, die sich auf seinem Staatsgebiet befinden erstreckt[749]. Da der Entsendestaat sich im Falle eines Drittstaatlers auch nicht auf die Ausübung des diplomatischen Schutzes berufen kann, ähnelt diese Fallkonstellation dem „klassischen" Fall

---

achten.

745 Siehe S. 90 f.

746 Siehe S. 21.

747 Diesbezüglich gelten dann auch die zum „klassischen" Fall gemachten Ausführungen, vgl. dazu den vorangegangenen Teil der Arbeit.

748 Siehe S. 119 f.

749 Vgl. *Berber*, Völkerrecht, Bd. 1, S. 306; *Carrie*, Diplomatisches Asyl, S. 48; *Dahm*, Völkerrecht, Bd. I, S. 539 f.; *Doehring*, Völkerrecht, RN 808; *Herdegen*, Völkerrecht, § 23 RN 2, § 26 RN 2, 4 ff.; *Ipsen*, Völkerrecht, § 23 RN 3 ff.; *Oppenheim/Lauterpacht*, International Law, § 123; *Ungerer*, Diplomatisches Asyl, S. 32; *Verdross/Simma*, Völkerrecht, § 389.

des diplomatischen Asyls, in dem ein Staatsangehöriger des Empfangsstaates in die Botschaft aufgenommen wird. In beiden Fällen ist eine rechtmäßige Gewährung des diplomatischen Asyls nur auf Grund einer Zustimmung des Empfangsstaates[750] oder einer menschenrechtlichen Verpflichtung desselben[751] möglich.

Anders stellt sich die Situation dar, wenn der Empfangsstaat ein Interesse an der Verfolgung des Drittstaatlers hat. Ein Interesse an der Verfolgung des Flüchtlings kann der Empfangsstaat sowohl aus eigenen, als auch aus altruistischen (drittstaatlichen) Beweggründen heraus haben. Bei den altruistischen Beweggründen muss allerdings eine Verfolgungsermächtigung und -verpflichtung durch den Drittstaat in Form eines Auslieferungsabkommens vorliegen. Aus einem Auslieferungsabkommen mit dem Drittstaat, das den Empfangsstaat zur Verfolgung des Flüchtlings auf seinem Staatsgebiet und zur Auslieferung desselben verpflichtet, ergibt sich ein Verfolgungsinteresse des Empfangsstaates und damit ein Interesse desselben, seine Territorialhoheit gegenüber dem Flüchtling auszuüben.
So lag der Fall der Nordkoreaner, die in China in einer westlichen Botschaft diplomatisches Asyl suchten.[752] China hatte ein Auslieferungsabkommen mit Nordkorea abgeschlossen und dadurch ein eigenes Verfolgungsinteresse in Bezug auf die nordkoreanischen Flüchtlinge.
Die Territorialhoheit umfasst ein derartiges Verfolgungsinteresse, so dass die Gewährung diplomatischen Asyls auch in einem solchen Fall die Territorialhoheit des Empfangsstaates berührt. Für den Fall, dass der Flüchtling vom Territorialstaat verfolgt wird, ist es also im Hinblick auf die Einmischung in die Territorialhoheit irrelevant, ob der Flüchtling Staatsangehöriger des Empfangsstaates oder eines Drittstaates ist.

Bei der Frage, ob eine rechtmäßige Gewährung des diplomatischen Asyls auf Grund menschenrechtlicher Verpflichtungen[753] möglich ist, ist jedoch zu unterscheiden. Sofern der Empfangsstaat selber die Menschenrechte eines Drittstaatlers verletzt, ist die Möglichkeit einer rechtmäßigen Gewährung des diplomatischen Asyls zum Schutzes der Menschenrechte unter den gleichen Voraussetzungen, wie im „klassischen" Fall des diplomatischen Asyls[754] möglich.

Problematisch ist die Situation hingegen, wenn der Drittstaat die Menschenrechte des Flüchtlings verletzt und sich das Verfolgungsinteresse des Empfangsstaates ohne eigene Menschenrechtsverletzung allein auf Grund eines Auslieferungsabkommens mit dem Drittstaat ergibt.
Auch hier kann beispielhaft der Fall herangezogen werden, in dem Nordkoreaner in China in verschiedene Botschaften flohen. In diesem Fall verletzte China nicht selber die Menschenrechte der nordkoreanischen Flüchtlinge. Doch hatte es ein Auslieferungsabkommen mit Nordkorea geschlossen, das die Menschenrechte der Flüchtlinge

750 Siehe S. 81 ff.
751 Vgl. dazu S. 89 ff.
752 Siehe S. 35 f.
753 Vgl. dazu S. 89 ff.
754 Siehe zum „klassischen Fall" S. 8 ff.

verletzte. Auf Grund dieses Auslieferungsabkommens hatte China ein Verfolgungsinteresse an den Flüchtlingen und das diplomatische Asyl berührte die Territorialhoheit Chinas. Die Menschenrechtesverletzungen Nordkoreas können jedoch nicht zur Beurteilung der Rechtmäßigkeit dieser Einmischung in die Territorialhoheit Chinas durch den Entsendestaat herangezogen werden.
Eine menschenrechtliche Verpflichtung, die der Drittstaat eingegangen ist, wird in diesem Fall zwar verletzt, sie führt aber nicht dazu, dass der Bereich der alleinigen Zuständigkeit des Empfangsstaates eingeengt wird. Das diplomatische Asyl verstößt daher weiterhin gegen das Interventionsverbot und greift in den durch das Interventionsverbot geschützten Bereich der Territorialhoheit des Empfangsstaates ein. Denn eine menschenrechtliche Verpflichtung des Empfangsstaates führt zwar grundsätzlich zu der erforderlichen Einengung des Bereichs der alleinigen Zuständigkeit des Empfangsstaates und macht damit eine rechtmäßige Gewährung diplomatischen Asyls über die Menschenrechte möglich. Diese Verpflichtung wird jedoch, wenn nur der Drittstaat in die Menschenrechte des Flüchtlings eingreift, nicht verletzt. Der Abschluss und die Durchführung eines Auslieferungsabkommens stellen keine Menschenrechtsverletzung dar. Daher ist für den Fall, dass das Verfolgungsinteresse des Empfangsstaates allein auf Grund eines Auslieferungsabkommens mit dem Drittstaat besteht, eine rechtmäßige Gewährung diplomatischen Asyls auf Grund menschenrechtlicher Erwägungen nicht möglich. In diesem Fall bleibt allein die Möglichkeit einer Rechtfertigung des diplomatischen Asyls über die Zustimmung[755] des Empfangsstaates.

b) Der Drittstaatler wird nicht vom Empfangsstaat verfolgt

Für den Fall, dass der Drittstaatler nicht vom Empfangsstaat verfolgt wird, stellt sich die Situation insofern anders dar, als dass der Empfangsstaat kein Verfolgungsinteresse hat und damit kein Interesse daran hat, seine Territorialhoheit gegenüber dem Drittstaatler auszuüben. Der Aufenthaltsort des Flüchtlings ist für ihn ohne Belang, weshalb in einem solchen Fall davon auszugehen ist, dass der Empfangsstaat seine Zustimmung zu der Gewährung diplomatischen Asyls gewährt und damit die Rechtswidrigkeit der Asylgewährung entfällt.[756] Die Gefahr, völkerrechtswidrig zu handeln, ist für den Entsendestaat daher bei der Aufnahme eines Drittstaatlers, an dem der Empfangsstaat keinerlei Verfolgungsinteresse hat, deutlich geringer als im „klassischen" Fall des diplomatischen Asyls, bei dem gerade einem Staatsangehörigen des Empfangsstaates diplomatisches Asyl gewährt wird. Andererseits führt das mangelnde Verfolgungsinteresse des Empfangsstaates nicht automatisch zu einer Zustimmung zur Gewährung des diplomatischen Asyls, so dass zwar das Risiko völkerrechtswidrig zu handeln geringer, nicht aber ausgeschlossen ist. Der Empfangsstaat kann seine Zustimmung ohne Angabe von Gründen verweigern, dann bleibt die Asylgewährung rechtswidrig.

755 Siehe dazu S. 81 ff.

756 Bei der Einwilligung entfällt die Rechtswidrigkeit von vornherein, während sie bei der Genehmigung rückwirkend entfällt. Vgl. zur Zustimmung auch S. 81 ff.

Der Fall der Asylgewährung gegenüber einem vom Empfangsstaat nicht verfolgten Drittstaatlers unterscheidet sich daher in Bezug auf seine Rechtmäßigkeit allein in der Wahrscheinlichkeit, mit der der Empfangsstaat der Gewährung des diplomatischen Asyls zustimmt; ansonsten entspricht er rechtlich dem „klassischen“ Fall des diplomatischen Asyls und ist daher nur über die (wahrscheinlichere) Zustimmung[757] zu rechtfertigen, wenn nicht menschenrechtliche Bindungen zu einer rechtmäßigen Asylgewährung führen[758].

3) Ergebnis zum diplomatischen Asyl zugunsten von Drittstaatlern

Die Besonderheit bei der Gewährung diplomatischen Asyls zugunsten eines Drittstaatlers liegt darin, dass der Drittstaatler nicht nur, wie alle Personen auf einem Staatsgebiet, der Territorialhoheit des Empfangsstaates unterliegt, sondern weiterhin auch der Personalhoheit seines Heimatstaates. Aus der Personalhoheit selbst kann der Drittstaat jedoch keine über den diplomatischen Schutz hinausgehenden Rechte herleiten, so dass er, wenn er seine Personalhoheit durchsetzten möchte, auf die Hilfe des Staates angewiesen ist, auf dessen Hoheitsbereich der Flüchtling sich aufhält. Diese kann er durch ein Auslieferungsabkommen erzwingen. Wenn dann ein Botschaftsstaat einem Drittstaatler, mit dessen Heimatstaat er ein entsprechendes Auslieferungsabkommen geschlossen hat, diplomatisches Asyl gewährt, so verstößt er gegen dieses völkerrechtliche Abkommen.

Wenn nur der Entsendestaat mit dem Drittstaat ein Auslieferungsabkommen geschlossen hat und dem Flüchtling von einer anderen Botschaft, mit der ein derartiges Abkommen nicht geschlossen wurde, diplomatisches Asyl gewährt wird, so berührt der Entsendestaat nur die Territorialhoheit des Empfangsstaates, der auf Grund des Auslieferungsabkommens ein Verfolgungsinteresse besitzt. Im Verhältnis zum Drittstaat kann der Entsendestaat nur dann gegen das Völkerrecht verstoßen, wenn er mit diesem ein Auslieferungsabkommen geschlossen hat. Eine völkerrechtliche Gestattung wäre dann nur im Wege der Vertragsänderung, also im Einvernehmen mit dem Drittstaat, möglich.

Die Verletzung der Territorialhoheit ist hingegen wie beim „klassischen“ Fall des diplomatischen Asyls nur über die Zustimmung des Empfangstaates zu rechtfertigen, wenn nicht menschenrechtliche Verpflichtungen des Empfangsstaates dazu führen, dass die Asylgewährung rechtmäßig ist. Dabei unterscheidet sich der Fall, dass der Empfangsstaat den Flüchtling nicht verfolgt von dem, dass er ihn verfolgt in Bezug auf die Zustimmung nur insoweit, als dass die Wahrscheinlichkeit, dass der Empfangsstaat der Asylgewährung zustimmt, in ersterem Falle höher ist.

Im Hinblick auf die Menschenrechte ist jedoch eine weitere Unterscheidung zu treffen: Sofern der Empfangsstaat die Menschenrechte des Drittstaatlers verletzt, ist eine rechtmäßige Gewährung des diplomatischen Asyls auf Grund menschenrechtlicher

757 Siehe dazu S. 81 ff.
758 Vgl. S. 89 ff.

Verpflichtungen denkbar. Sofern aber der Drittstaat die Menschenrechte des Flüchtlings verletzt und das Verfolgungsinteresse des Empfangsstaats allein in einem Auslieferungsabkommen, das er mit dem Drittstaat abgeschlossen hat, begründet liegt, ist eine solche rechtmäßige Asylgewährung auf Grund menschenrechtlicher Verpflichtungen nicht möglich. Durch das Eingehen und Ausführen eines Auslieferungsvertrages verletzt der Empfangsstaat die Menschenrechte des Drittstaatlers nicht.

IV) Der Flüchtling ist ein Mehrstaatler

Im Folgenden soll sich der Konstellation zugewandt werden, dass der Flüchtling ein Mehrstaatler ist. Für den Fall, dass der Flüchtling Mehrstaatler ist, also mehrere verschiedene Staatsangehörigkeiten besitzt, stellt sich die Frage, welcher der Entsendestaaten, deren Staatsangehörigkeit der Flüchtling besitzt, ihm diplomatisches Asyl als Form des diplomatischen Schutzes gewähren darf, wenn er im Empfangsstaat verfolgt wird.

Diese Frage wird grundsätzlich unter Verweis auf das Prinzip der effektiven Staatsangehörigkeit[759] beantwortet. Danach ist darauf abzustellen, zu welchem Staat der Flüchtling die engste Beziehung besitzt, mit welchem Staat ihn ein Lebensband (genuine link) verbindet.[760] Das bedeutet, dass nur der eine Staat, zu dem der Flüchtlinge die engste Beziehung hat, ihm im Falle einer Verfolgung durch den Empfangsstaat, diplomatischen Schutz und damit diplomatisches Asyl als eine Form des diplomatischen Schutzes gewähren darf. Den anderen Staaten, deren Staatsangehörigkeit der Flüchtling zwar besitzt, zu denen er aber keine enge Beziehung hat, ist dies nicht gestattet. Als Begründung wird darauf verwiesen, dass dem Flüchtling kein Vorteil aus seiner Mehrstaatlichkeit erwachsen soll. (Aus diesem Grund darf auch eine Schutzmacht nur in den Staaten den diplomatischen Schutz für einen anderen Staat ausüben, wenn letzterer keine diplomatische Vertretung in diesen Staaten hat.)[761]

Besonders schwierig ist die Situation, wenn der Flüchtling nicht nur die Staatsangehörigkeit eines (oder mehrerer) Entsendestaaten innehat, sondern darüber hinaus auch die des verfolgenden Empfangsstaates besitzt. Lange Zeit galt der Grundsatz, dass dem Flüchtling kein diplomatischer Schutz in einem Land gewährt werden darf, dessen Staatsangehörigkeit er besitzt.[762]

---

759 Vgl. dazu *Doehring*, Völkerrecht, RN 871; G/H-*Hilf*, Art. 20 RN 10; *Hailbronner*, in: Ress/Stein, S. 27, 29 f.; *Herdegen*, Völkerrecht, § 25 RN 6; *Ipsen*, Völkerrecht, § 24 RN 34; *Kimminich/Hobe*, Völkerrecht, S. 89; *Seidl-Hohenveldern/Stein*, Völkerrecht, RN 1338; *Stein/v. Buttlar*, Völkerrecht, RN 570; *Verdross/Simma*, Völkerrecht, § 1197.

760 Kriterien zur Bewertung, ob ein derartiges Lebensband gegeben ist, können der ständige Wohnsitz, die vom Flüchtling verwendete Sprache oder die Frage, in welchem Land er wählt oder sich ansonsten am politischen oder gesellschaftlichen Leben beteiligt, sein.

761 Vgl. dazu Art. 20 EGV, auf S. 118.

762 *Ipsen*, Völkerrecht, § 24 RN 34; *Ungerer*, Diplomatisches Asyl, S.59; vgl. *Seidl-Hohenveldern/Stein*, Völkerrecht, RN 1337; vgl. auch die Ausführungen zu Art. 20 EGV: G/H-*Hilf*, Art. 20 RN 9; Streinz-*Magiera*, Art. 20 RN 7.

Dieser Grundsatz wird jedoch inzwischen durch das Prinzip der effektiven Staatsangehörigkeit, die durch den genuine link bestimmt wird,[763] eingeschränkt. Auch in derartigen Fällen, bei denen der Flüchtling sowohl die Nationalität des Entsende- als auch die des Empfangsstaates besitzt, soll es auf die Effektivität der Staatsangehörigkeit ankommen.[764] Wenn gegenüber dem Entsendestaat die effektivere Staatsangehörigkeit besteht, so soll es ihm auch in einem Land, dessen Staatsangehörigkeit der Flüchtling besitzt, möglich sein, diesem diplomatischen Schutz und damit diplomatisches Asyl zu gewähren.

Dafür spricht, dass es in der heutigen Zeit der Internationalisierung nicht nur von Wirtschaftsbeziehungen, sondern auch von persönlichen Beziehungen, immer häufiger zur Mehrstaatlichkeit kommt (beispielsweise, wenn Personen verschiedener Nationalität, deren Staaten jeweils das ius sanguis Prinzip[765] vertreten, heiraten und Kinder in einem Staat bekommen, in dem das ius soli Prinzip[766] gilt). Diese Kinder können mehrfache Staatsangehörigkeiten besitzen, ohne jemals in dem entsprechenden Heimatland ihrer Eltern gewesen sein zu müssen. Wenn diese Menschen in einem Staat, dessen Staatsangehörigkeit sie kraft Geburt besitzen, in dem sie sich aber eventuell das erste Mal befinden, verfolgt werden, so muss es dem Entsendestaat, dessen Staatsangehörigkeit sie auch besitzen und in dem sie ihr bisheriges Leben verbracht haben, möglich sein, seinen Staatsangehörigen zu schützen. Dies gilt umso mehr, als einige Staaten es ihren Staatsangehörigen fast unmöglich machen, ihre Staatsangehörigkeit abzulegen. Vielen Flüchtlingen, die aus ihren Ländern geflohen sind und die Staatsangehörigkeit ihres Aufnahmestaates angenommen haben, ist es nicht möglich ihre ursprüngliche Staatsangehörigkeit abzulegen. Wenn diese Menschen aus beruflichen oder privaten Gründen nach längerer Zeit in ihre ehemaligen Heimatstaaten zurückreisen müssen und dort einer unvorhergesehenen Verfolgung ausgesetzt sind, muss es dem von ihnen gewählten Heimatstaat möglich sein, ihnen diplomatischen Schutz zu gewähren.

Wie die Beispielsfälle jedoch schon zeigen, ist in den Fällen, in denen der Flüchtling die Staatsangehörigkeit des Entsende- und des Empfangsstaates besitzt, im Hinblick auf das Prinzip der Effektivität der Staatsangehörigkeit äusserste Vorsicht geboten. In Fällen, in denen eine deutliche Entscheidung über die Effektivität der Staatsangehörigkeit nicht zu fällen ist, sollte auf den alten Grundsatz zurückgegriffen werden, dass einem Flüchtling, in dem Land kein diplomatischer Schutz gewährt werden darf, dessen Staatsangehörigkeit er besitzt.

---

763 Siehe dazu S. 124.

764 G/H-*Hilf*, Art. 20 RN 9; *Hailbronner*, in: Ress/Stein, S. 27, 30 ff.; *Seidl-Hohenveldern/Stein*, Völkerrecht, RN 1339 ff.; Streinz-*Magiera*, Art. 20 RN 7; so auch das Schiedsgericht im Fall *Mergé*: RIAA XIV, S. 247: „The principle, based on the sovereign equality of States, which excludes diplomatic protection in the case of dual nationality, must yield before the principle of effective nationality whenever such nationality is that of the claiminig State."

765 Das Kind erhält die Staatsangehörigkeit der Eltern – auf den Geburtsort kommt es nicht an.

766 Das Kind erhält die Staatsangehörigkeit des Landes, in dem es geboren wird – auf die Nationalität der Eltern kommt es nicht an.

Entscheidendes Kriterium, welcher Heimatstaat eines Mehrstaatlers diesem diplomatischen Schutz und damit diplomatisches Asyl gewähren darf, ist die Effektivität der Staatsangehörigkeit. Wenn mehrere Entsendestaaten die Heimatstaaten eines Mehrstaatlers sind, so kann nur der eine Entsendestaat, zu dem der Flüchtling die engste und damit effektivste Beziehung hat, ihm diplomatisches Asyl als Form des diplomatischen Schutzes gewähren.

Auch wenn sowohl der Entsende- als auch der Empfangsstaat Heimatstaaten des Flüchtlings sind, kann der Entsendestaat diplomatischen Schutz und damit diplomatisches Asyl gewähren, wenn zu ihm offensichtlich die engere Bindung und damit die effektivere Staatsangehörigkeit besteht. Wenn aber keine offensichtlich effektivere Staatsangehörigkeit zu dem Entsendestaat besteht, so gilt der Grundsatz, dass kein diplomatischer Schutz in einem Land gewährt werden darf, dessen Staatsangehörigkeit der Schutzsuchende besitzt, weiterhin.

V) Der Flüchtling ist staatenlos

Zuletzt soll sich der Fallkonstellation zugewandt werden, dass der Flüchtling staatenlos ist. Wenn dies der Fall ist, besitzt der Flüchtling keine Staatsangehörigkeit und damit keinen Heimatstaat. In diesem Fall gibt es keinen Staat, unter dessen Personalhoheit er fällt und damit auch keinen Staat, der ihm diplomatischen Schutz gewähren könnte.[767] Andererseits ist er, wie jede Person, die sich auf dem Staatsgebiet des Empfangsstaates befindet, dessen Territorialhoheit unterworfen.

Damit ähnelt dieser Fall dem „klassischen" Fall des diplomatischen Asyls, bei dem der Flüchtling ein Staatsangehöriger des Empfangsstaates ist und damit nur dessen Territorial- (und Personal-)hoheit untersteht. In beiden Fällen befindet sich der Flüchtling allein im Hoheitsbereich des Empfangsstaates. Es ist daher kein Ausgleich verschiedener Interessenlagen zwischen dem Heimatstaat und dem Empfangsstaat nötig. Der Entsendestaat, der dem Flüchtling diplomatisches Asyl gewährt, kann sich nicht auf die Ausübung diplomatischen Schutzes berufen, da er, wie im „klassischen" Fall des diplomatischen Asyls, nicht der Heimatstaat des Flüchtlings ist.

Für den Fall, dass es sich bei dem Flüchtling um einen Staatenlosen handelt, gelten daher die zum „klassischen" Fall des diplomatischen Asyls erarbeiteten Grundsätze unverändert. Grundsätzlich ist eine Gewährung diplomatischen Asyls völkerrechtswidrig.[768] Allein im Falle einer Zustimmung durch den Empfangsstaat[769] oder auf Grund menschenrechtlicher Bindungen[770] ist eine rechtmäßige Asylgewährung möglich.

767 So auch *Doehring*, Völkerrecht, RN 858 a. E.
768 Siehe S. 80.
769 Siehe S. 81 ff.
770 Siehe dazu S. 89 ff.

F) Ergebnis

„One of the underlying reasons for the use of asylum (is), namely, that the only power who can safeguard an individual against a state is another state.“[771]

Mit dieser Aussage zeigt *Morgenstern* eines der zentralen Spannungsfelder des diplomatischen Asyls auf. Auf der einen Seite steht (in dem Zitat unausgesprochen) die zu respektierende Territorialhoheit des Empfangsstaates; auf der anderen Seite der Wunsch des Entsendestaates, einem im Empfangsstaat verfolgten Individuum zu helfen.

Diese Hilfe, so weiß der Entsendestaat, ist nur ihm als Staat möglich. Andere Wege, den Flüchtling zu schützen, ohne als Staat die Ausübung der Territorialhoheit des anderen Staates zu beschränken, sind nicht gegeben. Der Staat, der eine Person vor dem Staat, in dem der Flüchtling sich befindet, schützen will, ist auf Grund des Interventionsverbotes jedoch in aller Regel zur Untätigkeit verdammt.

Die lateinamerikanischen Staaten haben dieses Problem erkannt und sich ihm gestellt. Sie haben sich entweder durch Verträge oder durch Völkergewohnheitsrecht zur Anerkennung und Respektierung des diplomatischen Asyls verpflichtet. Damit ist ihnen der Schutz von Individuen gegen einen anderen Staat (innerhalb der gegenseitig anerkannten Grenzen) nicht nur faktisch auf Grund der Botschaftsimmunität möglich, sondern auch rechtlich erlaubt.

Im universellen Völkerrecht ist es hingegen bisher zu keiner rechtlichen Anerkennung des diplomatischen Asyls gekommen. Allein die vorübergehende Zuflucht wird als Möglichkeit der Schutzgewährung anerkannt. Diese gestattet die Aufnahme von Flüchtlingen in eine Botschaft, wenn Leib und Leben der verfolgten Personen bedroht sind und der Empfangsstaat sie nicht schützen kann. Da es aber Aufgabe jeden Staates ist, die auf seinem Territorium befindlichen Personen vor Leib- und Lebensgefährdungen zu schützten, übernimmt der asylgewährende Staat nur die Aufgabe des Empfangsstaates und schränkt nicht die Territorialhoheit desselben ein. Anders als die vorübergehende Zuflucht berührt das diplomatische Asyl die Ausübung der Territorialhoheit des Empfangsstaates. Diese Einmischung lässt sich jedoch in den – seltenen - Fälle einer Zustimmung des Empfangsstaates völkerrechtlich rechtfertigen.

Darüber hinaus kann die Asylgewährung aber auch in den Fällen, in denen der Empfangsstaat menschenrechtliche Verpflichtungen eingegangen ist und damit den Bereich seiner alleinigen Zuständigkeit selbst verengt hat, rechtmäßig sein. In diesen Fällen verstößt das diplomatische Asyl nicht gegen das Interventionsverbot und verletzt daher auch nicht den vom Interventionsverbot geschützten Bereich der Territorialhoheit. Allerdings muss gerade der asylgewährende Staat zur Asylgewährung berechtigt (also aktivlegitimiert) sein.

771 *Morgenstern*, BYIL 1948 (XXV), S. 236, 257.

Unter der Voraussetzung, dass sich der Empfangsstaat menschenrechtlich verpflichtet und damit den Bereich seiner alleinigen Zuständigkeit eingeengt hat, das diplomatische Asyl zum Schutz dieser Menschenrechte gewährt wird[772] und der asylgewährende Staat aktivlegitimiert ist[773], ist die Gewährung diplomatischen Asyls rechtmäßig.

Eine menschenrechtliche Verpflichtung kann sich aus dem Völkervertragsrecht und aus dem Völkergewohnheitsrecht ergeben. Im universellen Völkergewohnheitsrecht sind die sogenannten „Basismenschenrechte“ bestehend aus dem Recht auf Leben, den Verboten der Sklaverei und Folter, des Völker- und Massenmordes, der systematischen Rassendiskriminierung und der Verletzung elementarer justizieller Rechte anerkannt. Wenn der Empfangsstaat in diese Menschenrechte eines auf seinem Staatsgebiet befindlichen Individuums eingreift, so kann jeder Entsendestaat dem Flüchtling in rechtmäßiger Weise diplomatisches Asyl gewähren. Bei der Verletzung anderer Menschenrechte ist dies nur möglich, wenn eine weitergehende Verpflichtung des Empfangsstaates gegeben ist.

Es wäre jedoch wünschenswert, wenn auch in dieser Situation der Schutz eines Individuums, in dessen (Menschen-)Rechte eingegriffen wird, nicht nur faktisch auf Grund der Botschaftsimmunität, sondern auch rechtlich möglich wäre. Auf mittlere Sicht erstrebenswert erscheint daher eine rechtliche Regelung der Grundlagen und Voraussetzungen der Gewährung diplomatischen Asyls durch die Staaten. Auch außerhalb Lateinamerikas sollte das diplomatische Asyl auf eine vertragliche Grundlage gestellt werden. Denn, wie gesagt, können nur die Staaten einen Menschen vor einem verfolgenden Staat schützen. Darüber hinaus würde eine rechtliche Regelung des diplomatischen Asyls zu einem deutlichen Zugewinn an Rechtssicherheit führen.

Eine vertragliche Grundlage des diplomatischen Asyls würde den Verstoß gegen das Interventionsverbot von vornherein ausschließen, da ein Vertrag jede Materie des Völkerrechts der alleinigen Zuständigkeit eines Staates „entzieht“ und damit einen Verstoß gegen das Interventionsverbot undenkbar macht. Auch die Einmischung in die Ausübung der Territorialhoheit wäre durch eine vertragliche Grundlage gestattet und müsste nicht „auf dem Umweg“ über die Reichweite des Interventionsverbotes begründet werden.

Die Vorteile einer vertraglichen Regelung des diplomatischen Asyls reichen über die Lösung einiger akuter Fälle, in denen die Gewährung diplomatischen Asyls jedenfalls bei besonders schwerwiegenden Menschenrechtesverletzungen heute schon rechtmäßig ist, hinaus. Denn eine vertragliche Regelung würde nicht nur bewirken, dass die Gewährung diplomatischen Asyls auf eine weitere Grundlage gestellt wird, sondern auch zu einer Vereinheitlichung der Fälle, in denen diplomatisches Asyl gewährt werden darf, beitragen. In denjenigen Staaten, die sich bisher nur zur Einhaltung der

---

772 Eine Ausnahme bildet die EMRK, die als self-contained régime nicht zur Rechtfertigung des diplomatischen Asyls herangezogen werden kann. s. S. 108.

773 Dies ist der Fall, wenn der asylgewährende Staat die gleichen menschenrechtlichen Verpflichtungen eingegangen ist, wie der Empfangsstaat. s. S. 109 ff.

Kernmenschenrechte verpflichtet haben, wäre die Gewährung diplomatischen Asyls in den über diese Basismenschenrechte hinausgehenden Fällen möglich.

Ausdrücklich festzuhalten bleibt jedoch, dass eine weitergehenden menschenrechtliche Verpflichtung, als die in dem eventuellen Vertrag über das diplomatische Asyl geregelte, weiterhin zu einer rechtmäßigen Gewährung des diplomatischen Asyls auf Grund der menschenrechtlichen Verpflichtung führt. Eine vertragliche Regelung schränkt diese Möglichkeit nicht ein.

Bis es zu einer derartigen vertraglichen Regelung des diplomatischen Asyls gekommen ist, bleibt es aber dabei, dass eine rechtmäßige Asylgewährung nur in den Fällen einer menschenrechtlichen Verpflichtung des Empfangsstaates oder auf Grund dessen Zustimmung möglich ist.

Anhang – Fälle des internen Asyls

I) Deutschland (Bundesrepublik Deutschland)

Jahr	Empfangsstaat	Bemerkungen	Quelle
1830	Guatemala		774
1891/92	Chile	Der Präsident und seine Anhänger wurden nach seinem Sturz in verschiedenen Botschaften aufgenommen – das Asyl wurde vom Sieger anerkannt – sie konnten auf Kriegsschiffen das Land verlassen (Deutschland hat keine Flüchtlinge auf Kriegsschiffen aufgenommen)	775
1896	Sansibar (GB)	Aufnahme in einem Konsulat	776
1908	Haiti	Zunächst Aufnahme von Aufständischen in verschiedenen Botschaften – sie durften das Land auf Schiffen verlassen Später Aufnahme des gestürzten Präsidenten und dessen Anhänger – auch sie durften das Land verlassen	777 778
1908	Türkei	Aufnahme während eines Aufstandes – trotz Protest der türkischen Regierung verließen die Flüchtlinge auf einem britischen Kriegsschiff das Land	779
1909	Persien	Keine Aufnahme nach entsprechenden Anweisungen der deutschen Regierung	780
1912	Türkei		781
1914	Mexiko	Eigene Staatsangehörige während eines Aufstandes	782

774 Dazu *Moncada*, ZöR 1944 (XXIII), S. 403, 415; *Ungerer*, S. 81.

775 Vgl. *Kitschenberg*, S. 19; *Moncada*, ZöR 1944 (XXIII), S. 403, 411 f.; *Ungerer*, S. 75; *Volkening*, S. 38.

776 Vgl. *Kitschenberg*, S. 122; *Morgenstern*, BYB 1948 (XXV), S. 236, 243; *Sinha*, S. 27 FN 179 (S. 48); *Volkening*, S. 81.

777 Dazu *Moncada*, ZöR 1944 (XXIII), S. 403, 418; *Ungerer*, S. 84; *Volkening*, S. 54 f..

778 Zu diesem Fall *Hackworth*, S. 635; *Moncada*, ZöR 1944 (XXIII), S. 403, 419; *Ronning*, S. 105 u. 118; *Ungerer*, S. 84.

779 Hierzu *Moncada*, ZöR 1944 (XXIII), S. 403, 425; *Sinha*, S. 26 FN 172 (S. 48).

780 Hierzu *Moncada*, ZöR 1944 (XXIII), S. 403, 427.

781 Vgl. dazu *Moncada*, ZöR 1944 (XXIII), S. 403, 425 f.

782 Vgl. *Moncada*, ZöR 1944 (XXIII), S. 403, 420; *Ungerer*, S. 88.

Jahr	Empfangsstaat	Bemerkungen	Quelle
1915	Haiti	Aufnahme nach Sturz des Präsidenten	783
1923	Paraguay	Aufnahme verwundeter Revolutionäre	784
1936-39	Spanien	Während des Bürgerkrieges nahmen die verschiedensten Botschaften Flüchtlinge auf – nach den von Chile angestoßenen Verhandlungen vor dem Völkerbund konnten 1937 und 1939 Flüchtlinge aus den Botschaften evakuiert werden – am 12.10.1940 konnten die letzten Flüchtlinge ausreisen, obwohl Franco zunächst erklärt hatte, dass er das Asyl nicht anerkennen werde	785
1973/74	Chile	Aufnahme von Flüchtlingen in den verschiedensten Botschaften nach einem Staatsstreich Pinochets – Chile bemühte sich die Fluchten zu unterbinden, dabei wurden auch Flüchtlinge von der Polizei getötet – dem diplomatischen Korps wurde es untersagt mit Fahrzeugen durch die Stadt zu fahren und Flüchtlinge aufzunehmen – letztlich Gestattung der freien Ausreise	786
1975	Portugal	Vorübergehende Zuflucht nach Putschversuch – nach Verhandlungen wurde den Flüchtlingen ein ordentlicher Prozess zugesichert	787
1985	DDR	DDR-Flüchtlinge	788
1984/85	Tschechoslowakei		
1985	Polen		

783 Dazu *Moncada*, ZöR 1944 (XXIII), S. 403, 419; *Morgenstern*, BYB 1948 (XXV), S. 236, 246; *Ungerer*, S. 84; *Volkening*, S. 56.

784 Vgl. *Moncada*, ZöR 1944 (XXIII), S. 403, 421 f.; *Strachwitz*, S. 116 ff.

785 Dazu *Carrie*, S. 36 u. 91 f.; *Hackworth*, S. 631 f.; *Kimminich*, Rechtsstatus, S. 101 u. 103 f.; *Kitschenberg*, S. 10, 25 u. 117; *Moncada*, ZöR 1944 (XXIII), S. 403, 441 ff.; *Morgenstern*, BYB 1948 (XXV), S. 236, 246; *Ronning*, S. 17 f.; *Sinha*, S. 29 ff. u. 29 FN 188 (S. 49); *Ungerer*, S. 48; *v. Pollern*, S. 97; *Whiteman*, S. 446 ff.

786 Vgl. nur *Carrie*, S. 93 f. und *v. Pollern*, S. 98 u. 105.

787 Vgl. *Carrie*, S. 99; *v. Pollern*, S. 98.

788 Vgl. nur The New York Times v. 1.2.1984, S. 3; 26.2., S. 8; 2.3., S. 3; 5.1.1985, S. 3.

Jahr	Empfangsstaat	Bemerkungen	Quelle
1985	Ungarn		
1988	Kuba	Kubaner, die in die USA ausreisen wollten	789
1988	Südafrika	Aufnahme schwarzer politischer Gefangener – ihnen wurde ein Straferlass zugesichert	790
1989	DDR	DDR-Flüchtlinge	791
1989	Polen		
1989	Tschechoslowakei		
1989	Ungarn		
1990	Albanien	Aufnahmen nach Aufständen in verschiedenen Botschaften	792
1990	Kuba	Aufnahme von 60 Personen in verschiedenen Botschaften – Kuba garantierte denjenigen, die die Botschaften freiwillig verließen, Straffreiheit, den anderen drohte Kuba, dass sie Dauergäste in den Botschaften würden – die meisten gaben auf!	793
1990	Liberia	Aufnahme während eines Bürgerkrieges in verschiedenen Botschaften (darunter auch eigener Staatsangehöriger)	794
1994	Kuba	Aufnahme vieler Kubaner, die das Land verlassen wollen, in den verschiedenen Botschaften	795
1995	Kuba	6 Kubaner waren gewaltsam in die Botschaft eingedrungen, um Kuba zu verlassen – 2 von ihnen verließen die Botschaft wieder	796

789 Vgl. *Carrie*, S. 99.
790 Dazu *Carrie*, S. 99.
791 Siehe dazu im Text S. 41 ff.
792 Vgl. nur *Carrie*, S. 94 ff. u. 113.
793 Dazu *Carrie*, S. 96 f.
794 Dazu *Carrie*, S. 97 f.
795 Vgl. nur NZZ v. 14.6.1994, S. 2; 21.6., S. 2; 23.6., S. 2.
796 Vgl. BBC v. 26.1.1995.

Jahr	Empfangsstaat	Bemerkungen	Quelle
1996	Indonesien	Die Osttimorer werden von der deutschen Botschaft nicht aufgenommen, obwohl ihnen Folter droht	797
2002	China	Nordkoreaner, die später über Singapur nach Südkorea ausreisen durften	798
2004	China	Aufnahme von Nordkoreanern in der deutschen Schule – sie konnten nach Südkorea ausreisen	799
2005	Togo	Aufnahme des Innenministers, der wegen der Befürchtung massiver Wahlfälschungen die Wahlen verschieben wollte	800

II) Frankreich

Jahr	Empfangsstaat	Bemerkungen	Quelle
1750	Rom	Neapolitaner – der französische Botschafter wollte die Flüchtlinge aus Rom hinausbringen, dabei wurde er angehalten und die Flüchtlinge wurden verhaftet – sie wurden freigelassen, aber Frankreich musste Reparationen zahlen	801
1849	Dominikanische Republik		802
1858	Chile		803
1858	Venezuela	Aufnahme des gestürzten Präsidenten und zwei seiner Anhänger in die Wohnung des Gesandten – die Behörden drangen in die Wohnung ein und verhafteten sie	804

797 Vgl. FAZ v. 18.4.1996, S. 7.
798 Vgl. nur Die Welt v. 27.4.2002, S. 5 FAZ v. 2.6.2002, S. 2; NZZ v. 15.9.2002, S. 9.
799 Vgl. nur Die Welt v. 17.7.2004, S. 6.
800 Dazu FAZ v. 30.4.2005, S. 1, 2; 2.5., S. 8; 6.5., S. 5.
801 Dazu *Ronning*, S. 14.
802 Hierzu *Ronning*, S. 131.
803 Vgl. *Moncada*, ZöR 1944 (XXIII), S. 403, 411; *Ungerer*, S. 75.
804 Dazu *Moncada*, ZöR 1944 (XXIII), S. 403, 424 f.; *Moore*, S. 843 f.; *Ronning*, S. 67 u. 159 ff.; *Sinha*, S. 236; *Ungerer*, S. 31 FN 79 u. 95; *Volkening*, S. 45.

Jahr	Empfangsstaat	Bemerkungen	Quelle
1862	Griechenland	Aufnahme der königlichen Familie auf einem Schiff während eines Aufstandes	805
1865	Peru	Peru verlangte die Übergabe, die Frankreich aus Gründen der Humanität verweigerte	806
1867	Peru	Peru verweigerte dem Asyl die Anerkennung	807
1876	Haiti	Aufnahme des gestürzten Präsidenten – er konnte auf einem französischen Kriegsschiff entkommen (einer seiner Minister wurde auf dem Weg in die Botschaft von der Bevölkerung erschlagen)	808
1878	Haiti	Aufrührer gegen den Präsidenten wurden von verschiedenen Botschaften aufgenommen – Haiti verzichtete auf die Verfolgung und erlaubte die Einschiffung der Flüchtlinge	809
1881	Haiti	Aufnahme eines geschlagenen Aufständischen in das Konsulat	810
1881	Türkei	Der Autor der Verfassung wurde im Konsulat aufgenommen – das diplomatische Korps verweigerte seine Übergabe	811
1884	Haiti	Aufnahme eines angeblichen Mörders – der französische Außenminister wies seinen Botschafter an dem Übergabeverlangen Haitis nicht nachzukommen	812
1890	Haiti	Haiti forderte die Übergabe der Flüchtlinge, die es für gewöhnliche Verbrecher hielt – die anderen Flüchtlinge konnten auf Schiffen das Land verlassen	813

805 Dazu *Moncada*, ZöR 1944 (XXIII), S. 403, 406.

806 Vgl. dazu *Kitschenberg*, S. 15; *Moore*, S. 836 f.; *Moncada*, ZöR 1944 (XXIII), S. 403, 423; *Sinha*, S. 235; *Volkening*, S. 42.

807 Vgl. *Ronning*, S. 16 u. 74; *Oppenheim/Lauterpacht*, S. 794.

808 Hierzu *Moore*, S. 815; *Moncada*, ZöR 1944 (XXIII), S. 403, 417; *Ungerer*, S. 83; *Volkening*, S. 51.

809 Vgl. *Moore*, S. 816 f.; *Moncada*, ZöR 1944 (XXIII), S. 403, 417; *Sinha*, S. 232; *Ungerer*, S. 83; *Volkening*, S. 51.

810 Vgl. *Moore*, S. 817; *Volkening*, S. 51 f.

811 Dazu *Sinha*, S. 26 FN 172 (S. 47).

812 Dazu *Volkening*, S. 56.

813 Vgl. dazu *Moncada*, ZöR 1944 (XXIII), S. 403, 417; *Ungerer*, S. 84; *Volkening*, S. 52.

Jahr	Empfangsstaat	Bemerkungen	Quelle
1891/92	Chile	Der Präsident und seine Anhänger wurden nach seinem Sturz in verschiedenen Botschaften aufgenommen – das Asyl wurde vom Sieger anerkannt – sie konnten auf Kriegsschiffen das Land verlassen (Frankreich hat keine Flüchtlinge auf Kriegsschiffen aufgenommen)	814
1894	China	Aufnahme von zwei Japanern in der französischen Konzession – dort wurden sie unter Spionageverdacht festgenommen sie wurden dann in einem us-amerikanischen Konsulat aufgenommen	815
1908	Marokko	Aufnahme der Paschas der Oppositionspartei in einem Konsulat – teilweise wurden die Flüchtlinge zu Schiffen begleitet	816
1908	Haiti	Zunächst Aufnahme von Aufständischen in verschiedenen Botschaften – sie durften das Land auf Schiffen verlassen Später Aufnahme des gestürzten Präsidenten und dessen Anhänger – auch sie durften das Land verlassen	817 818
1913	Peru	Aufnahme von Mitgliedern der gestürzten Regierung in verschiedenen Botschaften – Peru ist scheinbar einverstanden	819
1915	Haiti	Aufnahme des Präsidenten – die Bevölkerung drang in die Botschaft ein und ermordete ihn – die neue Regierung leistete deswegen völkerrechtliche Genugtuung	820
1930	Mexiko	Aufnahme in einem Konsulat	821

814 Vgl. *Kitschenberg*, S. 19; *Moncada*, ZöR 1944 (XXIII), S. 403, 411 f.; *Ungerer*, S. 75; *Volkening*, S. 38.

815 Bei *Volkening*, S. 82.

816 Dazu *Volkening*, S. 81.

817 Zu diesem Fall *Moncada*, ZöR 1944 (XXIII), S. 403, 418; *Ungerer*, S. 84; *Volkening*, S. 54 f.

818 Dazu *Hackworth*, S. 635; *Moncada*, ZöR 1944 (XXIII), S. 403, 419; *Ronning*, S. 105 u. 118; *Ungerer*, S. 84.

819 Vgl. *Moncada*, ZöR 1944 (XXIII), S. 403, 424; *Morgenstern*, BYB 1948 (XXV), S. 236, 246; *Ronning*, S. 75; *Sinha*, S. 236; *Ungerer*, S. 91.

820 Vgl. dazu *Moncada*, ZöR 1944 (XXIII), S. 403, 419; *Morgenstern*, BYB 1948 (XXV), S. 236, 246; *Ungerer*, S. 84; *Volkening*, S. 56.

821 Dazu *Ronning*, S. 132.

Jahr	Empfangsstaat	Bemerkungen	Quelle
1936-39	Spanien	Während des Bürgerkrieges nahmen die verschiedensten Botschaften Flüchtlinge auf – nach den von Chile angestoßenen Verhandlungen vor dem Völkerbund konnten 1937 und 1939 Flüchtlinge aus den Botschaften evakuiert werden – am 12.10.1940 konnten die letzten Flüchtlinge ausreisen, obwohl Franco zunächst erklärt hatte, dass er das Asyl nicht anerkennen werde	822
1973/74	Chile	Aufnahme von Flüchtlingen in den verschiedensten Botschaften nach einem Staatsstreich Pinochets – Chile bemühte sich die Fluchten zu unterbinden, dabei wurden auch Flüchtlinge von der Polizei getötet – dem diplomatischen Korps wurde es untersagt mit Fahrzeugen durch die Stadt zu fahren und Flüchtlinge aufzunehmen – letztlich Gestattung der freien Ausreise	823
1975	Kambodscha	Vorübergehende Zuflucht von ca. 800 Ausländern nach der Machtübernahme der Kommunisten – sie konnten nach Thailand ausreisen	824
1978	Russland	Aufnahme eines Sowjetbürgers armenischer Abstammung – Frankreich bat vergeblich um eine freie Ausreise – der Flüchtling stellte sich den Behörden	825
1979	Kolumbien		826
1979	Liberia	Aufnahme des Sohnes des gestützten Präsidenten – er wurde gegen den Willen des Botschafters vom Militär verhaftet	827

822 Vgl. *Carrie*, S. 36 u. 91 f.; *Hackworth*, S. 631 f.; *Kimminich*, Rechtsstatus, S. 101 u. 103 f.; *Kitschenberg*, S. 10, 25 u. 117; *Moncada*, ZöR 1944 (XXIII), S. 403, 441 ff.; *Morgenstern*, BYB 1948 (XXV), S. 236, 246; *Ronning*, S. 17 f.; *Sinha*, S. 29 ff. u. 29 FN 188 (S. 49); *Ungerer*, S. 48; *v. Pollern*, S. 97; *Whiteman*, S. 446 ff.

823 Vgl. nur *Carrie*, S. 93 f. und *v. Pollern*, S. 98 u. 105.

824 Vgl. *Carrie*, S. 192; *v. Pollern*, S. 98.

825 Dazu *Carrie*, S. 102.

826 Vgl. BBC v. 8.5.1979.

827 Dazu *Carrie*, S. 102 u. 133.

Jahr	Empfangsstaat	Bemerkungen	Quelle
1980	Chile	Aufnahme eines Chilenen, der wegen politischer Verbrechen gesucht wurde	828
1982	Zentralafrika	Nach einem gescheiterten Staatsstreich wurde der Führer der Oppositionspartei aufgenommen – dem Übergabeverlangen Zentralafrikas widersetzte sich Frankreich – er konnte nach Togo ausreisen	829
1983	Kuba		830
1986	Kuba	Aufnahme von Kritikern Castros – sie verließen die Botschaft, nachdem ihnen zugesichert worden war, dass sie ein normales Leben führen könnten	831
1990	Albanien	Aufnahmen nach Aufständen in verschiedenen Botschaften	832
1990	Papua-Neuguinea	Aufnahme von Anhängern der Separatistenbewegung	833
1990	Libanon	Aufnahme des früheren Staatschefs und Führers der christlichen Kampfverbände, nachdem diese zur Aufgabe gezwungen worden waren – Frankreich lehnte das Übergabeverlangen wegen verbrecherischer Handlungen ab – er konnte nach Frankreich ausreisen	834
1993	Burundi	Nach einem Putsch und Eintritt bürgerkriegsähnlicher Umstände wurden Vertreter der alten Regierung aufgenommen	835
1996	Indonesien	Aufnahme von Osttimorern	836
1998	Malaysia	Indonesier drangen in verschiedene Botschaften ein – diese baten Malaysia um die Entfernung der Flüchtlinge	837

828 Dazu *Carrie*, S. 103.
829 Vgl. *Carrie*, S. 103.
830 Hierzu *Carrie*, S. 132.
831 Vgl. *Carrie*, S. 103.
832 Vgl. nur *Carrie*, S. 94 ff. u. 113.
833 Hierzu *Carrie*, S. 103.
834 Dazu *Carrie*, S. 103 f.
835 Dazu *Carrie*, S. 104.
836 Vgl. NZZ v. 30.1.1996, S. 2.
837 Vgl. NZZ v. 11.4.1998, S. 2.

III) Großbritannien

Jahr	Empfangsstaat	Bemerkungen	Quelle
1726	Spanien	Aufnahme des Außen- und Finanzministers Ripperda, nachdem er versichert hatte, nicht in Ungnade gefallen und keines Verbrechens angeklagt zu sein – Ripperda verriet Staatsgeheimnisse und Spanien verlangte seine Übergabe, die Großbritannien verweigerte – Spanien holte Ripperda gewaltsam aus der Botschaft – Großbritannien verlangte Wiedergutmachung, was Spanien aber ablehnte – Verschlechterung der diplomatischen Beziehungen	838
1726	Spanien	Aufnahme des ehemaligen Premierministers Phillips V – er wurde vom spanischen Militär mit Gewalt aus der Botschaft geholt, obwohl der Botschafter energisch gegen das Eindringen protestierte	839
1747	Norwegen	Der Russen Springer, der des Hochverrates für schuldig befunden wurde, gelang in die Botschaft, indem er erklärte, er sei ein englischer Kurier – Norwegen umstellte das Gebäude und kontrollierte jeden, um die Übergabe Springers zu erreichen – Großbritannien übergab ihn unter Protest und unter Abbruch der diplomatischen Beziehungen	840
1747	Schweden	Schweden umstellte mach einer Aufnahme eines Schwedens die Botschaft mit Truppen – Großbritannien übergab den Flüchtling unter Protest und verlangte Widergutmachung – Schweden lehnte dies ab, woraufhin Großbritannien die diplomatischen Beziehungen abbrach	841

838 Dazu *Carrie*, S. 32; *Denza*, S. 113; *Moore*, S. 765; *Ronning*, S. 12; *Sinha*, S. 212; *Strachwitz*, S. 23.

839 Vgl. *Ungerer*, S. 31 FN 79.

840 Vgl. dazu *Carrie*, S. 31; *Moore*, S. 766; *Ungerer*, S. 31 FN 79; *Strachwitz*, S. 24.

841 Dazu *Sinha*, S. 212.

Jahr	Empfangsstaat	Bemerkungen	Quelle
1848	Spanien	Das Asyl wird von Spanien akzeptiert mit der Maßgabe, dass die Flüchtlinge nicht von der Botschaft aus gegen Spanien handeln – später protestierte Spanien in London	842
1848	Neapel	Aufnahme auf einem Schiff	843
1859	Chile	Aufnahme von Revolutionären in einem Konsulat	844
1862	Griechenland	Aufnahme der königlichen Familie auf einem Schiff während eines Aufstandes	845
1867	Serbien	Als es zu einer Judenverfolgung kam, nahm das britische Konsulat viele Juden auf	846
1870	Guatemala	Aufnahme einer Person, die von den Behörden als Rebell verfolgt wurde – die Botschaft wurde von Soldaten umstellt, die den Befehl hatten, ihn festzunehmen, wenn er das Gebäude verließ – später erhielt er die Erlaubnis das Land zu verlassen	847
1872	Haiti	Aufnahme politischer Oppositioneller in zwei Konsulaten – Großbritannien verweigerte die Übergabe – auf militärischen Druck hin wurde der Flüchtling übergeben	848
1873	Haiti	Aufnahme von drei Dominikanern, die eine bewaffnete Demonstration angeführt hatten, wurden in einem Konsulat aufgenommen – Behörden entfernten sie gegen den Protest des Konsuls gewaltsam – Großbritannien verlangte sie vergeblich zurück – später entschuldigte sich Haiti	849
1873	Spanien	Aufnahme eines von der Menge verfolgten Generals	850

842 Vgl. *Moncada*, ZöR 1944 (XXIII), S. 403, 404.
843 Hierzu *Moncada*, ZöR 1944 (XXIII), S. 403, 406.
844 Dazu *Moore*, S. 788 f.; *Volkening*, S. 37.
845 Vgl. *Moncada*, ZöR 1944 (XXIII), S. 403, 406.
846 Vgl. *Kimminich*, Rechtsstatus, S. 111; *Moore*, S. 767; *Sinha*, S. 27.
847 Dazu *Moncada*, ZöR 1944 (XXIII), S. 403, 416; *Moore*, S. 784 f.; *Morgenstern*, BYB 1948 (XXV), S. 236, 243; *Sinha*, S. 230; *Ungerer*, S. 48 FN 112 u. S. 81; *Volkening*, S. 46.
848 Vgl. *Ronning*, S. 138; *Sinha*, S. 232.
849 Zu diesem Fall *Moore*, S. 810; *Ronning*, S. 133; *Sinha*, S. 232.
850 Vgl. *Moncada*, ZöR 1944 (XXIII), S. 403, 404; *Moore*, S. 770; *Sinha*, S. 26 FN 171 (S. 47).

Jahr	Empfangsstaat	Bemerkungen	Quelle
1873	Dominikanische Republik	Aufnahme dreier politisch Verfolgte, die an einer verbotenen Demonstration teilgenommen hatten – die Dominikanische Republik bemächtigte sich ihrer – Großbritannien erwirkte ihre Freilassung und die Bestrafung der für den Vorfall verantwortlichen	851
1875	Haiti	Aufnahme eines Ministers – er verließ die Botschaft nach Zusicherung eines ordentlichen Gerichtsverfahrens	852
1875	Haiti		853
1878	Haiti	Anführer eines missglückten Aufstandes fanden in verschiedenen Botschaften Aufnahme–Haiti erlaubte ihre Einschiffung	854
1879	Haiti	Anführer eines missglückten Aufstandes fanden in verschiedenen Botschaften Aufnahme–Haiti erlaubte ihre Einschiffung	855
1883	Ecuador	Aufnahme eines ecuadorischen politischen Flüchtlings außerhalb Ecuadors auf ein Handelsschiff – Großbritannien verweigerte die Übergabe und überließ ihm eine Schaluppe, mit der er einen Hafen erreichen konnte, der in der Hand der Revolutionäre war	856
1883	Haiti	Aufnahme eines Revolutionärs – er benutzte die Botschaft als Basis für seine revolutionären Aktivitäten, dafür machte Haiti Großbritannien verantwortlich	857

851 Dazu *Moncada*, ZöR 1944 (XXIII), S. 403, 413; *Ronning*, S. 131; *Ungerer*, S. 78; *Volkening*, S. 50.

852 Vgl. dazu *Moncada*, ZöR 1944 (XXIII), S. 403, 417; *Sinha*, S. 232; *Ungerer*, S. 83; *Volkening*, S. 51.

853 Hierzu *Moore*, S. 812 ff.; *Ronning*, S. 71 f. u. 115 f.; *Sinha*, S. 232.

854 Dazu *Moncada*, ZöR 1944 (XXIII), S. 403, 417; *Moore*, S. 816; *Sinha*, S. 232; *Ungerer*, S. 83; *Volkening*, S. 51.

855 Vgl. *Moncada*, ZöR 1944 (XXIII), S. 403, 417; *Moore*, S. 816 f.; *Volkening*, S. 51.

856 Zu diesem Fall *Volkening*, S. 39.

857 Vgl. *Moore*, S. 818.

Jahr	Empfangsstaat	Bemerkungen	Quelle
1895	Türkei	Aufnahme eines früheren Großwesirs mit seinen Söhnen während Unruhen in Armenien – Großbritannien verweigerte mit Unterstützung des diplomatischen Korps die Übergabe – Herausgabe, nachdem die Türkei garantiert hatte, dass ihnen kein Leid geschehen würde	858
1896	Persien	Angebliche Aufnahme der 300 Frauen des Schah, die gegen eine weitere Ehe protestieren wollten	859
1898	China	Aufnahme eines Staatsmannes und Reformators auf einem Schiff	860
1903	Dominikanische Republik	Aufnahme des gestürzten Präsidenten in einem Konsulat – mit Hilfe des diplomatischen Korps setzte Großbritannien die Einschiffung durch	861
1903	China	Aufnahme von sechs oppositionellen Journalisten – Großbritannien erklärte, dass eine Übergabe nur nach Verurteilung durch einen gemischten Gerichtshof stattfinden würde – zwei wurden von einem solchen verurteilt	862
1906	Persien	Aufnahme von 14.000 Personen für eine Woche	863
1908	Persien	In verschiedenen Botschaften wurden während Unruhen Flüchtlinge aufgenommen – die britische Botschaft wurde umstellt, wofür sich Persien später entschuldigte	864
1908	Haiti	Aufnahme von Aufständischen in verschiedenen Konsulaten	865
1909	Persien	Aufnahme des Schahs während Unruhen	866

858 Vgl. dazu *Moncada*, ZöR 1944 (XXIII), S. 403, 425; *Sinha*, S. 26 FN 172 (S. 47); *Volkening*, S. 81.
859 Hierzu *Moncada*, ZöR 1944 (XXIII), S. 403, 426.
860 Vgl. *Moncada*, ZöR 1944 (XXIII), S. 403, 427.
861 Vgl. *Moncada*, ZöR 1944 (XXIII), S. 403, 414; *Moore*, S. 823; *Volkening*, S. 50.
862 Dazu *Moncada*, ZöR 1944 (XXIII), S. 403, 427; *Volkening*, S. 82 f.
863 Vgl. dazu *Moncada*, ZöR 1944 (XXIII), S. 403, 426.
864 Bei *Hackworth*, S. 635; *Sinha*, S. 27; *Ungerer*, S. 48 FN 113; *Volkening*, S. 82.
865 Dazu *Ronning*, S. 132.
866 Vgl. *Moncada*, ZöR 1944 (XXIII), S. 403, 427.

Jahr	Empfangsstaat	Bemerkungen	Quelle
1911	Chile	Zunächst hatte das us-amerikanische Konsulat einen peruanischen Konsul aufgenommen – nachdem diese Handlung vom US-Departement abgelehnt wurde, fand er in dem britischen Konsulat Aufnahme	867
1931	Portugal	Aufnahme von Aufständischen auf einem Schiff – sie wurden, nachdem Portugal von einer Verfolgung absah - freigelassen	868
1936-39	Spanien	Während des Bürgerkrieges nahmen die verschiedensten Botschaften Flüchtlinge auf – nach den von Chile angestoßenen Verhandlungen vor dem Völkerbund konnten 1937 und 1939 Flüchtlinge aus den Botschaften evakuiert werden – am 12.10.1940 konnten die letzten Flüchtlinge ausreisen, obwohl Franco zunächst erklärt hatte, dass er das Asyl nicht anerkennen werde	869
1941	Irak	Während Unruhen kam es zur Verfolgung von Briten und Amerikanern, diese wurden in der Botschaft aufgenommen	870
1945	Rumänien	Aufnahme des rumänischen Ex-Ministerpräsidenten Radesco, nachdem auf sowjetisches Diktat hin eine kommunistische Regierung gebildet wurde	871
1967	Indien	Abweisen eine Sowjetbürgers	872
1971	Russland	Verweigerung von Erteilung von Ausreisevisen und der Aufnahme in die Botschaft gegenüber einigen Armeniern – sie verließen am nächsten Tag die Botschaft heimlich	873

867 Vgl. *Hackworth*, S. 637; *Ronning*, S. 132.

868 Dazu *Moncada*, ZöR 1944 (XXIII), S. 403, 405.

869 Vgl. dazu *Carrie*, S. 36 u. 91 f.; *Hackworth*, S. 631 f.; *Kimminich*, Rechtsstatus, S. 101 u. 103 f.; *Kitschenberg*, S. 10, 25 u. 117; *Moncada*, ZöR 1944 (XXIII), S. 403, 441 ff.; *Morgenstern*, BYB 1948 (XXV), S. 236, 246; *Ronning*, S. 17 f.; *Sinha*, S. 29 ff. u. 29 FN 188 (S. 49); *Ungerer*, S. 48; *v. Pollern*, S. 97; *Whiteman*, S. 446 ff.

870 Dazu *Whiteman*, S. 465 f.

871 Vgl. *Carrie*, S. 104; *Kitschenberg*, S. 117 FN 3; *v. Pollern*, S. 97.

872 Vgl. *Carrie*, S. 106.

873 Dazu *Carrie*, S. 104.

Jahr	Empfangsstaat	Bemerkungen	Quelle
1974	Zypern	Aufnahme des Staatspräsident Erzbischof Makarios auf einem Militärstützpunkt nach einem Staatsstreich	874
1989	Südafrika	Sechs politischen Gefangenen wurde deutlich gemacht, dass sie in der Botschaft unwillkommen seien – sie verließen die Botschaft am nächsten Tag (bis dahin war ihnen sogar Straffreiheit zugesichert worden)	875
1995	Indonesien	Aufnahme von Osttimorern – sie konnten nach Portugal ausreisen	876
2004	Australien	Afghanen baten in britischem Konsulat um Asyl, dieses wurde abgelehnt – die Flüchtlinge verließen die Botschaft und begaben sich wieder in australischen Schutz – später klagten die Flüchtlinge gegen ihre Abweisung – die Abweisung wurde aber als rechtmäßig beurteilt	877

IV) USA

Jahr	Empfangsstaat	Bemerkungen	Quelle
1831	Peru	Aufnahme des Vizepräsidenten auf ein Schiff bis die Gefahr vor Pöbel vorbei	878
1833	Ecuador	Aufnahme eines Revolutionäres auf ein Schiff – von dort floh er auf ein Schiff der Revolutionäre	879
1843	Ecuador	Aufnahme in ein Konsulat	880
1845	Argentinien	Aufnahme von politischen Oppositionellen während der Diktatur	881

874 Dazu *v. Pollern*, S. 99.
875 Vgl. *Carrie*, S. 104.
876 Vgl. NZZ v. 26.1.1996, S. 2.
877 Dazu The Independent v. 10.11.2004; The Daily Telegraph v. 28.10.2004, S. 25; The Times (London) v. 25.10.2004, S. 53.
878 Vgl. *Moncada*, ZöR 1944 (XXIII), S. 403, 422; *Volkening*, S. 41.
879 Vgl. *Moncada*, ZöR 1944 (XXIII), S. 403, 414; *Volkening*, S. 39.
880 Vgl. dazu *Ronning*, S. 131.
881 Dazu *Moncada*, ZöR 1944 (XXIII), S. 403, 408.

Jahr	Empfangsstaat	Bemerkungen	Quelle
1849	Peru	Aufnahme eines revolutionären Anführers	882
1850	Ecuador	Aufnahme eines durch Revolution gestürzten Präsidenten – er war zunächst in dem Konsulat von Kolumbien, als er dort nicht mehr sicher war, kam er in das Konsulat der USA	883
1851	Chile	Aufnahme des Colonel Artega, der an einem erfolglosem Umsturzversuch beteiligt war – zunächst erklärten die USA, dass sie ihn Chile übergeben werde, wenn dies gefordert sei, als Chile aber die Übergabe verlangte, erklärten die USA, dass er nach der Übergabe wahrscheinlich erschossen werden würde und das ein Signal für einen Bürgerkrieg sein könnte	884
1853	Peru	Aufnahme von Flüchtlingen in Konsulat – sie wurden gewaltsam von Peru aus dem Konsulat geholt	885
1854	Peru	Aufnahme politisch Verfolgter in einem Konsulat – USA verweigern die von Peru geforderte Übergabe – Peru sendet Polizei in das Konsulat um die Flüchtlinge zu entfernen – USA: keine Verurteilung dieses Vorgehens, da weder Flagge, noch nationale Würde der USA verletzt	886
1855	Nicaragua	Aufnahme von Aufständischen in einem Konsulat – Regierung der USA stellte klar: keine Asylgewährung für Hochverräter	887
1859	Chile	Aufnahme in Konsulat – Chile durchsuchte mit Waffengewalt das Konsulat und verlangte die Abberufung des „exequaturs" des us-amerikanischen Konsuls, da er sich weigerte bestimmte Flüchtlinge zu übergeben – USA protestierten zwar, beriefen ihn aber ab	888

882 Hierzu *Moncada*, ZöR 1944 (XXIII), S. 403, 422; *Ungerer*, S. 91.

883 Dazu nur *Ronning*, S. 131; *Ungerer*, S. 79.

884 Vgl. *Moncada*, ZöR 1944 (XXIII), S. 403, 411; *Moore*, S. 787 f.; *Ronning*, S. 158 f.; *Ungerer*, S. 75; *Volkening*, S. 36 f.

885 Vgl. *Sinha*, S. 235; *Volkening*, S. 41.

886 Vgl. dazu *Moncada*, ZöR 1944 (XXIII), S. 403, 422; *Ronning*, S. 137; *Ungerer*, S. 91.

887 Vgl. *Ronning*, S. 131; *Volkening*, S. 47.

888 Dazu *Moore*, S. 788 ff.; *Ronning*, S. 134 f.; *Volkening*, S. 37 f.

Jahr	Empfangsstaat	Bemerkungen	Quelle
1863	Nicaragua	Verweigerung der Aufnahme von Sympathisanten der Revolutionäre, da dies eine Einmischung in die inneren Angelegenheiten Nicaraguas darstellen würde	889
1865	Peru	Aufnahme des unter Anklage der Konspiration stehenden Vizepräsidenten Canesco – Verweigerung der Übergabe – Canesco stürzte aus der Botschaft heraus den Präsidenten – der Fall führte zu dem Treffen von Lima	890
1865	Peru	Verweigerung der Aufnahme eines Ministers des Ex-Präsidenten, da der Botschafter den Eindruck hatte, nur noch Rechtsflüchtlingen als Herberge zu dienen – er wurde dann von Frankreich aufgenommen	891
1866	Paraguay	Verweigerung der Aufnahme des Präsidenten auf einem Schiff aus Gründen der Neutralität und Nichteinmischung	892
1868	Paraguay	Während des Krieges zwischen Argentinien, Brasilien, Paraguay und Uruguay nahm die us-amerikanische Botschaft Flüchtlinge mit verschiedenen Nationalitäten auf – zwei Amerikaner wurden als Botschaftspersonal eingestellt, aber einer wurde in der Stadt verhaftet – Freilassung der Flüchtlinge, nachdem die Autorität wieder hergestellt war	893

889 Dazu *Moncada*, ZöR 1944 (XXIII), S. 403, 420.

890 Vgl. *Carrie*, S. 35; *Kitschenberg*, S. 15; *Moncada*, ZöR 1944 (XXIII), S. 403, 422; *Moore*, S. 836 u. 839; *Sinha*, S. 235; *Ungerer*, S. 48 FN 112 u. S. 91; *Volkening*, S. 42.

891 Hierzu *Kitschenberg*, S. 15; *Moncada*, ZöR 1944 (XXIII), S. 403, 423; *Moore*, S. 836 f.; *Volkening*, S. 42.

892 Schilderung bei *Moncada*, ZöR 1944 (XXIII), S. 403, 421; *Volkening*, S. 40.

893 Vgl. *Moncada*, ZöR 1944 (XXIII), S. 403, 421; *Moore*, S. 825 ff.; *Ronning*, S. 114; *Ungerer*, S. 89; *Volkening*, S. 40 f.

Jahr	Empfangsstaat	Bemerkungen	Quelle
1868	Haiti	Aufnahme von 150 Personen (darunter einiger US-Amerikaner) nach der Unterdrückung eines Aufstandes – Ausbruch einer Krankheit in der Gesandtschaft – Gestattung der Verschiffung der Männer als sanitäre Maßnahme nach New York (Frauen und Kinder konnten machen, was sie wollten) – Ausnahme: sieben Personen, die nach langen und zähen Verhandlungen, bei denen die Botschaft umstellt wurde und die USA sogar militärische Unterstützung für ihren Botschafter schickten, übergeben wurden	894
1870	Guatemala	Verweigerung der Aufnahme eines von den Behörden als Rebell Verfolgten – er wurde von Großbritannien aufgenommen	895
1870	Guatemala	Aufnahme während einer Revolution – Guatemala hatte keine Einwände	896
1871	El Salvador	Aufnahme des abgesetzten Präsidenten – Übergabe an die neue Regierung nach dem Versprechen eines ordentlichen Gerichtsverfahrens und der Schonung seines Lebens – USA verfolgten das Verfahren – er musste das Land verlassen	897
1872	Haiti	Aufnahme eines Generals in ein Konsulat – haitianische Truppen dringen in das Konsulat ein und ergreifen den General und den Konsul – letzteres führte zum Protest der USA – Haiti drückte sein Bedauern aus	898
1872	Haiti		899

894 Dazu *Moncada*, ZöR 1944 (XXIII), S. 403, 416; *Moore*, S. 807 ff.; *Sinha*, S. 232; *Ungerer*, S. 83; *Volkening*, S. 50.

895 Zu diesem Fall *Moncada*, ZöR 1944 (XXIII), S. 403, 416; *Moore*, S. 784 f.; *Morgenstern*, BYB 1948 (XXV), S. 236, 243; *Sinha*, S. 230; *Ungerer*, S. 48 FN 112 u. S. 81; *Volkening*, S. 46.

896 Vgl. *Moore*, S. 785; *Sinha*, S. 230.

897 Dazu *Moncada*, ZöR 1944 (XXIII), S. 403, 424; *Moore*, S. 786 f.; *Sinha*, S. 229; *Ungerer*, S. 94 u. 100 FN 249; *Volkening*, S. 49.

898 Vgl. *Moore*, S. 809 f.; *Sinha*, S. 232; *Volkening*, S. 56.

899 Vgl. *Moore*, S. 810; *Ronning*, S. 138; *Sinha*, S. 232.

Jahr	Empfangsstaat	Bemerkungen	Quelle
1873	Haiti	Haiti drang in die Botschaft ein – USA entsandten Kriegsschiff und erklärten, dass das Verhalten als unfreundliches Vorgehen betrachtet würde	900
1874	Bolivien	Aufnahme von mehr als 30 Personen, nachdem sie versichert hatten, nicht mit Waffengewalt an der Meuterei beteiligt gewesen zu sein – Bolivien ließ sich versichern, dass vom Botschaftsgelände keine politischen Aktivitäten ausgehen	901
1875	Bolivien	Verweigerung der Aufnahme von Flüchtlingen, die den Regierungsplast niedergebrannt und dabei auch die Botschaft und ihr Personal gefährdet hatten	902
1875	Bolivien		903
1875	Haiti	Flüchtlinge durften das Land verlassen und nur mit staatlicher Genehmigung zurückkehren	904
1875	Haiti	Aufnahme des Ex-Präsidenten Canal und sieben weiterer Personen – Haiti erkannten Asyl nicht an und stellten Flüchtlinge rechtlos, die Botschaft wurde umstellt und jeder wurde durchsucht, es wurde nachts gelärmt – USA beschwerten sich und schickten ein Kriegsschiff, um diesen unfreundlichen Akt zu beenden – später konnten vier Personen verschifft werden und noch später erhielten die anderen Amnesie – auch sie wurden verschifft und durften ohne Erlaubnis der Regierung nicht mehr zurück	905
1875	Spanien		906

900 Vgl. *Ungerer*, S. 31 FN 79.

901 Vgl. dazu *Moncada*, ZöR 1944 (XXIII), S. 403, 409; *Moore*, S. 781 f.; *Sinha*, S. 223; *Ungerer*, S. 71; *Volkening*, S. 33.

902 Dazu *Moncada*, ZöR 1944 (XXIII), S. 403, 409; *Moore*, S. 782; *Morgenstern*, BYB 1948 (XXV), S. 236, 257 f.; *Ungerer*, S. 72; *Volkening*, S. 33 f.

903 Vgl. *Moore*, S. 783.

904 Vgl. *Moncada*, ZöR 1944 (XXIII), S. 403, 417; *Moore*, S. 817; *Sinha*, S. 232; *Ungerer*, S. 83; *Volkening*, S. 51.

905 Hierzu *Moore*, S. 812 ff.; *Sinha*, S. 232.

906 Hierzu *Moncada*, ZöR 1944 (XXIII), S. 403, 404; *Sinha*, S. 26 FN 171 (S. 47).

Jahr	Empfangsstaat	Bemerkungen	Quelle
1875	Kolumbien	Aufnahme eines Generals während Aufstand	907
1877	Mexiko	Aufnahme des Herausforderers des Präsidenten in Konsulat – während Konsul weg war, kam eine bewaffnete Truppe und nahm den General fest – Protest der USA – Mexiko versprach den Gefangenen zurückzugeben und die Verantwortlichen zu bestrafen, was aber beides nicht passierte	908
1878	Haiti	Anführer eines missglückten Aufstandes fanden in verschiedenen Botschaften Aufnahme– Haiti erlaubte ihre Einschiffung	909
1884	Türkei	Flüchtling wurde von türkischem Soldaten gewaltsam entfernt – der Soldat wurde angeklagt, aber freigesprochen	910
1884	Nicaragua	Aufnahme eines politisch Verfolgten auf ein Handelsschiff – USA tadelten den Kapitän	911
1890	Guatemala	Botschafter erlaubte den Behörden an Bord eines us-amerikanischen Kriegsschiffes zu gehen und einen Flüchtling zu entfernen – us Regierung tadelte ihn dafür	912
1891/92	Chile	Der Präsident und seine Anhänger wurden nach seinem Sturz in verschiedenen Botschaften aufgenommen – das Asyl wurde vom Sieger anerkannt – sie konnten auf Kriegsschiffen das Land verlassen (die USA haben keine Flüchtlinge auf Kriegsschiffen aufgenommen)	913
1893	Chile	Aufnahme zweier führender aber erfolgloser Revolutionäre – Herausgabe, nachdem Chile den Schutz vor Gewalt garantierte	914

907 Vgl. *Moncada*, ZöR 1944 (XXIII), S. 403, 413; *Moore*, S. 800; *Sinha*, S. 226; *Ungerer*, S. 86; *Volkening*, S. 38.

908 Vgl. *Moore*, S. 824; *Ronning*, S. 131; *Sinha*, S. 233; *Volkening*, S. 46.

909 Vgl. *Moncada*, ZöR 1944 (XXIII), S. 403, 417; *Moore*, S. 816; *Sinha*, S. 232; *Ungerer*, S. 83; *Volkening*, S. 51.

910 Dazu *Volkening*, S. 81.

911 Dazu *Moncada*, ZöR 1944 (XXIII), S. 403, 420; *Volkening*, S. 48.

912 Vgl. *Ronning*, S. 99.

913 Hierzu *Kitschenberg*, S. 19; *Moncada*, ZöR 1944 (XXIII), S. 403, 411 f.; *Moore*, S. 791 ff.; *Ronning*, S. 119; *Ungerer*, S. 75; *Volkening*, S. 37 f.

914 Vgl. *Moncada*, ZöR 1944 (XXIII), S. 403, 412; *Moore*, S. 798 ff.; *Ronning*, S. 119 f.; *Ungerer*, S. 76; *Volkening*, S. 38.

Jahr	Empfangsstaat	Bemerkungen	Quelle
1893	Honduras	Aufnahme auf ein Handelsschiff	915
1893	Nicaragua	Verweigerung der Aufnahme eines Sympathisanten der Revolution	916
1893	Persien	Aufnahme eines Persers, der amerikanische Bürgerrechte erworben hatte	917
1894	China	Aufnahme von zwei Japanern, die in der französischen Konzession unter Spionageverdacht festgenommen wurden, da USA mit Zustimmung Chinas gute Dienste zum Schutz japanischer Staatsangehöriger ausübte – das reichte aber nach Ansicht des us-Departments nicht für Asylgewährung aus, dieser forderte die Freilassung	918
1894	El Salvador	Aufnahme von Personen, die von Aufständischen verfolgt wurden, auf einem Schiff	919
1894	El Salvador	Übergabe einer in Panama auf ein Handelsschiff aufgenommenen Person	920
1895	Ecuador	Aufnahme des Kriegsministers und seiner Familie, da es keine Staatsgewalt mehr gebe	921
1895	Guatemala	Us-amerikanischer Gesandter gestattete den Behörden ein Handelsschiff zu betreten und einen Flüchtling zu verhaften – dieser wehrte sich und wurde erschossen – die us Regierung enthob den Gesandten seines Postens	922
1895	Chile	Aufgabe des Asyls, da der Flüchtling wegen krimineller Anklagen gesucht wurde	923
1896	Haiti		924

915 Vgl. *Moncada*, ZöR 1944 (XXIII), S. 403, 419; *Volkening*, S. 47.
916 Vgl. dazu *Moore*, S. 786; *Sinha*, S. 233; *Volkening*, S. 48.
917 Vgl. *Moncada*, ZöR 1944 (XXIII), S. 403, 426; *Volkening*, S. 81 f.
918 Vgl. *Volkening*, S. 82.
919 Dazu *Volkening*, S. 49.
920 Dazu *Volkening*, S. 49.
921 Hierzu *Moncada*, ZöR 1944 (XXIII), S. 403, 415; *Moore*, S. 802 f.; *Ronning*, S. 103; *Ungerer*, S. 79; *Volkening*, S. 39 f.
922 Vgl. *Moncada*, ZöR 1944 (XXIII), S. 403, 416; *Volkening*, S. 46 f.
923 Vgl. *Morgenstern*, BYB 1948 (XXV), S. 236, 258; *Whiteman*, S. 468.
924 Vgl. *Moore*, S. 820.

Jahr	Empfangsstaat	Bemerkungen	Quelle
1896	Ecuador	Als sich eine Person in das Haus flüchtete, in dem auch die USA ein Appartement gemietet hatten und Ecuador in dort heraus holte, erklärten die USA, dass dieses Verhalten in Ordnung war	925
1899	Dominikanische Republik	Verweigerung der Asylgewährung an eine Person, die der hochverräterischen Konspiration schuldig war	926
1899	Haiti	Aufnahme einer wegen Hochverrat verfolgten Person – Haiti drang in die Botschaft ein und nahm ihn fest – die USA setzten die Wiederherstellung des Asyls durch – erkonnte mit zwei anderen Flüchtlingen das Land verlassen	927
1899	Haiti	Haiti suchte nach einem Dieb und drang dabei in das Konsulat ein – die USA protestierten gegen das Eindringen	928
1899	Türkei	Konsulat	929
1904	Dominikanische Republik	Aufnahme des früheren Gouverneurs in ein Konsulat – Verweigerung der Herausgabe – Eindringen mit Waffengewalt und Herausgabe	930
1905	Haiti	Aufnahme zweier Personen, die behaupteten, ihre persönlicher Freiheit sein bedroht – die Regierung der USA hat die Aufnahme verurteilt	931
1908	Persien	Aufnahme von Flüchtlingen während Unruhen im Konsulat	932

925 Dazu *Moore*, S. 804; *Sinha*, S. 229.

926 Vgl. dazu *Moncada*, ZöR 1944 (XXIII), S. 403, 414; *Moore*, S. 822; *Volkening*, S. 49 f.

927 Schilderung bei *Moncada*, ZöR 1944 (XXIII), S. 403, 417 f.; *Moore*, S. 820 f.; *Ronning*, S. 47, 97 u. 115 f; *Ungerer*, S. 84; *Volkening*, S. 53.

928 Bei *Moore*, S. 822 f.

929 Dazu *Volkening*, S. 81.

930 Vgl. *Moncada*, ZöR 1944 (XXIII), S. 403, 414; *Moore*, S. 823; *Ronning*, S. 131 f.; *Ungerer*, S. 78; *Volkening*, S. 50.

931 Dazu *Moncada*, ZöR 1944 (XXIII), S. 403, 418; *Ronning*, S. 109; *Ungerer*, S. 84.

932 Vgl. *Hackworth*, S. 635; *Sinha*, S. 27; *Ungerer*, S. 48 FN 113; *Volkening*, S. 82.

Jahr	Empfangsstaat	Bemerkungen	Quelle
1908	Haiti	Aufnahme des gestürzten Präsidenten und dessen Anhänger in verschiedenen Botschaften und Konsulaten – sie durften das Land verlassen	933
1910	Ecuador	Aufnahme eines peruanischen Konsuls, der von Peruanern verfolgt wurde	934
1910	Nicaragua	Aufnahme eines entflohenen Gefangenen, der sich in Lebensgefahr befand, auf ein Schiff – er verließ das Schiff, obwohl er gewarnt worden war, dann den Schutz zu verlieren	935
1911	Mexiko	Die Aufnahme in ein Konsulat wurde vom Departement missbilligt	936
1911	Haiti	Aufnahme des abgesetzten Präsidenten, um sein Leben zu retten	937
1911	China	Aufnahme des Kaisers und der Kaiserin	938
1911	Chile	Aufnahme des peruanischen Konsuls in das Konsulat– dies wurde aber vom Departement missbilligt, weshalb er in dem britischen Konsulat Aufnahme fand	939
1913	Peru	Aufnahme der Mitglieder der gestürzten Regierung in verschiedenen Botschaften – Peru war scheinbar einverstanden	940
1913	Mexiko	Aufnahme zweier Familienmitglieder des Ex-Präsidenten, die gerade aus der Haft entlassen worden waren und eine erneute Verhaftung befürchteten – sie wurden auf einem Kriegsschiff außer Landes gebracht	941

933 Vgl. dazu *Hackworth*, S. 635; *Moncada*, ZöR 1944 (XXIII), S. 403, 419; *Ronning*, S. 105 u. 118; *Ungerer*, S. 84.

934 Vgl. *Hackworth*, S. 636.

935 Vgl. *Hackworth*, S. 639.

936 Dazu *Hackworth*, S. 636.

937 Vgl. *Sen*, S. 359.

938 Dazu *Sen*, S. 359.

939 Dazu *Hackworth*, S. 637; *Ronning*, S. 132.

940 Vgl. *Moncada*, ZöR 1944 (XXIII), S. 403, 425 f.; *Morgenstern*, BYB 1948 (XXV), S. 236, 246; *Ronning*, S. 75; *Sinha*, S. 236; *Ungerer*, S. 91.

941 Vgl. *Hackworth*, S. 641; *Ronning*, S. 132.

Jahr	Empfangsstaat	Bemerkungen	Quelle
1913	Mexiko	Aufnahme eines Offiziers, der sich in Lebensgefahr befand, da sein Kommando revoltiert und sich den Revolutionären angeschlossen hatte	942
1913	Mexiko	Aufnahme eines Generals und zweier seiner Freunde und eines us-amerikanischen Zeitungskorrespondenten auf einem Schiff – sie wurden mit einem anderen Schiff außer Landes gebracht	943
1914	Nicaragua	Aufnahme eines verwundeten Anführers der Aufständischen – erblieb so lange, bis er den Behörden übergeben und in ein Krankenhaus gebracht werden konnte	944
1917	Mexiko	Aufnahme auf einem Schiff nach Umsturz	945
1917	Costa Rica	Aufnahme des Präsidenten und anderer Offizieller während Revolution – es wurde eine Amnesie für die alte Regierung ausgerufen und sie konnten unter freiem Geleit das Land verlassen	946
1917	Costa Rica	Aufnahme der Mitglieder der Familie des früheren Präsidenten – nach der Garantie von Sicherheiten verließen sie die Botschaft	947
1917	China		948
1919	Honduras	Aufnahme von politischen Gegnern der Regierung	949
1919	Costa Rica	Konsulat	950
1920	Bolivien	Aufnahme des Präsidenten während einer Revolution	951

942 Hierzu *Hackworth*, S. 638.
943 Schilderung bei *Hackworth*, S. 640.
944 Zu diesem Fall *Hackworth*, S. 639; *Ronning*, S. 132.
945 Vgl. *Moncada*, ZöR 1944 (XXIII), S. 403, 420.
946 Dazu *Hackworth*, S. 626.
947 Vgl. *Hackworth*, S. 626; *Ronning*, S. 45.
948 Dazu *Hackworth*, S. 428.
949 Dazu *Hackworth*, S. 626 f.; *Morgenstern*, BYB 1948 (XXV), S. 236, 248; *Sen*, S. 359.
950 Vgl. *Ronning*, S. 132.
951 Vgl. *Moncada*, ZöR 1944 (XXIII), S. 403, 410; *Ungerer*, S. 71 f.; *Volkening*, S. 35.

Jahr	Empfangsstaat	Bemerkungen	Quelle
1922	Nicaragua	Aufnahme des Präsidenten, seiner Familie und seines Kabinetts in einem Marinecamp	952
1924	Venezuela	Aufnahme eines politischen Flüchtlings in das Haus des Militärattachés – er halft ihm beim Verlassen des Landes – Regierung der USA missbilligte das Verhalten	953
1926	Honduras	Aufnahme eines Revolutionsführer in ein Konsulat auf Wunsch von Honduras – am nächsten Tag kommen Soldaten und verlangen die Übergabe – der Flüchtling beging Selbstmord – USA protestierte und Honduras entschuldigte sich und versprach die Verantwortlichen zu bestrafen	954
1930	Peru	Aufnahme der Töchter des Präsidenten und deren Kinder – Peru war scheinbar einverstanden – us Regierung wies den Botschafter an, das Asyl zu beenden – sie verließen die Botschaft unter dem Schutz Perus	955
1930	Chile	Staatssekretär der USA erklärte, dass die Aufnahme der Familie des Präsidenten nicht wünschenswert sei, solange sie sich nicht in akuter Gefahr befinden	956
1930	Guatemala	Aufnahme des General Jorge Ubico, dessen Haus von Soldaten umstellt worden war – Guatemala garantierte vollen Schutz und Abzug der Soldaten – General verlässt die Botschaft	957
1931	Ecuador	Aufnahme des früheren Präsidenten und seiner Familie	958
1932	Chile	Aufnahme der Mitglieder der Familie des Präsidenten – aber das us-Department erklärte, dass kein Asyl gewährt werden dürfe	959

952 Hierzu *Hackworth*, S. 645; *Kimminich*, Rechtsstatus, S. 115.

953 Zu diesem Fall *Hackworth*, S. 627; *Ronning*, S. 110; *Sinha*, S. 216.

954 Dazu *Hackworth*, S. 642.

955 Vgl. *Hackworth*, S. 646; *Morgenstern*, BYB 1948 (XXV), S. 236, 246; *Whiteman*, S. 461 f..

956 Vgl. *Ronning*, S. 111.

957 Zu diesem Fall *Hackworth*, S. 629; *Whiteman*, S. 460 f.

958 Dazu *Hackworth*, S. 630; *Sinha*, S. 216.

959 Dazu *Hackworth*, S. 630; *Morgenstern*, BYB 1948 (XXV), S. 236, 249; *Sinha*, S. 216.

Jahr	Empfangsstaat	Bemerkungen	Quelle
1936-39	Spanien	Während des Bürgerkrieges nahmen die verschiedensten Botschaften Flüchtlinge auf – nach den von Chile angestoßenen Verhandlungen vor dem Völkerbund konnten 1937 und 1939 Flüchtlinge aus den Botschaften evakuiert werden – am 12.10.1940 konnten die letzten Flüchtlinge ausreisen, obwohl Franco zunächst erklärt hatte, dass er das Asyl nicht anerkennen werde	960
1937	Äthiopien	Aufnahme von 500 / 700 Personen, die in die Botschaft geflüchtet waren, um ihr Leben zu schützten – nach Zusicherungen ihrer Sicherheit verließen sie die Botschaft	961
1939	Albanien	Angebot der Asylgewährung an Königin mit ihrem 3 Tage alten Baby, nachdem italienische Truppen die Hauptstadt besetzt hatten	962
1941	Irak	Aufnahme des bisherigen Herrschers und 160 weiterer Personen verschiedener Nationalität (darunter einiger US-Amerikaner) – der bisherige Herrscher floh in Frauenkleidern zum britischen Militärflughafen und wurde von dort ausgeflogen – Verlassen der Botschaft nach Wiederherstellung der öffentlichen Ordnung	963
1944	El Salvador	Aufnahme von zwei revolutionären Offizieren, aber verweigern des Asyls – Übergabe nach der Zusicherung eines ordentlichen Prozesses – nach einem solchen wurden sie hingerichtet	964

960 Vgl. *Carrie*, S. 36 u. 91 f.; *Hackworth*, S. 631 f.; *Kimminich*, Rechtsstatus, S. 101 u. 103 f.; *Kitschenberg*, S. 10, 25 u. 117; *Moncada*, ZöR 1944 (XXIII), S. 403, 441 ff.; *Morgenstern*, BYB 1948 (XXV), S. 236, 246; *Ronning*, S. 17 f.; *Sinha*, S. 29 ff. u. 29 FN 188 (S. 49); *Ungerer*, S. 48; *v. Pollern*, S. 97; *Whiteman*, S. 446 ff.

961 Vgl. *Hackworth*, S. 630 f.; *Morgenstern*, BYB 1948 (XXV), S. 236, 249; *Sinha*, S. 216; *Whiteman*, S. 464.

962 Vgl. *Whiteman*, S. 450 f.

963 Dazu *Carrie*, S. 105 f.; *Sinha*, S. 216; *Whiteman*, S. 449 f., 465 f. u. 467.

964 Vgl. *Whiteman*, S. 451 f.

Jahr	Empfangsstaat	Bemerkungen	Quelle
1956	Ungarn	Aufnahme des Kardinal Mindszenty – er-konnte am 28.9.1971 nach zähen Verhand-lungen ausreisen	965
1963	Russland	Aufnahme von 32 Mitgliedern einer religiö-sen Vereinigung – nach Zusicherung von gu-ter Behandlung und Respektierung ihres Glaubens wurden sie aus der Botschaft entlas-sen	966
1967	Indien	Nachdem ein Sowjetbürger von der britischen Botschaft abgewiesen worden war, nahm ihn die Botschaft der USA auf – Indien ist verär-gert und wirft den USA völkerrechtswidriges Verhalten vor – der Flüchtling stellt sich und darf nach Großbritannien ausreisen	967
1976	Phillipinen	Verweigerung der Aufnahme des ehemaligen Präsidenten	968
1976	Türkei	Verweigerung der Aufnahme eines aus der türkischen Gefangenschaft geflohenen Sow-jets (er hatte ein Flugzeug entführt)	969
1978	Russland	Aufnahme von sieben sowjetischen Dissiden-ten – sie konnten 1983 ausreisen	970
1978	Russland	Aufnahme einer Frau mit ihren Kindern – sie verließen am 1.11. die Botschaft und konnten am 14.12. ausreisen	971

965 Vgl. *Carrie*, S. 106; *Kitschenberg*, Einlietung, S. 10, 117 u. 124 f.; *O'Connell*, S. 737; *Sinha*, S. 217; *v. Pollern*, S. 97 f.
966 Dazu *Carrie*, S. 108; *Kitschenberg*, S. 124 FN 1.
967 Schilderung bei *Carrie*, S. 106.
968 Vgl. *Carrie*, S. 108 f.
969 Vgl. *Carrie*, S. 109.
970 Dazu *Carrie*, S. 107.
971 Vgl. dazu *Carrie*, S. 107.

Jahr	Empfangsstaat	Bemerkungen	Quelle
1980	Kuba	Aufnahme von 400 Personen, die auf ihre Ausreisedokumente in die USA warteten, in der amerikanischen Vertretung in der schweizer Botschaft – Flüchtlinge verließen nach und nach die Botschaft ohne Zusicherungen erhalten zu haben – es sind allerdings auch keine negativen Konsequenzen bekannt geworden	972
1980	Äthiopien	Aufnahme kubanischer Soldaten – der amerikanische Botschaft wurde zur persona non grata erklärt	973
1980	Afghanistan	Aufnahme eines sowjetischen Soldaten – er verließ die Botschaft, nachdem ihm Straffreiheit zu gesagt wurde und er aus der Armee auscheiden und ein technisches Studium aufnehmen konnte	974
1981	Russland	Seit drei Jahren humanitäres Asyl von Pentecostalists	975
1982	DDR	Aufnahme einer Personen, die die Botschaft nach der Zusicherung von Ausreisegarantien verließ – er wurde wegen Spionageverdachts festgenommen – die USA intervenierten und er konnte in die BRD ausreisen	976
1983	Japan	Verweigerung der Aufnahme einer chinesischen Übersetzerin – Übergabe an die japanischen Behörden	977
1984	DDR	Aufnahme von sechs Personen, die nach geheimen Verhandlungen in den Westen ausreisen konnten	978

972 Dazu *Carrie*, S. 107 f.
973 Vgl. *Carrie*, S. 107.
974 Vgl. *Carrie*, S. 107.
975 Dazu ASS v. 29.8.1981.
976 Vgl. The New York Times v. 1.2.1984, S. 3.
977 Dazu *Carrie*, S. 109.
978 Vgl. dazu *Carrie*, S. 108; The New York Times v. 1.2.1984, S. 3.

Jahr	Empfangsstaat	Bemerkungen	Quelle
1989	China	Aufnahme des Physikers Fang Lizhi und seiner Ehefrau nach der gewaltsamen Niederschlagung der Studentenproteste – China protestierte und verlangte die sofortige Übergabe – USA lehnte dies ab – nach langen Verhandlungen konnten sie China verlassen	979
1990	Südafrika	Aufnahme von Schwarzafrikanern in Konsulat	980
1990	Kuba	Aufnahme von Kubanern, die das Land verlassen wollten, in verschiedenen Botschaften (die USA handelte unter dem Schutz der schweizer Botschaft)	981
1993	Somalia	Aufnahme des UN-Generalsekretärs Butros Ghali, als Demonstranten Steine auf ihn warfen	982
1994	Indonesien	Aufnahme von Osttimorern – sie konnten nach Portugal ausreisen	983
1998	Malaysia	Aufnahme von Indonesiern	984
2002	China	Aufnahme von Nordkoreanern in ein Konsulat – sie konnten nach Südkorea ausreisen	985
2003	Liberia	Aufnahme von Personen, die Zuflucht vor Kämpfen suchten	986
2004	China	Übergabe von neun Nordkoreanern an China, da sie in die amerikanische internationale Schule geflohen waren, aber überwachen ihrer Sicherheit und Einwirken auf eine Ausreise nach Südkorea	987
2004	Russland	Aufnahme von Nordkoreanern	988

979 Vgl. nur *Carrie*, S. 15 u. 108.
980 Hierzu UPI v. 23.7.1990.
981 Dazu Hobart Mercury v. 16.7.1990; The Canadian Press v. 18.7.1990; 4.9.; Latin American Regional Reports v. 30.8.1990, S. 6.
982 Vgl. *Carrie*, S. 108.
983 Dazu in der NZZ v. 16.11.1994, S. 5; 26.11., S. 5.
984 Vgl. NZZ v. 15.4.1998, S. 13.
985 Vgl. dazu die FAZ v. 15.5.2002, S. 2.
986 Dazu Die Welt v. 27.6.2003, S. 7.
987 Vgl. BBC v. 30.9.2004.
988 Vgl. Korean Times v. 16.11.2004.

V) Nordeuropa

1) Dänemark

Jahr	Empfangsstaat	Bemerkungen	Quelle
1841	Spanien	Aufnahme von Verschwörern gegen den König, die versucht hatten, den Palast zu stürmen – als die Rebellen an die Macht kamen wurde der Botschafter „Baron del Asilo“	989
1843	Spanien	Aufnahme von Rebellen	990
1848	Spanien	Spanien achtete das Asyl nicht und versuchte erfolglos in die Botschaft einzudringen	991
1988	DDR	Zunächst Aufnahme von 18 Personen, die ihre Ausreise in den Westen erzwingen wollten, aber später Verweigerung der weiteren Beherbergung und Verweisung aus der Botschaft, nachdem den Flüchtlingen Straffreiheit zugesichert worden war	992

2) Finnland

Jahr	Empfangsstaat	Bemerkungen	Quelle
1936-39	Spanien	Während des Bürgerkrieges nahmen die verschiedensten Botschaften Flüchtlinge auf – nach den von Chile angestoßenen Verhandlungen vor dem Völkerbund konnten 1937 und 1939 Flüchtlinge aus den Botschaften evakuiert werden – am 12.10.1940 konnten die letzten Flüchtlinge ausreisen, obwohl Franco zunächst erklärt hatte, dass er das Asyl nicht anerkennen werde	993

989 Dazu *Moncada*, ZöR 1944 (XXIII), S. 403, 404; *Moore*, S. 768; *Ronning*, S. 14; *Sinha*, S. 26 FN 171 (S. 47).

990 Dazu *Moncada*, ZöR 1944 (XXIII), S. 403, 404; *Moore*, S. 768; *Sinha*, S. 26 FN 171 (S. 47).

991 Dazu *Moncada*, ZöR 1944 (XXIII), S. 403, 404; M00re, S. 769.

992 Vgl. dazu *Carrie*, S. 111 f. u. 140 FN 337.

993 Vgl. *Carrie*, S. 36 u. 91 f.; *Hackworth*, S. 631 f.; *Kimminich*, Rechtsstatus, S. 101 u. 103 f.; *Kitschenberg*, S. 10, 25 u. 117; *Moncada*, ZöR 1944 (XXIII), S. 403, 441 ff.; *Morgenstern*, BYB 1948 (XXV), S. 236, 246; *Ronning*, S. 17 f.; *Sinha*, S. 29 ff. u. 29 FN 188 (S. 49); *Ungerer*, S. 48; *v. Pollern*, S. 97; *Whiteman*, S. 446 ff.

Jahr	Empfangsstaat	Bemerkungen	Quelle
1993	Indonesien	Verweigerung des Asyls für Osttimorer	994

3) Norwegen

Jahr	Empfangsstaat	Bemerkungen	Quelle
1936-39	Spanien	Während des Bürgerkrieges nahmen die verschiedensten Botschaften Flüchtlinge auf – nach den von Chile angestoßenen Verhandlungen vor dem Völkerbund konnten 1937 und 1939 Flüchtlinge aus den Botschaften evakuiert werden – am 12.10.1940 konnten die letzten Flüchtlinge ausreisen, obwohl Franco zunächst erklärt hatte, dass er das Asyl nicht anerkennen werde	995
1973/74	Chile	Aufnahme von Flüchtlingen in den verschiedensten Botschaften nach einem Staatsstreich Pinochets – Chile bemühte sich die Fluchten zu unterbinden, dabei wurden auch Flüchtlinge von der Polizei getötet – dem diplomatischen Korps wurde es untersagt mit Fahrzeugen durch die Stadt zu fahren und Flüchtlinge aufzunehmen – letztlich Gestattung der freien Ausreise	996
2003		Aufnahme von Oppositionellen als Gäste bis die Frage geklärt ist, ob sie bleiben dürfen	997

994 Vgl. Financial Times (London) v. 25.6.1993, S. 4.

995 Dazu *Carrie*, S. 36 u. 91 f.; *Hackworth*, S. 631 f.; *Kimminich*, Rechtsstatus, S. 101 u. 103 f.; *Kitschenberg*, S. 10, 25 u. 117; *Moncada*, ZöR 1944 (XXIII), S. 403, 441 ff.; *Morgenstern*, BYB 1948 (XXV), S. 236, 246; *Ronning*, S. 17 f.; *Sinha*, S. 29 ff. u. 29 FN 188 (S. 49); *Ungerer*, S. 48; *v. Pollern*, S. 97; *Whiteman*, S. 446 ff.

996 Vgl. nur *Carrie*, S. 93 f. und *v. Pollern*, S. 98 u. 105.

997 Vgl. BBC v. 22.10.2003.

4) Schweden

Jahr	Empfangsstaat	Bemerkungen	Quelle
1973/74	Chile	Aufnahme von Flüchtlingen in den verschiedensten Botschaften nach einem Staatsstreich Pinochets – Chile bemühte sich die Fluchten zu unterbinden, dabei wurden auch Flüchtlinge von der Polizei getötet – dem diplomatischen Korps wurde es untersagt mit Fahrzeugen durch die Stadt zu fahren und Flüchtlinge aufzunehmen – letztlich Gestattung der freien Ausreise	998
1984	Chile	Aufnahme dreier Personen als Gäste, aber mit dem Wunsch auf Gewährung freien Geleits	999
1993	Indonesien	Verweigerung des Asyls für Osttimorer	1000

VI) Mitteleuropa

1) Belgien

Jahr	Empfangsstaat	Bemerkungen	Quelle
1936-39	Spanien	Während des Bürgerkrieges nahmen die verschiedensten Botschaften Flüchtlinge auf – nach den von Chile angestoßenen Verhandlungen vor dem Völkerbund konnten 1937 und 1939 Flüchtlinge aus den Botschaften evakuiert werden – am 12.10.1940 konnten die letzten Flüchtlinge ausreisen, obwohl Franco zunächst erklärt hatte, dass er das Asyl nicht anerkennen werde	1001

998 Vgl. nur *Carrie*, S. 93 f. und *v. Pollern*, S. 98 u. 105.

999 Schilderung bei UPI v. 7.12.1984.

1000 Dazu Financial Times (London) v. 25.6.1993, S. 4.

1001 Vgl. *Carrie*, S. 36 u. 91 f.; *Hackworth*, S. 631 f.; *Kimminich*, Rechtsstatus, S. 101 u. 103 f.; *Kitschenberg*, S. 10, 25 u. 117; *Moncada*, ZöR 1944 (XXIII), S. 403, 441 ff.; *Morgenstern*, BYB 1948 (XXV), S. 236, 246; *Ronning*, S. 17 f.; *Sinha*, S. 29 ff. u. 29 FN 188 (S. 49); *Ungerer*, S. 48; *v. Pollern*, S. 97; *Whiteman*, S. 446 ff.

Jahr	Empfangsstaat	Bemerkungen	Quelle
1953	Israel	Aufnahme eines belgischen Soldaten in Konsulat, gegen den ein Haftbefehl vorlag, weil er einer Schadensersatzzahlung nach einem Verkehrsunfall nicht nachgekommen war – dazu entschied ein israelisches Gericht: das Asyl in Botschaften ist nicht rechtmäßig, es sei denn für politische Flüchtlinge aus humanitären Gründen	1002
1973/74	Chile	Aufnahme von Flüchtlingen in den verschiedensten Botschaften nach einem Staatsstreich Pinochets – Chile bemühte sich die Fluchten zu unterbinden, dabei wurden auch Flüchtlinge von der Polizei getötet – dem diplomatischen Korps wurde es untersagt mit Fahrzeugen durch die Stadt zu fahren und Flüchtlinge aufzunehmen – letztlich Gestattung der freien Ausreise	1003
1984	Guatemala		1004
1990	Kuba	Aufnahme von 60 Personen in verschiedenen Botschaften – Kuba garantierte denjenigen, die die Botschaften freiwillig verließen, Straffreiheit, den anderen drohte Kuba, dass sie Dauergäste in den Botschaften würden – die meisten gaben aufl	1005
1994	Kuba	Aufnahme vieler Kubaner, die das Land verlassen wollen, in den verschiedenen Botschaften	1006

1002 Vgl. *Carrie*, S. 146 f.; *Ronning*, S. 91.
1003 Vgl. nur *Carrie*, S. 93 f. und *v. Pollern*, S. 98 u. 105.
1004 Dazu *Carrie*, S. 140.
1005 Dazu *Carrie*, S. 96 f.
1006 Vgl. nur NZZ v. 14.6.1994, S. 2; 21.6., S. 2; 23.6., S. 2.

2) Irland

Jahr	Empfangsstaat	Bemerkungen	Quelle
1973/74	Chile	Aufnahme von Flüchtlingen in den verschiedensten Botschaften nach einem Staatsstreich Pinochets – Chile bemühte sich die Fluchten zu unterbinden, dabei wurden auch Flüchtlinge von der Polizei getötet – dem diplomatischen Korps wurde es untersagt mit Fahrzeugen durch die Stadt zu fahren und Flüchtlinge aufzunehmen – letztlich Gestattung der freien Ausreise	1007

3) Niederlande

Jahr	Empfangsstaat	Bemerkungen	Quelle
1726	Spanien	Verweigerung der Aufnahme des Außen- und Finanzministers Ripperda, der später von Großbritannien aufgenommen wurde	1008
1917	China	Aufnahme eines Generals	1009
1930	Peru	Aufnahme von ca. 60 Personen in verschiedenen Botschaften	1010
1936-39	Spanien	Während des Bürgerkrieges nahmen die verschiedensten Botschaften Flüchtlinge auf – nach den von Chile angestoßenen Verhandlungen vor dem Völkerbund konnten 1937 und 1939 Flüchtlinge aus den Botschaften evakuiert werden – am 12.10.1940 konnten die letzten Flüchtlinge ausreisen, obwohl Franco zunächst erklärt hatte, dass er das Asyl nicht anerkennen werde	1011

1007 Vgl. nur *Carrie*, S. 93 f. und *v. Pollern*, S. 98 u. 105.

1008 Vgl. *Carrie*, S. 32; *Denza*, S. 113; *Moore*, S. 765; *Ronning*, S. 12; *Sinha*, S. 212.

1009 Vgl. dazu *Moncada*, ZöR 1944 (XXIII), S. 403, S. 428.

1010 Vgl. *Whiteman*, S. 461 f.

1011 Dazu *Carrie*, S. 36 u. 91 f.; *Hackworth*, S. 631 f.; *Kimminich*, Rechtsstatus, S. 101 u. 103 f.; *Kitschenberg*, S. 10, 25 u. 117; *Moncada*, ZöR 1944 (XXIII), S. 403, 441 ff.; *Morgenstern*, BYB 1948 (XXV), S. 236, 246; *Ronning*, S. 17 f.; *Sinha*, S. 29 ff. u. 29 FN 188 (S. 49); *Ungerer*, S. 48; *v. Pollern*, S. 97; *Whiteman*, S. 446 ff.

Jahr	Empfangsstaat	Bemerkungen	Quelle
1973/74	Chile	Aufnahme von Flüchtlingen in den verschiedensten Botschaften nach einem Staatsstreich Pinochets – Chile bemühte sich die Fluchten zu unterbinden, dabei wurden auch Flüchtlinge von der Polizei getötet – dem diplomatischen Korps wurde es untersagt mit Fahrzeugen durch die Stadt zu fahren und Flüchtlinge aufzunehmen – letztlich Gestattung der freien Ausreise	1012
1985	Südafrika	Aufnahme des weißen ANC Kämpfers Klaas de Jonge – Südafrika holte ihn aus der Botschaft heraus – die Niederlande protestierten – er wurde zurückgegeben und die verantwortlichen Polizisten wurden getadelt – die Niederlande verweigerten die Übergabe für einen Prozess	1013
1986	Indonesien	Aufnahme von Mitgliedern einer Separatistenpartei – Indonesien sicherte Straffreiheit zu und forderte sie auf, die Botschaft zu verlassen	1014

4) Österreich

Jahr	Empfangsstaat	Bemerkungen	Quelle
1973/74	Chile	Aufnahme von Flüchtlingen in den verschiedensten Botschaften nach einem Staatsstreich Pinochets – Chile bemühte sich die Fluchten zu unterbinden, dabei wurden auch Flüchtlinge von der Polizei getötet – dem diplomatischen Korps wurde es untersagt mit Fahrzeugen durch die Stadt zu fahren und Flüchtlinge aufzunehmen – letztlich Gestattung der freien Ausreise	1015
1980	Chile	Bei der Aufnahme von Flüchtlingen berief sich Österreich zunächst auf das Gastrecht des Botschafters, nahm aber später von dieser Erklärung Abstand	1016

1012 Vgl. nur *Carrie*, S. 93 f. und *v. Pollern*, S. 98 u. 105.
1013 Schilderung in Chicago Tribune v. 6.3.1986, S. 8; The Guardian (London) v. 6.8.1985.
1014 Vgl. *Carrie*, S. 110.
1015 Vgl. nur *Carrie*, S. 93 f. und *v. Pollern*, S. 98 u. 105.
1016 Dazu *Carrie*, S. 71.

5) Schweiz

Jahr	Empfangsstaat	Bemerkungen	Quelle
1973/74	Chile	Aufnahme von Flüchtlingen in den verschiedensten Botschaften nach einem Staatsstreich Pinochets – Chile bemühte sich die Fluchten zu unterbinden, dabei wurden auch Flüchtlinge von der Polizei getötet – dem diplomatischen Korps wurde es untersagt mit Fahrzeugen durch die Stadt zu fahren und Flüchtlinge aufzunehmen – letztlich Gestattung der freien Ausreise	1017
1990	Kuba	Aufnahme von 60 Personen in verschiedenen Botschaften – Kuba garantierte denjenigen, die die Botschaften freiwillig verließen, Straffreiheit, den anderen drohte Kuba, dass sie Dauergäste in den Botschaften würden – die meisten gaben aufl	1018
1990	Liberia	Aufnahme während eines Bürgerkrieges in verschiedenen Botschaften	1019
1998	Malaysia	Indonesier drangen in verschiedene Botschaften ein – diese baten Malaysia um die Entfernung der Flüchtlinge	1020
2000	Indonesien	Indonesier drangen in die Botschaft ein, wollten aber kein Asyl sondern nur Aufmerksamkeit	1021

VII) Südeuropa

1) Italien

Jahr	Empfangsstaat	Bemerkungen	Quelle
1908	Persien	Aufnahme von Flüchtlingen während Unruhen	1022

1017 Vgl. nur *Carrie*, S. 93 f. und *v. Pollern*, S. 98 u. 105.
1018 Hierzu *Carrie*, S. 96 f.
1019 Dazu *Carrie*, S. 97 f.
1020 Zu diesem Fall NZZ v. 11.4.1998, S. 2.
1021 Vgl. NZZ v. 28.9.2000, S. 3.
1022 Vgl. *Hackworth*, S. 635; *Sinha*, S. 27; *Ungerer*, S. 48 FN 113; *Volkening*, S. 82.

Jahr	Empfangsstaat	Bemerkungen	Quelle
1913	Peru	Aufnahme des gestürzten Präsidenten Leguía – Peru war scheinbar einverstanden	1023
1914	Türkei	Aufnahme des britischen Vizekonsuls in Konsulat – das Konsulat wurde von Soldaten umstellt und der Vizekonsul übergeben – Italien verlangte mit Unterstützung der USA die Freilassung des Vizekonsuls	1024
1973/74	Chile	Aufnahme von Flüchtlingen in den verschiedensten Botschaften nach einem Staatsstreich Pinochets – Chile bemühte sich die Fluchten zu unterbinden, dabei wurden auch Flüchtlinge von der Polizei getötet – dem diplomatischen Korps wurde es untersagt mit Fahrzeugen durch die Stadt zu fahren und Flüchtlinge aufzunehmen – letztlich Gestattung der freien Ausreise	1025
1985	Albanien	Aufnahme der Kinder eines Kollaborateurs – Albanien forderte die Übergabe aus Gründen der Staatssicherheit – Ausreise nach Italien am 16.5.1990	1026
1990	Albanien	Aufnahmen nach Aufständen in verschiedenen Botschaften	1027
1990	Kuba	Aufnahme von 60 Personen in verschiedenen Botschaften – Kuba garantierte denjenigen, die die Botschaften freiwillig verließen, Straffreiheit, den anderen drohte Kuba, dass sie Dauergäste in den Botschaften würden – die meisten gaben aufl	1028

1023 Dazu *Moncada*, ZöR 1944 (XXIII), S. 403, 425 f.; *Morgenstern*, BYB 1948 (XXV), S. 236, 246; *Ronning*, S. 75; *Sinha*, S. 236; *Ungerer*, S. 91.

1024 Schilderung bei *Hackworth*, S. 642.

1025 Vgl. nur *Carrie*, S. 93 f. und *v. Pollern*, S. 98 u. 105.

1026 Vgl. *Carrie*, S. 110.

1027 Vgl. nur *Carrie*, S. 94 ff. u. 113.

1028 Dazu *Carrie*, S. 96 f..

2) Portugal

Jahr	Empfangsstaat	Bemerkungen	Quelle
1894	Brasilien	Aufnahme von Revolutionären auf einem Schiff – Brasilien verlangte die Herausgabe – Schiff verließ mit Flüchtlingen an Bord Brasilien, um sie in Portugal zu internieren – die Flüchtlinge konnten aber fliehen – Abbruch der diplomatischen Beziehungen	1029
1984	Guinea-Bissau	Aufnahme des ehemaligen Premierministers, der wegen Mitvorbereitung eines Staatsstreichs angeklagt war	1030
1999	Guinea-Bissau		1031

3) Spanien

Jahr	Empfangsstaat	Bemerkungen	Quelle
1850	Ecuador		1032
1891/92	Chile	Der Präsident und seine Anhänger wurden nach seinem Sturz in verschiedenen Botschaften aufgenommen – das Asyl wurde vom Sieger anerkannt – sie konnten auf Kriegsschiffen das Land verlassen	1033
1908	Haiti	Aufnahme von Aufständischen in verschiedenen Botschaften – sie durften das Land auf Schiffen verlassen	1034
1910	Portugal	Schutz vor der Menge und Hilfe bei Flucht aus dem Land – Portugal akzeptierte das Asyl und erlaubte verlassen des Landes	1035
1920	Guatemala	Aufnahme von politischen Flüchtlingen während eines stürmischen Regierungswechsels	1036

1029 Vgl. *Moncada*, ZöR 1944 (XXIII), S. 403, 411; *Volkening*, S. 35 f.

1030 Vgl. *Carrie*, S. 110.

1031 Vgl. NZZ v. 10.5.1999, S. 5.

1032 Dazu *Moncada*, ZöR 1944 (XXIII), S. 403, 414.

1033 Zu diesem Fall *Kitschenberg*, S. 19; *Moncada*, ZöR 1944 (XXIII), S. 403, 411 f.; *Ungerer*, S. 75; *Volkening*, S. 38.

1034 Vgl. *Moncada*, ZöR 1944 (XXIII), S. 403, 418; *Ungerer*, S. 84; *Volkening*, S. 54 f.

1035 Vgl. *Moncada*, ZöR 1944 (XXIII), S. 403, 405; *Sinha*, S. 26 f.

1036 Vgl. *Moncada*, ZöR 1944 (XXIII), S. 403, 416; *Ungerer*, S. 81.

Jahr	Empfangsstaat	Bemerkungen	Quelle
1921	Portugal	Teilweise konnten die Flüchtlinge das Land verlassen – teilweise verließen sie die Botschaft, nachdem ihnen eine menschliche Behandlung garantiert worden war	1037
1922	El Salvador	Aufnahme von politisch Verfolgten während eines Aufstandes	1038
1931	Chile	Aufnahme des gestürzten Präsidenten	1039
1931	Argentinien	Aufnahme von Flüchtlingen anlässlich des Sturzes des Präsidenten	1040
1933	Brasilien		1041
1933	Guatemala		1042
1935	Venezuela	Aufnahme politisch Verfolgter nach dem Tod des Präsidenten – Venezuela erkannte das Asyl an	1043
1973/74	Chile	Aufnahme von Flüchtlingen in den verschiedensten Botschaften nach einem Staatsstreich Pinochets – Chile bemühte sich die Fluchten zu unterbinden, dabei wurden auch Flüchtlinge von der Polizei getötet – dem diplomatischen Korps wurde es untersagt mit Fahrzeugen durch die Stadt zu fahren und Flüchtlinge aufzunehmen – letztlich Gestattung der freien Ausreise	1044
1990	Kuba	Aufnahme von 60 Personen in verschiedenen Botschaften – Kuba garantierte denjenigen, die die Botschaften freiwillig verließen, Straffreiheit, den anderen drohte Kuba, dass sie Dauergäste in den Botschaften würden – die meisten gaben auf!	1045

1037 Geschildert von *Moncada*, ZöR 1944 (XXIII), S. 403, 405.
1038 Dazu *Moncada*, ZöR 1944 (XXIII), S. 403, 424; *Ungerer*, S. 94.
1039 Vgl. dazu *Moncada*, ZöR 1944 (XXIII), S. 403, 413; *Ungerer*, S. 76.
1040 Vgl. *Moncada*, ZöR 1944 (XXIII), S. 403, 408.
1041 Hierzu *Moncada*, ZöR 1944 (XXIII), S. 403, 411; *Ungerer*, S. 72.
1042 Vgl. *Moncada*, ZöR 1944 (XXIII), S. 403, 416; *Ungerer*, S. 82.
1043 Vgl. *Moncada*, ZöR 1944 (XXIII), S. 403, 425; *Ungerer*, S. 66 FN 145 u. S. 95 f.
1044 Vgl. nur *Carrie*, S. 93 f. und *v. Pollern*, S. 98 u. 105.
1045 Zu diesem Fall *Carrie*, S. 96 f.

Jahr	Empfangsstaat	Bemerkungen	Quelle
1990	Liberia	Aufnahme während eines Bürgerkrieges in verschiedenen Botschaften	1046
2002	China	Aufnahme von Nordkoreanern – sie konnten trotz Auslieferungsabkommen über Manila nach Südkorea ausreisen	1047

4) Vatikan

Jahr	Empfangsstaat	Bemerkungen	Quelle
1910	Portugal	Schutz vor der Menge und Hilfe bei Flucht aus dem Land – Portugal akzeptierte das Asyl und erlaubte verlassen des Landes	1048
1949	Guatemala	Aufnahme von Flüchtlingen in verschiedenen Botschaften – ihnen wurde zugesichert, dass sie unbehelligt das Land verlassen könnten	1049
1973/74	Chile	Aufnahme von Flüchtlingen in den verschiedensten Botschaften nach einem Staatsstreich Pinochets – Chile bemühte sich die Fluchten zu unterbinden, dabei wurden auch Flüchtlinge von der Polizei getötet – dem diplomatischen Korps wurde es untersagt mit Fahrzeugen durch die Stadt zu fahren und Flüchtlinge aufzunehmen – letztlich Gestattung der freien Ausreise	1050
1984	Chile	Aufnahme von vier Mitgliedern einer verbotenen Partei, die des Mordes an einem Gouverneur angeklagt waren – sie konnten nach langen Verhandlungen nach Ecuador ausreisen	1051
1989	Indonesien	Aufnahme von sechs Osttimorern	1052

1046 Dazu *Carrie*, S. 97 f.

1047 Schilderung in FAZ v. 15.3.2002, S. 6; Die Welt v. 15.3.2002, S. 10; 16.3., S. 6; 27.4., S. 5; NZZ v. 15.3.2002, S. 3; 18.3., S. 5.

1048 Vgl. *Moncada*, ZöR 1944 (XXIII), S. 403, 405; *Sinha*, S. 26 f.

1049 Dazu *Ungerer*, S. 82.

1050 Vgl. nur *Carrie*, S. 93 f. und *v. Pollern*, S. 98 u. 105.

1051 Vgl. *Carrie*, S. 111.

1052 Vgl. France v. 24.6.1993.

Jahr	Empfangsstaat	Bemerkungen	Quelle
1998	Panama	Aufnahme Endarras, der eigentlich die Wahlen gegen Noriega gewonnen hätte – Noriega regierte aber weiter	1053
1989/90	Panama	Aufnahme Noriegas und 30 seiner Anhänger, nach einer us-Invasion, die dazu führte, dass Endarra Präsident wurde – Verweigerung der Übergabe an die USA, wenn überhaupt Übergabe an Panama – Panama fühlte sich nicht dazu imstande, Noriega im eigenen Land den Prozess zu machen, da das Justizwesen erst wiederaufgebaut werden musste – Noriega verließ auf Drängen des Nuntius die Nuntiatur und wurde von Panama an die USA übergeben, die ihn vor Gericht stellten	1054

VIII) Südosteuropa

1) Griechenland

Jahr	Empfangsstaat	Bemerkungen	Quelle
1990	Albanien	Aufnahmen nach Aufständen in verschiedenen Botschaften	1055

2) Türkei

Jahr	Empfangsstaat	Bemerkungen	Quelle
1908	Persien	Aufnahme von Flüchtlingen während Unruhen	1056

1053 Vgl. nur *Carrie*, S. 111.
1054 Vgl. nur *Carrie*, S. 15 u. 111.
1055 Vgl. nur *Carrie*, S. 94 ff. u. 113.
1056 Dazu *Hackworth*, S. 635; *Sinha*, S. 27; *Ungerer*, S. 48 FN 113; *Volkening*, S. 82.

Jahr	Empfangsstaat	Bemerkungen	Quelle
1936-39	Spanien	Während des Bürgerkrieges nahmen die verschiedensten Botschaften Flüchtlinge auf – nach den von Chile angestoßenen Verhandlungen vor dem Völkerbund konnten 1937 und 1939 Flüchtlinge aus den Botschaften evakuiert werden – am 12.10.1940 konnten die letzten Flüchtlinge ausreisen, obwohl Franco zunächst erklärt hatte, dass er das Asyl nicht anerkennen werde	1057
1944	Ungarn	Aufnahme des ehemaligen Ministerpräsidenten Kallay, nach dem Einmarsch russischer Truppen	1058
1985	Russland	Aufnahme eines bulgarischen Journalisten türkischer Herkunft	1059
1990	Albanien	Aufnahmen nach Aufständen in verschiedenen Botschaften	1060

IX) Osteuropa

1) Algerien

Jahr	Empfangsstaat	Bemerkungen	Quelle
1990	Albanien	Aufnahmen nach Aufständen in verschiedenen Botschaften	1061

1057 Dazu *Carrie*, S. 36 u. 91 f.; *Hackworth*, S. 631 f.; *Kimminich*, Rechtsstatus, S. 101 u. 103 f.; *Kitschenberg*, S. 10, 25 u. 117; *Moncada*, ZöR 1944 (XXIII), S. 403, 441 ff.; *Morgenstern*, BYB 1948 (XXV), S. 236, 246; *Ronning*, S. 17 f.; *Sinha*, S. 29 ff. u. 29 FN 188 (S. 49); *Ungerer*, S. 48; *v. Pollern*, S. 97; *Whiteman*, S. 446 ff.

1058 Dazu *Carrie*, S. 110; *Kitschenberg*, S. 117 FN 3; *v. Pollern*, S. 97.

1059 Dazu *Carrie*, S. 110.

1060 Vgl. nur *Carrie*, S. 94 ff. u. 113.

1061 Vgl. nur *Carrie*, S. 94 ff. u. 113.

2) Bulgarien

Jahr	Empfangsstaat	Bemerkungen	Quelle
1990	Albanien	Aufnahmen nach Aufständen in verschiedenen Botschaften	1062

3) DDR

Jahr	Empfangsstaat	Bemerkungen	Quelle
1973/74	Chile	Aufnahme von Flüchtlingen in den verschiedensten Botschaften nach einem Staatsstreich Pinochets – Chile bemühte sich die Fluchten zu unterbinden, dabei wurden auch Flüchtlinge von der Polizei getötet – dem diplomatischen Korps wurde es untersagt mit Fahrzeugen durch die Stadt zu fahren und Flüchtlinge aufzunehmen – letztlich Gestattung der freien Ausreise	1063
1990	Albanien	Aufnahmen nach Aufständen in verschiedenen Botschaften	1064

4) Jugoslawien

Jahr	Empfangsstaat	Bemerkungen	Quelle
1956	Ungarn	Aufnahme des Ministerpräsidenten Nagy und einiger Begleiter – Übergabe an Ungarn nach Zusicherung freien Geleits – Hinrichtung Nagys trotz Protestes Jugoslawiens nach Geheimprozess	1065

1062 Vgl. nur *Carrie*, S. 94 ff. u. 113.
1063 Vgl. nur *Carrie*, S. 93 f. und *v. Pollern*, S. 98 u. 105.
1064 Vgl. nur *Carrie*, S. 94 ff. u. 113.
1065 Dazu *Carrie*, S. 112; *Kimminich*, Rechtsstatus, S. 108; *Kitschenberg*, S. 117 FN 3; *Ronning*, S. 21; *v. Pollern*, S. 98.

5) Polen

Jahr	Empfangsstaat	Bemerkungen	Quelle
1936-39	Spanien	Während des Bürgerkrieges nahmen die verschiedensten Botschaften Flüchtlinge auf – nach den von Chile angestoßenen Verhandlungen vor dem Völkerbund konnten 1937 und 1939 Flüchtlinge aus den Botschaften evakuiert werden – am 12.10.1940 konnten die letzten Flüchtlinge ausreisen, obwohl Franco zunächst erklärt hatte, dass er das Asyl nicht anerkennen werde	1066
1990	Albanien	Aufnahmen nach Aufständen in verschiedenen Botschaften	1067
1996	Indonesien	Aufnahme von Osttimorern – sie konnten nach Portugal ausreisen	1068

6) Rumänien

Jahr	Empfangsstaat	Bemerkungen	Quelle
1936-39	Spanien	Während des Bürgerkrieges nahmen die verschiedensten Botschaften Flüchtlinge auf – nach den von Chile angestoßenen Verhandlungen vor dem Völkerbund konnten 1937 und 1939 Flüchtlinge aus den Botschaften evakuiert werden – am 12.10.1940 konnten die letzten Flüchtlinge ausreisen, obwohl Franco zunächst erklärt hatte, dass er das Asyl nicht anerkennen werde	1069
1990	Albanien	Aufnahmen nach Aufständen in verschiedenen Botschaften	1070

1066 Hierzu *Carrie*, S. 36 u. 91 f.; *Hackworth*, S. 631 f.; *Kimminich*, Rechtsstatus, S. 101 u. 103 f.; *Kitschenberg*, S. 10, 25 u. 117; *Moncada*, ZöR 1944 (XXIII), S. 403, 441 ff.; *Morgenstern*, BYB 1948 (XXV), S. 236, 246; *Ronning*, S. 17 f.; *Sinha*, S. 29 ff. u. 29 FN 188 (S. 49); *Ungerer*, S. 48; *v. Pollern*, S. 97; *Whiteman*, S. 446 ff.

1067 Vgl. nur *Carrie*, S. 94 ff. u. 113.

1068 Dazu NZZ v. 26.1.1996, S. 2.

1069 Vgl. dazu *Carrie*, S. 36 u. 91 f.; *Hackworth*, S. 631 f.; *Kimminich*, Rechtsstatus, S. 101 u. 103 f.; *Kitschenberg*, S. 10, 25 u. 117; *Moncada*, ZöR 1944 (XXIII), S. 403, 441 ff.; *Morgenstern*, BYB 1948 (XXV), S. 236, 246; *Ronning*, S. 17 f.; *Sinha*, S. 29 ff. u. 29 FN 188 (S. 49); *Ungerer*, S. 48; *v. Pollern*, S. 97; *Whiteman*, S. 446 ff.

1070 Vgl. nur *Carrie*, S. 94 ff. u. 113.

7) Russland

Jahr	Empfangsstaat	Bemerkungen	Quelle
1808	Österreich		1071
1829	Persien	Gewaltsames Eindringen der Behörden und Ermordung des Gesandten	1072
1881	Türkei	Aufnahme eines wegen Hochverrats Angeklagten	1073
1909	Persien	Aufnahme von Personen während Unruhen	1074
1921	Persien		1075
1963	Japan	Aufnahme eines Chinesen, der nach Russland ausreisen wollte – nach kurzer Zeit Übergabe an die japanischen Behörden	1076
1996	Nordkorea	Aufnahme von Nordkoreanern, die das Land verlassen wollten – trotz Rechtshilfeabkommen denkt Russland über Asyl nach	1077

8) Tschechien

Jahr	Empfangsstaat	Bemerkungen	Quelle
1990	Albanien	Aufnahmen nach Aufständen in verschiedenen Botschaften	1078
1990	Kuba	Aufnahme von 60 Personen in verschiedenen Botschaften – Kuba garantierte denjenigen, die die Botschaften freiwillig verließen, Straffreiheit, den anderen drohte Kuba, dass sie Dauergäste in den Botschaften würden – die meisten gaben auf!	1079

1071 Vgl. *Moncada*, ZöR 1944 (XXIII), S. 403, 405 f.
1072 Dazu *Moncada*, ZöR 1944 (XXIII), S. 403, 426.
1073 Dazu *Moncada*, ZöR 1944 (XXIII), S. 403, 425; *Sinha*, S. 26 FN 172 (S. 47).
1074 Vgl. *Moncada*, ZöR 1944 (XXIII), S. 403, 427.
1075 Vgl. *Moncada*, ZöR 1944 (XXIII), S. 403, 427.
1076 Vgl. *Kitschenberg*, S. 103 FN 4.
1077 Dazu NZZ v. 15.2.1996, S. 2.
1078 Vgl. nur *Carrie*, S. 94 ff. u. 113.
1079 Schilderung bei *Carrie*, S. 96 f.

X) Kanada und Australien

1) Australien

Jahr	Empfangsstaat	Bemerkungen	Quelle
1973/74	Chile	Aufnahme von Flüchtlingen in den verschiedensten Botschaften nach einem Staatsstreich Pinochets – Chile bemühte sich die Fluchten zu unterbinden, dabei wurden auch Flüchtlinge von der Polizei getötet – dem diplomatischen Korps wurde es untersagt mit Fahrzeugen durch die Stadt zu fahren und Flüchtlinge aufzunehmen – letztlich Gestattung der freien Ausreise	1080
1987/88	Indien	Aufnahme eines russischen Reiseführers – er durfte später nach Australien ausreisen	1081
2004	Papua-Neuguinea	Verweigerung der Aufnahme	1082

2) Kanada

Jahr	Empfangsstaat	Bemerkungen	Quelle
1973/74	Chile	Aufnahme von Flüchtlingen in den verschiedensten Botschaften nach einem Staatsstreich Pinochets – Chile bemühte sich die Fluchten zu unterbinden, dabei wurden auch Flüchtlinge von der Polizei getötet – dem diplomatischen Korps wurde es untersagt mit Fahrzeugen durch die Stadt zu fahren und Flüchtlinge aufzunehmen – letztlich Gestattung der freien Ausreise	1083
1991	Haiti	Aufnahme von 19 Haitianern – sie benahmen sich in der Botschaft unmöglich, deshalb gewährte ihnen Kanada kein Asyl – aber auch keine Übergabe	1084

1080 Vgl. nur *Carrie*, S. 93 f. und *v. Pollern*, S. 98 u. 105.
1081 Vgl. Herald v. 22.1.1988; Telegraph v. 24.12.1987.
1082 Dazu AAP Newsfeed v. 1.10.2004.
1083 Vgl. nur *Carrie*, S. 93 f. und *v. Pollern*, S. 98 u. 105.
1084 Zu diesem Fall The Ottawa Citizen v. 29.11.1991, S. A11; The Toronto Star v. 21.11.1991, S. A1.

Jahr	Empfangsstaat	Bemerkungen	Quelle
1991	Russland	Aufnahme eines Juden, der wegen Mordes angeklagt aber freigesprochen wurde – er durfte ausreisen	1085
2002	China	Aufnahme von Nordkoreanern – kein Asyl, aber sie müssen erst die Botschaft verlassen, wenn sie keine Gefahr fürchten müssen – Ausreise über Singapur nach Südkorea	1086
2004	China	Aufnahme von 44 Nordkoreanern, die sich als Bauarbeiter ausgegeben hatten, um in die Botschaft zu gelangen – sie konnten später in ein Drittland ausreisen	1087

XI) Afrikanische Staaten

1) Ägypten

Jahr	Empfangsstaat	Bemerkungen	Quelle
1990	Albanien	Aufnahmen nach Aufständen in verschiedenen Botschaften	1088

2) Liberia

Jahr	Empfangsstaat	Bemerkungen	Quelle
1878	Haiti	Anführer eines missglückten Aufstandes fanden in verschiedenen Botschaften Aufnahme– Haiti erlaubte ihre Einschiffung	1089
1891	Haiti	Konsulat	1090

1085 Dazu The Toronto Star v. 8.1.1991, S. A9.

1086 Schilderung in NZZ v. 13.5.2002, S. 2; 25.6., S. 5; The Gazette v. 14.5.2002, S. A14.

1087 Dazu FAZ v. 24.12.2004, S. 2; Assocaited Press Worldstream v. 26.10.2004, International News; Japan Economic Newswire v. 7.10.2004, International News.

1088 Vgl. nur *Carrie*, S. 94 ff. u. 113.

1089 Dazu *Moncada*, ZöR 1944 (XXIII), S. 403, 417; *Moore*, S. 816; *Sinha*, S. 232; *Ungerer*, S. 83; *Volkening*, S. 51.

1090 Vgl. *Ronning*, S. 131.

3) Nigeria

Jahr	Empfangsstaat	Bemerkungen	Quelle
1990	Liberia	Aufnahme während eines Bürgerkrieges in verschiedenen Botschaften – die Flüchtlinge in der nigerianischen Botschaft wurden bei einer Botschaftsplünderung vertrieben	1091
2000	Elfenbeinküste		1092

XII) Asien

1) China

Jahr	Empfangsstaat	Bemerkungen	Quelle
1936-39	Spanien	Während des Bürgerkrieges nahmen die verschiedensten Botschaften Flüchtlinge auf – nach den von Chile angestoßenen Verhandlungen vor dem Völkerbund konnten 1937 und 1939 Flüchtlinge aus den Botschaften evakuiert werden – am 12.10.1940 konnten die letzten Flüchtlinge ausreisen, obwohl Franco zunächst erklärt hatte, dass er das Asyl nicht anerkennen werde	1093

2) Indonesien

Jahr	Empfangsstaat	Bemerkungen	Quelle
1958	Manila	Verweigerung des Asyls für einen Oppositionellen und Übergabe an die Behörden	1094

1091 Vgl. *Carrie*, S. 97 f.

1092 Vgl. Africa News v. 8.10.2000.

1093 Dazu *Carrie*, S. 36 u. 91 f.; *Hackworth*, S. 631 f.; *Kimminich*, Rechtsstatus, S. 101 u. 103 f.; *Kitschenberg*, S. 10, 25 u. 117; *Moncada*, ZöR 1944 (XXIII), S. 403, 441 ff.; *Morgenstern*, BYB 1948 (XXV), S. 236, 246; *Ronning*, S. 17 f.; *Sinha*, S. 29 ff. u. 29 FN 188 (S. 49); *Ungerer*, S. 48; *v. Pollern*, S. 97; *Whiteman*, S. 446 ff.

1094 Vgl. *Carrie*, S. 117 FN 254; *Whiteman*, S. 458.

3) Japan

Jahr	Empfangsstaat	Bemerkungen	Quelle
1917	China	Aufnahme des gestürzten Präsidenten	1095
1920	China	Aufnahme von neun ANFU-Führern, gegen die ein Haftbefehl vorlag – Verweigerung der Übergabe	1096
1941	Iran	Aufnahme des Muftis von Jerusalem	1097
1989	Indonesien	Aufnahme von Osttimorern	1098
2002	China	Aufnahme von fünf Nordkoreanern in Konsulat – China verhaftete die Flüchtlinge – Japan ist erzürnt	1099
2002	China	Nordkoreanern, die später über Phillipinen nach Südkorea ausreisen konnten	1100
2003	Thailand	Aufnahme von Nordkoreanern – sie wurden von Südkorea aufgenommen	1101
2005	China	Aufnahme von 8 Nordkoreanern, die in die japanische Schule geflohen waren – sie wurden mit einem Bus in die japanische Botschaft gebracht	1102

4) Südkorea

Jahr	Empfangsstaat	Bemerkungen	Quelle
1994	Russland	Aufnahme von Nordkoreanern, die aus einem Arbeitscamp geflohen waren	1103
1997	China	Aufnahme von Nordkoreanern	1104

1095 Dazu *Moncada*, ZöR 1944 (XXIII), S. 403, 428.
1096 Vgl. dazu *Moncada*, ZöR 1944 (XXIII), S. 403, 428; *Volkening*, S. 83.
1097 Vgl. *Berber*, S. 290.
1098 Vgl. France v. 24.6.1993.
1099 Zu diesem Fall NZZ v. 10.5.2002, S. 5 The Gazette v. 14.5.2002, S. A14.
1100 Vgl. NZZ v. 24.5.2002, S: 3.
1101 Vgl. NZZ v. 23.8.2003, S. 5.
1102 Geschildert in Los Angeles Times v. 24.1.2005, Main News, Foreign Desk, Part A, S. 5.
1103 Vgl. France v. 20.2.1994.
1104 Vgl. Die Welt v. 14.2.1997, S. 1; 17.2., S. 1; NZZ v. 18.2.1997, S. 1; Calgary Herald v. 6.3.1997, S. A7.

Jahr	Empfangsstaat	Bemerkungen	Quelle
2002	China	Aufnahme von Nordkoreanern – einer wurde von China gefangen genommen und an einen unbekannten Ort gebracht – beim Eindringen in die Botschaft wurde Gewalt ausgeübt – Nordkorea protestierte	1105
2002	China	Aufnahme von Nordkoreanern, die mit chinesischen Pässen in die Botschaft gekommen waren – sie konnten über Drittländer nach Südkorea ausreisen	1106
2004	Russland	Aufnahme von Nordkoreanern	1107
2004	China	Verhaftung von mehr als 60 Nordkoreanern, die versuchten in das südkoreanische Konsulat zu fliehen – sie wurden nach Nordkorea ausgewiesen - drei Personen gelang es in das Konsulat zu gelangen, wo sie Aufnahme fanden	1108

XIII) Lateinamerika

1) Argentinien

Jahr	Empfangsstaat	Bemerkungen	Quelle
1891/92	Chile	Der Präsident und seine Anhänger wurden nach seinem Sturz in verschiedenen Botschaften aufgenommen – das Asyl wurde vom Sieger anerkannt – sie konnten auf Kriegsschiffen das Land verlassen	1109
1908	Paraguay	Aufnahme des gestürzten Präsidenten und seiner Minister	1110

1105 Vgl. FAZ v. 2.6.2002 u. v. 14.6.; The Korean Herald v. 25.6.2002; Business Week Online v. 20.6.2002.

1106 Schilderung in der NZZ v. 19.6.2002, S. 2; 25.6., S. 5.

1107 Dazu Korea Times v. 16.11.2004.

1108 Dazu Assocaited Press Worldstream v. 26.10.2004, International News; Korea Times v. 10.11.2004.

1109 Vgl. *Kitschenberg*, S. 19; *Moncada*, ZöR 1944 (XXIII), S. 403, 411 f.; *Moore*, S. 791 ff.; *Ronning*, S. 119; *Ungerer*, S. 75; *Volkening*, S. 37 f.

1110 Vgl. *Moncada*, ZöR 1944 (XXIII), S. 403, 421; *Sinha*, S. 234; *Ungerer*, S. 89; *Volkening*, S. 41.

Jahr	Empfangsstaat	Bemerkungen	Quelle
1911	Paraguay	Nach einem missglückten Aufstand Aufnahme von Flüchtlingen auf ein Schiff	1111
1933	Chile	Aufnahme des Präsidenten während einer Revolution	1112
1936-39	Spanien	Während des Bürgerkrieges nahmen die verschiedensten Botschaften Flüchtlinge auf – nach den von Chile angestoßenen Verhandlungen vor dem Völkerbund konnten 1937 und 1939 Flüchtlinge aus den Botschaften evakuiert werden – am 12.10.1940 konnten die letzten Flüchtlinge ausreisen, obwohl Franco zunächst erklärt hatte, dass er das Asyl nicht anerkennen werde	1113
1946	Bolivien	Aufnahme von Flüchtlingen in verschiedenen Botschaften nach einer Revolution – Bolivien erkannte das Asyl im Rahmen der Verträge an und sicherte freies Geleit zum Verlassen des Landes zu	1114
1948	Rumänien	Aufnahme eines spanischen Jesuiten – ihm wurde die freie Ausreise unter freiem Geleit gestattet	1115
1949	Rumänien	Nach Verhandlungen wurde freies Geleit zugesichert	1116
1949	Guatemala	Aufnahme von Flüchtlingen in verschiedenen Botschaften – ihnen wurde zugesichert, dass sie das Land unbehelligt verlassen könnten	1117
1968	Haiti	Aufnahme von 100 politische verfolgten Personen in den verschiedenen Botschaften – Haiti kündigte sämtliche Verträge, um keine sichere Ausreise gewährleisten zu müssen	1118

1111 Vgl. *Moncada*, ZöR 1944 (XXIII), S. 403, 421; *Volkening*, S. 40.

1112 Dazu *Ungerer*, S. 76.

1113 Vgl. *Carrie*, S. 36 u. 91 f.; *Hackworth*, S. 631 f.; *Kimminich*, Rechtsstatus, S. 101 u. 103 f.; *Kitschenberg*, S. 10, 25 u. 117; *Moncada*, ZöR 1944 (XXIII), S. 403, 441 ff.; *Morgenstern*, BYB 1948 (XXV), S. 236, 246; *Ronning*, S. 17 f.; *Sinha*, S. 29 ff. u. 29 FN 188 (S. 49); *Ungerer*, S. 48; *v. Pollern*, S. 97; *Whiteman*, S. 446 ff.

1114 Dazu *Ronning*, S. 68 f. u. 91; *Sinha*, S. 223; *Ungerer*, S. 72.

1115 Dazu *Carrie*, S. 116.

1116 Vgl. *Carrie*, S. 116.

1117 Vgl. *Ungerer*, S. 82.

1118 Zu diesem Fall *Carrie*, S. 114.

Jahr	Empfangsstaat	Bemerkungen	Quelle
1973/74	Chile	Aufnahme von Flüchtlingen in den verschiedensten Botschaften nach einem Staatsstreich Pinochets – Chile bemühte sich die Fluchten zu unterbinden, dabei wurden auch Flüchtlinge von der Polizei getötet – dem diplomatischen Korps wurde es untersagt mit Fahrzeugen durch die Stadt zu fahren und Flüchtlinge aufzunehmen – letztlich Gestattung der freien Ausreise	1119
1984	Chile	Aufnahme eines kritischen Schriftstellers – er erhielt freies Geleit zur Ausreise nach Argentinien	1120
1986	Paraguay	Ein Dissident drang in die Botschaft ein – Argentinien wollte ihm kein Asyl gewähren, ihn aber auch nicht aus der Botschaft entfernen lassen	1121
1987	Haiti	Aufnahme eines gesuchten militanten Oppositionellen – er stellte sich freiwillig	1122
1988	Paraguay	Aufnahme eines Oppositionellen gegen den ein Haftbefehl wegen Schwarzhandels ausgestellt worden war, nachdem er sagte, die Regierung schützte Schwarzhändler	1123

2) Bolivien

Jahr	Empfangsstaat	Bemerkungen	Quelle
1914	Peru	Aufnahme eines Arztes	1124
1930	Peru	Aufnahme eines Arztes	1125

1119 Vgl. nur *Carrie*, S. 93 f. und *v. Pollern*, S. 98 u. 105.
1120 Dazu ASS v. 27.11.1984; 26.11.
1121 Zu diesem Fall ASS v. 12.9.1986.
1122 Vgl. *Carrie*, S. 114 f.
1123 Geschildert in ASS v. 9.4.1988.
1124 Vgl. *Ungerer*, S. 91.
1125 Vgl. *Ungerer*, S. 91.

Jahr	Empfangsstaat	Bemerkungen	Quelle
1936-39	Spanien	Während des Bürgerkrieges nahmen die verschiedensten Botschaften Flüchtlinge auf – nach den von Chile angestoßenen Verhandlungen vor dem Völkerbund konnten 1937 und 1939 Flüchtlinge aus den Botschaften evakuiert werden – am 12.10.1940 konnten die letzten Flüchtlinge ausreisen, obwohl Franco zunächst erklärt hatte, dass er das Asyl nicht anerkennen werde	1126

3) Brasilien

Jahr	Empfangsstaat	Bemerkungen	Quelle
1891/92	Chile	Der Präsident und seine Anhänger wurden nach seinem Sturz in verschiedenen Botschaften aufgenommen – das Asyl wurde vom Sieger anerkannt – sie konnten auf Kriegsschiffen das Land verlassen	1127
1910	Portugal	Aufnahme von Personen, die vor der Menge flohen auf ein Schiff – Portugal akzeptierte das Asyl und erlaubte das Verlassen des Landes	1128
1930	Peru	Aufnahme von ca. 60 Personen in verschiedenen Botschaften	1129
1930	Peru	Aufnahme des Sohnes des ehemaligen Präsidenten, der sich an einem Aufstand beteiligt hatte – Uneinigkeit darüber, ob es sich um einen politischen Verbrecher handelte (Peru eröffnete einen Strafprozess gegen ihn, um die Übergabe zu erzwingen) – Einigung auf Grundlage der „guten Nachbarschaft" - der Flüchtling konnte die Botschaft in Freiheit verlassen	1130

1126 Vgl. dazu *Carrie*, S. 36 u. 91 f.; *Hackworth*, S. 631 f.; *Kimminich*, Rechtsstatus, S. 101 u. 103 f.; *Kitschenberg*, S. 10, 25 u. 117; *Moncada*, ZöR 1944 (XXIII), S. 403, 441 ff.; *Morgenstern*, BYB 1948 (XXV), S. 236, 246; *Ronning*, S. 17 f.; *Sinha*, S. 29 ff. u. 29 FN 188 (S. 49); *Ungerer*, S. 48; *v. Pollern*, S. 97; *Whiteman*, S. 446 ff.

1127 Vgl. *Kitschenberg*, S. 19; *Moncada*, ZöR 1944 (XXIII), S. 403, 411 f.; *Moore*, S. 791 ff.; *Ronning*, S. 119; *Ungerer*, S. 75; *Volkening*, S. 37 f.

1128 Dazu *Moncada*, ZöR 1944 (XXIII), S. 403, 405; *Sinha*, S. 26 f.

1129 Vgl. *Whiteman*, S. 461 f.

1130 Geschildert von *Kitschenberg*, S. 22 f.

Jahr	Empfangsstaat	Bemerkungen	Quelle
1948	Peru	Aufnahme in verschiedene Botschaften – Zusicherung des unbehelligten Verlassens des Landes, obwohl viele von den Flüchtlingen wegen der Beteiligung an einem Aufstand gerichtlich verfolgt wurden	1131
1948	Guatemala		1132
1949	Guatemala	Aufnahme von Flüchtlingen in verschiedenen Botschaften – ihnen wurde zugesichert, dass sie das Land unbehelligt verlassen könnten	1133
1959	Portugal	Aufnahme des Oppositionsführers – Portugal erklärte, dass das Asylgesuch eine schlechte Komödie sei, er durfte aber trotzdem nach Brasilien ausreisen	1134
1959	Dominikanische Republik	Nach dem Abbruch der diplomatischen Beziehungen zwischen der Dominikanischen Republik und Ecuador übernahm Brasilien die Flüchtlinge Ecuadors, die zuvor in die Botschaft Venezuelas geflohen waren – die Flüchtlinge konnten 1960 nach Brasilien ausreisen	1135
1960	Dominikanische Republik	Aufnahme von Flüchtlingen, die unter Beschuss in die Botschaft rannten (es gab auch einige Verletzte) – sie konnten nach Zugeständnissen Brasiliens in anderen Fragen nach Brasilien ausreisen, durften Brasilien aber nicht verlassen und von dort aus nichts gegen die Dominikanische Republik unternehmen	1136
1968	Haiti	Aufnahme von 100 politische verfolgten Personen in den verschiedenen Botschaften – Haiti kündigte sämtliche Verträge, um keine sichere Ausreise gewährleisten zu müssen	1137
1981	Bolivien	Aufnahme eines Rebellen und dreier seiner Anhänger – sie konnten das Land verlassen	1138

1131 Vgl. *Ungerer*, S. 92.
1132 Vgl. *Ungerer*, S. 82.
1133 Dazu *Ungerer*, S. 82.
1134 Zu diesem Fall *Kitschenberg*, S. 103 FN 1.
1135 Geschildert von *Whiteman*, S. 454 ff.
1136 Vgl. *Whiteman*, S. 453.
1137 Vgl. *Carrie*, S. 114.
1138 Vgl. ASS v. 30.3.1981.

Jahr	Empfangsstaat	Bemerkungen	Quelle
1986	Haiti	Aufnahme ehemaliger Parlamentsmitglieder, die Menschenrechtsverletzungen verdächtig sind – trotzdem Aufnahme, weil sie von einem Mob verfolgt werden	1139
2005	Ecuador	Aufnahme des Präsidenten Lucio Gutierrez, der von einem Mob verfolgt wurde – er flog nach Brasilien aus, wo er Asyl erhielt	1140

4) Chile

Jahr	Empfangsstaat	Bemerkungen	Quelle
1911	Ecuador	Aufnahme eines politische verfolgten Journalisten	1141
1930	Peru	Aufnahme von ca. 60 Personen in verschiedenen Botschaften	1142
1936-39	Spanien	Während des Bürgerkrieges nahmen die verschiedensten Botschaften Flüchtlinge auf – nach den von Chile angestoßenen Verhandlungen vor dem Völkerbund konnten 1937 und 1939 Flüchtlinge aus den Botschaften evakuiert werden – am 12.10.1940 konnten die letzten Flüchtlinge ausreisen, obwohl Franco zunächst erklärt hatte, dass er das Asyl nicht anerkennen werde	1143
1948	Peru	Aufnahme in verschiedene Botschaften – Zusicherung des unbehelligten Verlassens des Landes, obwohl viele von den Flüchtlingen wegen der Beteiligung an einem Aufstand gerichtlich verfolgt wurden	1144

1139 Dazu UPI v. 24.2.1986.

1140 Hierzu Sun-Sentinel v. 28.4.2005, S. 21A; BBC Monitoring Latin America v. 23.4.2005; Xinhua General News Service v. 22.4.2005, World News, Political.

1141 Dazu *Moncada*, ZöR 1944 (XXIII), S. 403, 415; *Ungerer*, S. 80.

1142 Dazu *Whiteman*, S. 461 f.

1143 Vgl. *Carrie*, S. 36 u. 91 f.; *Hackworth*, S. 631 f.; *Kimminich*, Rechtsstatus, S. 101 u. 103 f.; *Kitschenberg*, S. 10, 25 u. 117; *Moncada*, ZöR 1944 (XXIII), S. 403, 441 ff.; *Morgenstern*, BYB 1948 (XXV), S. 236, 246; *Ronning*, S. 17 f.; *Sinha*, S. 29 ff. u. 29 FN 188 (S. 49); *Ungerer*, S. 48; *v. Pollern*, S. 97; *Whiteman*, S. 446 ff.

1144 Vgl. *Ungerer*, S. 92.

Jahr	Empfangsstaat	Bemerkungen	Quelle
1949	Guatemala	Aufnahme von Flüchtlingen in verschiedenen Botschaften – ihnen wurde zugesichert, dass sie das Land unbehelligt verlassen könnten	1145
1952	Kolumbien		1146
1968	Haiti	Aufnahme von 100 politische verfolgten Personen in den verschiedenen Botschaften – Haiti kündigte sämtliche Verträge, um keine sichere Ausreise gewährleisten zu müssen	1147
1991	Russland	Aufnahme des Deutschen Honecker – Chile berief sich zunächst auf das Gastrecht des Botschafters – das Asyl endete am 29.7.1992	1148
1991	Haiti	Aufnahme des früheren Außenministers	1149

5) Costa Rica

Jahr	Empfangsstaat	Bemerkungen	Quelle
1949	Guatemala	Aufnahme von Flüchtlingen in verschiedenen Botschaften – ihnen wurde zugesichert, dass sie das Land unbehelligt verlassen könnten	1150
1984	Nicaragua	Aufnahme eines Kriegsdienstverweigerers – auf Veranlassung der Polizei verließ er die Botschaft und wurde trotz der Proteste Costa Ricas verhaftet	1151
1985	Nicaragua	Aufnahme eines Mannes – er wurde von der Polizei us der Botschaft geholt – Costa Rica verlangt, dass sich Nicaragua entschuldige und ihn zurückgebe – an diesem Konflikt scheitern die Friedensverhandlungen	1152
1992	Peru	Aufnahme eines früheren *Sen*atspräsidenten	1153

1145 Vgl. dazu *Ungerer*, S. 82.
1146 Vgl. *Ronning*, S. 91.
1147 Dazu *Carrie*, S. 114.
1148 Dazu *Carrie*, S. 15, 71 u. 113.
1149 Vgl. France v. 19.10.1991.
1150 Dazu *Ungerer*, S. 82.
1151 Vgl. *Carrie*, S. 115.
1152 Zu diesem Fall ASS v. 18.1.1985; 17.1.
1153 Vgl. BBC v. 13.1.1993; 18.12.1992.

Jahr	Empfangsstaat	Bemerkungen	Quelle
2003	Venezuela	Aufnahme von Oppositionellen – sie konnten mit freiem Geleit nach Costa Rica ausreisen	1154
2005	Ecuador	Aufnahme des ehemaligen Präsidenten	

6) Dominikanische Republik

Jahr	Empfangsstaat	Bemerkungen	Quelle
1936-39	Spanien	Während des Bürgerkrieges nahmen die verschiedensten Botschaften Flüchtlinge auf – nach den von Chile angestoßenen Verhandlungen vor dem Völkerbund konnten 1937 und 1939 Flüchtlinge aus den Botschaften evakuiert werden – am 12.10.1940 konnten die letzten Flüchtlinge ausreisen, obwohl Franco zunächst erklärt hatte, dass er das Asyl nicht anerkennen werde	1155
1963	Haiti	Aufnahme von 22 Personen – Haiti verweigerte freies Geleit – die Dominikanische Republik drohte mit bewaffnetem Angriff	1156
1988	Haiti	Aufnahme einer Person, die wegen der Verantwortung eines Blutbades gesucht wurde – es wurde die freie Ausreise garantiert	1157
2003	Venezuela	Aufnahme von Offizieren – Venezuela respektierte das Asyl	1158

1154 Vgl. Die Welt v. 17.3.2003, S. 7; Los Angeles Times v. 15.3.2003, S. 3; Toronto Star v. 15.3.2003, S. A20; The Guardian v. 28.3.2003, S. B7; The Miami Herald v. 28.3.2003, S. 11.

1155 Vgl. *Carrie*, S. 36 u. 91 f.; *Hackworth*, S. 631 f.; *Kimminich*, Rechtsstatus, S. 101 u. 103 f.; *Kitschenberg*, S. 10, 25 u. 117; *Moncada*, ZöR 1944 (XXIII), S. 403, 441 ff.; *Morgenstern*, BYB 1948 (XXV), S. 236, 246; *Ronning*, S. 17 f.; *Sinha*, S. 29 ff. u. 29 FN 188 (S. 49); *Ungerer*, S. 48; *v. Pollern*, S. 97; *Whiteman*, S. 446 ff.

1156 Geschildert von *Kitschenberg*, Einleitung.

1157 Vgl. *Carrie*, S. 115.

1158 Vgl. BBC v. 24.3.2003; Xinhua General News Service v. 26.4.2003; ASS v. 27.4.2003.

7) Ecuador

Jahr	Empfangsstaat	Bemerkungen	Quelle
1948	Guatemala		1159
1959	Dominikanische Republik	Nach dem Abbruch der diplomatischen Beziehungen zwischen der Dominikanischen Republik und Venezuela übernahm Ecuador die Flüchtlinge Venezuelas – es kam zu einem Streit vor dem Inter-American Peace Committee, wie die Flüchtlinge zu behandeln seien – es kam zu einem Abbruch der diplomatischen Beziehungen – Brasilien übernahm die Flüchtlinge	1160
1973/74	Chile	Aufnahme von Flüchtlingen in den verschiedensten Botschaften nach einem Staatsstreich Pinochets – Chile bemühte sich die Fluchten zu unterbinden, dabei wurden auch Flüchtlinge von der Polizei getötet – dem diplomatischen Korps wurde es untersagt mit Fahrzeugen durch die Stadt zu fahren und Flüchtlinge aufzunehmen – letztlich Gestattung der freien Ausreise	1161
1990	Panama	Aufnahme eines früheren Ministers	1162

8) El Salvador

Jahr	Empfangsstaat	Bemerkungen	Quelle
1945	Guatemala	Aufnahme von Flüchtlingen, die die Erlaubnis erhielten das Land zu verlassen	1163
1947	Guatemala	Freies Geleit zum Verlassen des Landes	1164
1949	Guatemala	Aufnahme von Flüchtlingen in verschiedenen Botschaften – ihnen wurde zugesichert, dass sie das Land unbehelligt verlassen könnten	1165

1159 Dazu *Ungerer*, S. 82.
1160 Dazu *Whiteman*, S. 454 ff.
1161 Vgl. nur *Carrie*, S. 93 f. und *v. Pollern*, S. 98 u. 105.
1162 Hierzu Xinhua General News Service v. 31.5.1990.
1163 Vgl. *Ungerer*, S. 82.
1164 Dazu *Ungerer*, S. 82.
1165 Vgl. *Ungerer*, S. 82.

Jahr	Empfangsstaat	Bemerkungen	Quelle
2002	Venezuela	Aufnahme eines Oppositionellen – ihm wurde die freie Ausreise gestattet	1166
2004	Venezuela	Aufnahme von zwei ehemaligen Poliziebeamten, die wegen ihrer Verbindungen zu einem Aufstand von 2002 überprüft wurden	1167

9) Guatemala

Jahr	Empfangsstaat	Bemerkungen	Quelle
1954	Nicaragua	Aufnahme eines Offiziers, der nach einer Revolution als Deserteur verurteilt werden sollte – Nicaragua erbat daher die Übergabe – Guatemala erklärte, dass er seinen Posten nicht aufgegeben hatte, weil er seine Pflicht aufgeben wollte, sondern weil er aus politischen Gründen fliehen musste	1168

10) Honduras

Jahr	Empfangsstaat	Bemerkungen	Quelle
1949	Guatemala	Aufnahme von Flüchtlingen in verschiedenen Botschaften – ihnen wurde zugesichert, dass sie das Land unbehelligt verlassen könnten	1169
1973/74	Chile	Aufnahme von Flüchtlingen in den verschiedensten Botschaften nach einem Staatsstreich Pinochets – Chile bemühte sich die Fluchten zu unterbinden, dabei wurden auch Flüchtlinge von der Polizei getötet – dem diplomatischen Korps wurde es untersagt mit Fahrzeugen durch die Stadt zu fahren und Flüchtlinge aufzunehmen – letztlich Gestattung der freien Ausreise	1170

1166 Vgl. The Miami Herald v. 4.7.2002, S. 6; Chicago Tribune v. 28.5.2002, S. 4.

1167 Dazu Associated Press Worldstream v. 29.und 26.11.2004, International News; The Associated Press v. 26.11.2004, International News.

1168 Geschildert von *Ronning*, S. 85 u. 153; *Sinha*, S. 231.

1169 Vgl. *Ungerer*, S. 82.

1170 Vgl. nur *Carrie*, S. 93 f. und *v. Pollern*, S. 98 u. 105.

11) Kolumbien

Jahr	Empfangsstaat	Bemerkungen	Quelle
1850	Ecuador	Aufnahme des durch Revolution gestürzten Präsidenten in Konsulat – als er dort nicht mehr sicher war, Konsulat der USA	1171
1875	Ecuador	Aufnahme der durch Volksaufstand gestürzten Minister und des Präsidenten	1172
1877	Ecuador	Aufnahme des gestürzten Präsidenten	1173
1906	Ecuador	Aufnahme des Präsidenten während einer erfolgreichen militärischen Revolution	1174
1928	Venezuela	Aufnahme eines Studenten – Venezuela erklärte, dass es keinen Vorwurf gegen den Studenten gebe und es daher kein Recht gebe, ihm Asyl zu gewähren – trotzdem Verhandlungen	1175
1940	Mexiko	Aufnahme von Unterstützern des unterlegenen Präsidentschaftskandidaten, die sich in Lebensgefahr fühlten	1176
1948	Peru	Aufnahme in verschiedene Botschaften – Zusicherung des unbehelligten Verlassens des Landes, obwohl viele von den Flüchtlingen wegen der Beteiligung an einem Aufstand gerichtlich verfolgt wurden	1177
1948	Venezuela	Aufnahme des Präsidenten – er durfte das Land verlassen	1178
1949	Venezuela	Zunächst verweigerte Venezuela das freie Geleit – das Problem wurde vor die Vereinigten amerikanischen Staaten gebracht – dort erklärte Venezuela, das freie Geleit sei doch schon längst zugesichert	1179

1171 Vgl. *Ronning*, S. 131; *Ungerer*, S. 79.
1172 Vgl. *Moncada*, ZöR 1944 (XXIII), S. 403, 414; *Ungerer*, S. 79.
1173 Dazu *Volkening*, S. 39.
1174 Vgl. dazu *Moncada*, ZöR 1944 (XXIII), S. 403, 415; *Ungerer*, S. 79 f.; *Volkening*, S. 40.
1175 Schilderung bei *Ronning*, S. 67.
1176 Vgl. *Whiteman*, S. 471 f.
1177 Dazu *Ungerer*, S. 92.
1178 Vgl. *Ungerer*, S. 96.
1179 Dazu *Ronning*, S. 69 f.; *Sinha*, S. 237.

Jahr	Empfangsstaat	Bemerkungen	Quelle
1949	Peru	Aufnahme des Peruaners Haya de la Torre nach einem gescheiterten Umsturzversuch – dieser Fall führte zu gravierenden rechtlichen Verwicklungen, im Zuge derer der IGH angerufen wurde1180 und später die Akte von Lima unterzeichnet wurde	1181
1949	Guatemala	Aufnahme von Flüchtlingen in verschiedenen Botschaften – ihnen wurde zugesichert, dass sie das Land unbehelligt verlassen könnten	1182
1958	Venezuela	Aufnahme des früheren Parteichefs – er wurde wegen einer Anklage wegen Mordes und anderer gewöhnlicher Verbrechen übergeben	1183
1973/74	Chile	Aufnahme von Flüchtlingen in den verschiedensten Botschaften nach einem Staatsstreich Pinochets – Chile bemühte sich die Fluchten zu unterbinden, dabei wurden auch Flüchtlinge von der Polizei getötet – dem diplomatischen Korps wurde es untersagt mit Fahrzeugen durch die Stadt zu fahren und Flüchtlinge aufzunehmen – letztlich Gestattung der freien Ausreise	1184
1988	Paraguay	Aufnahme eines Oppositionellen, der früher politischen Gefangenen zur Flucht verhalf	1185
1992	Peru	Aufnahme des früheren Präsidenten – er durfte das Land verlassen	1186
1993	Peru	Aufnahme des früheren Präsidenten	1187

1180 Vgl. ICJ Reports 1950, S. 286.

1181 Vgl. *Carrie*, S. 44; Beitz/Wollenschläger-*Hailbronner*, S. 74; *Kimminich*, Rechtsstatus, S. 106 ff. u. 109 f.; *Kitschenberg*, S. 33 ff.; *Morgenstern*, LQR 67 (1951), S 362, 363 ff.; *O'Connell*, S. 735 ff.; *Oppenheim/Lauterpacht*, S. 797 f.; *Ronning*, S. 148 ff.; *Thomas*, S. 393 ff.; *Ungerer*, S. 92; *v. Pollern*, S. 106 ff.; *Whiteman*, S. 473 ff..

1182 Dazu *Ungerer*, S. 82.

1183 Dazu *Whiteman*, S. 469.

1184 Vgl. nur *Carrie*, S. 93 f. und *v. Pollern*, S. 98 u. 105.

1185 Hierzu ASS v. 23.3.1988; 9.4.

1186 Vgl. Los Angeles Times v. 3.6.1992, S. 4; 2.6., S. 9; USA Today v. 3.6.1992, S. 6A; The Gazette v. 3.6.1992, S. A10; Chicago Tribune v. 2.6.1992, S. 4; The Housten Chronicle v. 2.6.1992, S. 9; The Independent (London)v. 2.6.1992, S. 12; The New York Times v. 2.6.1992, S. 7.

1187 Vgl. The Xinhua General Overseas News Service v. 1.11.1993.

Jahr	Empfangsstaat	Bemerkungen	Quelle
1994	Nicaragua	Aufnahme kubanischer Contra-Rebellen – ihnen wurde in Kolumbien kein Asyl gewährt	1188
2002	Venezuela	Aufnahme einer Person wegen Lebensgefahr – diese wird von Venezuela bestritten, nur Anklage wegen gewöhnlicher Verbrechen	1189

12) Kuba

Jahr	Empfangsstaat	Bemerkungen	Quelle
1936-39	Spanien	Während des Bürgerkrieges nahmen die verschiedensten Botschaften Flüchtlinge auf – nach den von Chile angestoßenen Verhandlungen vor dem Völkerbund konnten 1937 und 1939 Flüchtlinge aus den Botschaften evakuiert werden – am 12.10.1940 konnten die letzten Flüchtlinge ausreisen, obwohl Franco zunächst erklärt hatte, dass er das Asyl nicht anerkennen werde	1190
1949	Peru	Aufnahme zweier Revolutionäre	1191
1958	Venezuela	Aufnahme von Militärangehörigen – Venezuela erklärte, sie seien gewöhnlicher Verbrechen schuldig	1192
1967	Japan	Aufnahme eines us-amerikanischen Soldaten, der dem Einsatz in Vietnam entgehen wollte – Japan lehnte die freie Ausreise ab – er verschwand	1193

1188 Dazu NZZ v. 1.7.1994.

1189 Vgl. NZZ v. 25.5.2002, S. 3; The Miami Herald v. 27.5.2002, S. 10; 4.7., S. 6; Chicago Tribune v. 28.5.2002, S. 4; Financial Times (London) v. 28.5.2002, S. 4; Morning Star v. 28.5.2002, S. 3; The Statesman v. 28.5.2002.

1190 Vgl. *Carrie*, S. 36 u. 91 f.; *Hackworth*, S. 631 f.; *Kimminich*, Rechtsstatus, S. 101 u. 103 f.; *Kitschenberg*, S. 10, 25 u. 117; *Moncada*, ZöR 1944 (XXIII), S. 403, 441 ff.; *Morgenstern*, BYB 1948 (XXV), S. 236, 246; *Ronning*, S. 17 f.; *Sinha*, S. 29 ff. u. 29 FN 188 (S. 49); *Ungerer*, S. 48; *v. Pollern*, S. 97; *Whiteman*, S. 446 ff..

1191 Vgl. *Ronning*, S. 88; *Sinha*, S. 227.

1192 Dazu *Whiteman*, S. 469 f..

1193 Geschildert von *Carrie*, S. 116 u. 143.

Jahr	Empfangsstaat	Bemerkungen	Quelle
1973/74	Chile	Aufnahme von Flüchtlingen in den verschiedensten Botschaften nach einem Staatsstreich Pinochets – Chile bemühte sich die Fluchten zu unterbinden, dabei wurden auch Flüchtlinge von der Polizei getötet – dem diplomatischen Korps wurde es untersagt mit Fahrzeugen durch die Stadt zu fahren und Flüchtlinge aufzunehmen – letztlich Gestattung der freien Ausreise	1194
1990	Albanien	Aufnahmen nach Aufständen in verschiedenen Botschaften	1195
1990	Panama	Aufnahme von ca. 80 früheren Regierungsmitgliedern in verschiedenen Botschaften, während einer Invasion der USA – bis auf fünf Personen, die wegen Mordes gesucht wurden, wurde den Flüchtlingen freies Geleit zugesichert – die Botschaft Kubas wurde umstellt – Kuba bat um Intervention der UNO – Cordoba, dem vorgeworfen wurde, politische Gefangene gefoltert zu haben, wurde die Aufnahme verweigert	1196
1991	Panama	Aufnahme früherer Generäle nach der US-Invasion in verschiedenen Botschaften	1197
2000	Spanien	Verweigerung der Aufnahme von ETA-Mitgliedern und Verständigen der Polizei	1198

13) Mexiko

Jahr	Empfangsstaat	Bemerkungen	Quelle
1891	Haiti	Konsulat	1199

1194 Vgl. nur *Carrie*, S. 93 f. und *v. Pollern*, S. 98 u. 105.

1195 Vgl. nur *Carrie*, S. 94 ff. u. 113.

1196 Schilderungen in The Canadian Press v. 9.1.1990; 30.3.; Hobart Mercury v. 11.1.1990; Chicago Tribune v. 10.1.1990, S. 2; Herald v. 10.1.1990; Los Angeles Times v. 10.1.1990, S. 6; The New York Times v. 10.1.1990, S. 12; Orlando *Sen*tinel (Florida) v. 10.1.1990, S. A7; USA Today v. 10.1.1990, S. 1A.

1197 Vgl. UPI v. 11.5.1991.

1198 Dazu NZZ v. 8.11.2000.

1199 Vgl. *Ronning*, S. 131.

Jahr	Empfangsstaat	Bemerkungen	Quelle
1904	Guatemala	Aufnahme eines geflohenen Gefangenen – er wurde von Soldaten bis in die Botschaft verfolgt und dort verhaftet – Mexiko protestierte – Guatemala entschuldigte sich und bestrafte sie Soldaten	1200
1908	Haiti	Aufnahme von Flüchtlingen in verschiedene Konsulate	1201
1909	Mexiko	Aufnahme des ehemaligen Präsidenten auf ein Schiff	1202
1932	Kuba	Aufnahme des Bruders des früheren Präsidenten – Verlassen der Botschaft nach der Zusicherung, dass keine Lebensgefahr bestehe	1203
1936-39	Spanien	Während des Bürgerkrieges nahmen die verschiedensten Botschaften Flüchtlinge auf – nach den von Chile angestoßenen Verhandlungen vor dem Völkerbund konnten 1937 und 1939 Flüchtlinge aus den Botschaften evakuiert werden – am 12.10.1940 konnten die letzten Flüchtlinge ausreisen, obwohl Franco zunächst erklärt hatte, dass er das Asyl nicht anerkennen werde	1204
1935	Peru	Aufnahme Haya de la Torres	1205
1949	Guatemala	Aufnahme von Flüchtlingen in verschiedenen Botschaften – ihnen wurde zugesichert, dass sie das Land unbehelligt verlassen könnten	1206
1958	Venezuela	Aufnahme von Militärangehörigen – Venezuela erklärte, sie seien gewöhnlicher Verbrechen schuldig	1207

1200 *Moncada*, ZöR 1944 (XXIII), S. 403, 416; *Moore*, S. 785 f.; *Sinha*, S. 230 f.; *Ungerer*, S. 81.

1201 Vgl. *Ronning*, S. 132.

1202 Vgl. *Moncada*, ZöR 1944 (XXIII), S. 403, 421; *Volkening*, S. 48.

1203 Dazu *Moncada*, ZöR 1944 (XXIII), S. 403, 413; *Ungerer*, S. 88; *Volkening*, S. 49.

1204 Vgl. dazu *Carrie*, S. 36 u. 91 f.; *Hackworth*, S. 631 f.; *Kimminich*, Rechtsstatus, S. 101 u. 103 f.; *Kitschenberg*, S. 10, 25 u. 117; *Moncada*, ZöR 1944 (XXIII), S. 403, 441 ff.; *Morgenstern*, BYB 1948 (XXV), S. 236, 246; *Ronning*, S. 17 f.; *Sinha*, S. 29 ff. u. 29 FN 188 (S. 49); *Ungerer*, S. 48; *v. Pollern*, S. 97; *Whiteman*, S. 446 ff..

1205 Vgl. *Moncada*, ZöR 1944 (XXIII), S. 403, 424; *Ungerer*, S. 91.

1206 Hierzu *Ungerer*, S. 82.

1207 Vgl. *Whiteman*, S. 469 f..

Jahr	Empfangsstaat	Bemerkungen	Quelle
1968	Haiti	Aufnahme von 100 politische verfolgten Personen in den verschiedenen Botschaften – Haiti kündigte sämtliche Verträge, um keine sichere Ausreise gewährleisten zu müssen	1208
1968	Bolivien	Aufnahme des früheren Innenministers und seines Sohnes, auf die mehrfach Attentate verübt wurden	1209
1973/74	Chile	Aufnahme von Flüchtlingen in den verschiedensten Botschaften nach einem Staatsstreich Pinochets – Chile bemühte sich die Fluchten zu unterbinden, dabei wurden auch Flüchtlinge von der Polizei getötet – dem diplomatischen Korps wurde es untersagt mit Fahrzeugen durch die Stadt zu fahren und Flüchtlinge aufzunehmen – letztlich Gestattung der freien Ausreise	1210
1974	Argentinien	Aufnahme eines früheren Universitätsdirektors und seiner Frau, die Todesdrohungen erhalten hatten	1211
1976	Argentinien	Aufnahme hunderter Oppositioneller nach einem Militäranschlag – Abdal Medina konnte 1981 immer noch nicht ausreisen und war damit die längste Zeit in einer Botschaft	1212
1976	Argentinien	Aufnahme des früheren Präsidenten und seines Sohnes – der Vater wurde krank und konnte deshalb ausreisen – als er starb durfte der Sohn zu seiner Beerdigung ausreisen	1213
1981	Kolumbien	Aufnahme eines Schriftstellers – er konnte am nächsten Tag ausreisen	1214
1983	Haiti	Aufnahme von Mitgliedern einer christlich-demokratischen Oppositionspartei	1215

1208 Dazu *Carrie*, S. 114.
1209 Dazu *Carrie*, S. 115.
1210 Vgl. nur *Carrie*, S. 93 f. und *v. Pollern*, S. 98 u. 105.
1211 Vgl. New York Times v. 25.9.1974, S. 13.
1212 Dazu UPI v. 29.4.1976; 1.9.1981.
1213 Schilderung in UPI v. 29.4.1976; 1.9.1981.
1214 Vgl. ASS v. 26.3.1981.
1215 Dazu *Carrie*, S. 115.

Jahr	Empfangsstaat	Bemerkungen	Quelle
1991	Panama	Aufnahme früherer Generäle nach der US-Invasion in verschiedenen Botschaften	1216
1992	Haiti	Aufnahme von 12 Personen – sie konnten nach Mexiko ausgeflogen werden	1217
1993	Kuba	Es wird nach einer Lösung gesucht	1218
1993	Dominikanische Republik	Aufnahme von 72 Kubanern, die Asyl in den USA wollten	1219
2002	Kuba	Verweigerung der Aufnahme von 21 Kubanern – Mexiko bat Kuba um die Räumung der Botschaft	1220

14) Nicaragua

Jahr	Empfangsstaat	Bemerkungen	Quelle
1945	Guatemala	Aufnahme von Flüchtlingen, die die Erlaubnis erhielten das Land zu verlassen	1221

15) Panama

Jahr	Empfangsstaat	Bemerkungen	Quelle
1936-39	Spanien	Während des Bürgerkrieges nahmen die verschiedensten Botschaften Flüchtlinge auf – nach den von Chile angestoßenen Verhandlungen vor dem Völkerbund konnten 1937 und 1939 Flüchtlinge aus den Botschaften evakuiert werden – am 12.10.1940 konnten die letzten Flüchtlinge ausreisen, obwohl Franco zunächst erklärt hatte, dass er das Asyl nicht anerkennen werde	1222

1216 Vgl. UPI v. 11.5.1991.
1217 Vgl. ASS v. 30.7.1992.
1218 Vgl. BBC v. 13.9.1993; UPI v. 24.9.1993.
1219 Vgl. UPI v. 24.9.1993.
1220 Dazu FAZ v. 2.3.2002, S. 6; Die Welt v. 2.3.2002, S. 7; NZZ v. 2.3.2002, S. 2; Worth Star Telegramm (Texas) v. 2.3.2002, S. 1; The Miami Herald v. 2.3.2002, S. 1.
1221 Dazu *Ungerer*, S. 82.
1222 Vgl. *Carrie*, S. 36 u. 91 f.; *Hackworth*, S. 631 f.; *Kimminich*, Rechtsstatus, S. 101 u. 103 f.; *Kitschenberg*, S. 10, 25 u. 117; *Moncada*, ZöR 1944 (XXIII), S. 403, 441 ff.; *Morgenstern*,

Jahr	Empfangsstaat	Bemerkungen	Quelle
1949	Guatemala	Aufnahme von Flüchtlingen in verschiedenen Botschaften – ihnen wurde zugesichert, dass sie das Land unbehelligt verlassen könnten	1223
1968	Haiti	Aufnahme von 100 politische verfolgten Personen in den verschiedenen Botschaften – Haiti kündigte sämtliche Verträge, um keine sichere Ausreise gewährleisten zu müssen	1224
1973/74	Chile	Aufnahme von Flüchtlingen in den verschiedensten Botschaften nach einem Staatsstreich Pinochets – Chile bemühte sich die Fluchten zu unterbinden, dabei wurden auch Flüchtlinge von der Polizei getötet – dem diplomatischen Korps wurde es untersagt mit Fahrzeugen durch die Stadt zu fahren und Flüchtlinge aufzunehmen – letztlich Gestattung der freien Ausreise	1225
1987	Venezuela	Aufnahme eines Kongressabgeordneten, der nach eigenen Angaben wegen Enthüllungen zum Drogenhandel in Lebensgefahr schwebte	1226

16) Paraguay

Jahr	Empfangsstaat	Bemerkungen	Quelle
1933	El Salvador	El Salvador sicherte zu, dass der Flüchtling das Land unbehelligt verlassen könne	1227
1948	Peru	Aufnahme in verschiedene Botschaften – Zusicherung des unbehelligten Verlassens des Landes, obwohl viele von den Flüchtlingen wegen der Beteiligung an einem Aufstand gerichtlich verfolgt wurden	1228

BYB 1948 (XXV), S. 236, 246; *Ronning*, S. 17 f.; *Sinha*, S. 29 ff. u. 29 FN 188 (S. 49); *Ungerer*, S. 48; *v. Pollern*, S. 97; *Whiteman*, S. 446 ff..

1223 Schilderung bei *Ungerer*, S. 82.

1224 Vgl. *Carrie*, S. 114.

1225 Vgl. nur *Carrie*, S. 93 f. und *v. Pollern*, S. 98 u. 105.

1226 Dazu *Carrie*, S. 116.

1227 Dazu *Ungerer*, S. 94 f..

1228 Schilderung bei *Ungerer*, S. 92.

Jahr	Empfangsstaat	Bemerkungen	Quelle
1955	Argentinien	Aufnahme eines Flüchtlings nach einem Umsturz auf ein Kriegsschiff – Argentinien akzeptierte das Asyl und gewährte Garantien	1229
1958	Kolumbien	Aufnahme mehrerer Personen – bis auf drei Offiziere konnten sie das Land verlassen	1230

17) Peru

Jahr	Empfangsstaat	Bemerkungen	Quelle
1840	Ecuador	Aufnahme eines Generals auf einem Schiff – er fährt nach Peru	1231
1859	Ecuador	Aufnahme eines Politikers auf ein Schiff	1232
1878	Haiti	Anführer eines missglückten Aufstandes fanden in verschiedenen Botschaften Aufnahme– Haiti erlaubte ihre Einschiffung	1233
1936-39	Spanien	Während des Bürgerkrieges nahmen die verschiedensten Botschaften Flüchtlinge auf – nach den von Chile angestoßenen Verhandlungen vor dem Völkerbund konnten 1937 und 1939 Flüchtlinge aus den Botschaften evakuiert werden – am 12.10.1940 konnten die letzten Flüchtlinge ausreisen, obwohl Franco zunächst erklärt hatte, dass er das Asyl nicht anerkennen werde	1234
1948	Panama		1235

1229 Vgl. *Ronning*, S. 87 f.; *Sinha*, S. 223; *v. Pollern*, S. 105.

1230 Vgl. *Whiteman*, S. 494.

1231 Vgl. *Moncada*, ZöR 1944 (XXIII), S. 403, 414; *Volkening*, S. 39.

1232 Dazu *Moncada*, ZöR 1944 (XXIII), S. 403, 414.

1233 Vgl. dazu *Moncada*, ZöR 1944 (XXIII), S. 403, 417; *Moore*, S. 816; *Sinha*, S. 232; *Ungerer*, S. 83; *Volkening*, S. 51.

1234 Vgl. *Carrie*, S. 36 u. 91 f.; *Hackworth*, S. 631 f.; *Kimminich*, Rechtsstatus, S. 101 u. 103 f.; *Kitschenberg*, S. 10, 25 u. 117; *Moncada*, ZöR 1944 (XXIII), S. 403, 441 ff.; *Morgenstern*, BYB 1948 (XXV), S. 236, 246; *Ronning*, S. 17 f.; *Sinha*, S. 29 ff. u. 29 FN 188 (S. 49); *Ungerer*, S. 48; *v. Pollern*, S. 97; *Whiteman*, S. 446 ff..

1235 Vgl. *Ungerer*, S. 89.

Jahr	Empfangsstaat	Bemerkungen	Quelle
1961	Venezuela	Aufnahme von fünf Militärgefangenen, die aus dem Gefängnis geflohen waren und dabei einen Wächter getötet und zwei andere verletzt hatten – die Polizei stürmte die Botschaft mit Gewalt, wurde aber aufgehalten - Peru protestierte gegen das Eindringen – Venezuela wollte kein freies Geleit garantieren, da sie einen Wächter getötet hatten, tat sie später aber doch	1236
1973/74	Chile	Aufnahme von Flüchtlingen in den verschiedensten Botschaften nach einem Staatsstreich Pinochets – Chile bemühte sich die Fluchten zu unterbinden, dabei wurden auch Flüchtlinge von der Polizei getötet – dem diplomatischen Korps wurde es untersagt mit Fahrzeugen durch die Stadt zu fahren und Flüchtlinge aufzunehmen – letztlich Gestattung der freien Ausreise	1237
1980	Kuba	Aufnahme tausender Kubaner – 749 konnten nach Costa Rica ausreisen	1238
1990	Panama	Aufnahme von ca. 80 früheren Regierungsmitgliedern in verschiedenen Botschaften, während einer Invasion der USA – bis auf fünf Personen, die wegen Mordes gesucht wurden, wurde den Flüchtlingen freies Geleit zugesichert – die Botschaft Perus wurde umstellt und mit Unterstützung der Behörden wurden Steine auf die Botschaft geworfen und Diplomatenautos angezündet– Peru protestierte dagegen– Cordoba, dem vorgeworfen wurde, politische Gefangene gefoltert zu haben, wurde die Aufnahme verweigert	1239
1991	Panama	Aufnahme früherer Generäle nach der US-Invasion in verschiedenen Botschaften	1240

1236 Zu diesem Fall *Whiteman*, S. 494 f..

1237 Vgl. nur *Carrie*, S. 93 f. und *v. Pollern*, S. 98 u. 105.

1238 Vgl. *Carrie*, S. 115.

1239 Zu diesem Fall The Canadian Press v. 9.1.1990; 30.3.; Hobart Mercury v. 11.1.1990; Chicago Tribune v. 10.1.1990, S. 2; Herald v. 10.1.1990; Los Angeles Times v. 10.1.1990, S. 6; The New York Times v. 10.1.1990, S. 12; Orlando *Sen*tinel (Florida) v. 10.1.1990, S. A7; USA Today v. 10.1.1990, S. 1A..

1240 Vgl. UPI v. 11.5.1991.

Jahr	Empfangsstaat	Bemerkungen	Quelle
2003	Venezuela	Aufnahme von Offizieren – Venezuela respektierte das Asyl	1241

18) Uruguay

Jahr	Empfangsstaat	Bemerkungen	Quelle
1891/92	Chile	Der Präsident und seine Anhänger wurden nach seinem Sturz in verschiedenen Botschaften aufgenommen – das Asyl wurde vom Sieger anerkannt – sie konnten auf Kriegsschiffen das Land verlassen	1242
1948	Peru	Aufnahme in verschiedene Botschaften – Zusicherung des unbehelligten Verlassens des Landes, obwohl viele von den Flüchtlingen wegen der Beteiligung an einem Aufstand gerichtlich verfolgt wurden	1243
1949	Argentinien	Aufnahme eines Abgeordneten – Zusicherung freien Geleits zum Verlassen des Landes innerhalb von 24 Stunden	1244
1963	Spanien	Aufnahme eines Schriftstellers, der sich nach der Unterzeichung einer Erklärung gegen die Misshandlung streikender Bergarbeiter bedroht fühlte	1245
2003	Venezuela	Aufnahme zweier Offiziere, die in Aufstand verwickelt waren	1246

1241 Vgl. BBC v. 24.3.2003; Xinhua General News Service v. 26.4.2003; ASS v. 27.4.2003.

1242 Dazu *Kitschenberg*, S. 19; *Moncada*, ZöR 1944 (XXIII), S. 403, 411 f.; *Moore*, S. 791 ff.; *Ronning*, S. 119; *Ungerer*, S. 75; *Volkening*, S. 37 f..

1243 Geschildert von *Ungerer*, S. 92.

1244 Vgl. *Ungerer*, S. 71.

1245 Vgl. *Carrie*, S. 116; *Kitschenberg*, S. 103 FN 1.

1246 Dazu Morning Star v. 1.5.2003, S. 2.

19) Venezuela

Jahr	Empfangsstaat	Bemerkungen	Quelle
1945	Dominikanische Republik	Aufnahme von drei Flüchtlingen – sie erhielten freies Geleit zum Verlassen des Landes	1247
1946	Bolivien	Aufnahme von Flüchtlingen in verschiedenen Botschaften nach einer Revolution – Bolivien erkannte das Asyl im Rahmen der Verträge an und sicherte freies Geleit zum Verlassen des Landes zu	1248
1946	Ecuador	Erlaubnis zur Ausreise	1249
1948	Peru	Aufnahme in verschiedene Botschaften – Zusicherung des unbehelligten Verlassens des Landes, obwohl viele von den Flüchtlingen wegen der Beteiligung an einem Aufstand gerichtlich verfolgt wurden	1250
1948	Kolumbien		1251
1957	Kolumbien	Aufnahme eines Kriminellen, der außerdem politische Minderansichten vertrat – er wurde von Kolumbien aus der Botschaft geholt – Venezuela protestierte – er wurde in die Botschaft zurückgebracht – er durfte das Land verlassen und wurde in Abwesenheit verurteilt – nach dem Sturz des Präsidenten kehrte er nach Kolumbien zurück und wurde dann verhaftet, um seine Strafe zu verbüßen	1252
1959	Dominikanische Republik	Aufnahme von 13 Personen – es kam zum Abbruch der diplomatischen Beziehungen – Ecuador übernahm dann die Flüchtlinge	1253

1247 Vgl. dazu *Ungerer*, S. 78.
1248 Zu diesem Fall *Ronning*, S. 68 f. u. 91; *Sinha*, S. 223; *Ungerer*, S. 72.
1249 Vgl. *Ungerer*, S. 80.
1250 Vgl. dazu *Ungerer*, S. 92.
1251 Vgl. *Ungerer*, S. 66 FN 145.
1252 Dazu *Whiteman*, S. 452 f. u. 473.
1253 Dazu *Whiteman*, S. 454 ff..

Jahr	Empfangsstaat	Bemerkungen	Quelle
1973/74	Chile	Aufnahme von Flüchtlingen in den verschiedensten Botschaften nach einem Staatsstreich Pinochets – Chile bemühte sich die Fluchten zu unterbinden, dabei wurden auch Flüchtlinge von der Polizei getötet – dem diplomatischen Korps wurde es untersagt mit Fahrzeugen durch die Stadt zu fahren und Flüchtlinge aufzunehmen – letztlich Gestattung der freien Ausreise	1254
1979	Nicaragua	Aufnahme von zwei Offizieren, die der Nationalgarde angehörten, was als Kriegsverbrecher galt – sie durften am 8.2.1989 ausreisen	1255
1979	Kuba	Aufnahme von 16 Kubanern – sie können 1984 nach Venezuela ausreisen	1256
1980	Kuba	Aufnahme tausender Kubaner – 749 konnten nach Costa Rica ausreisen	1257
1983	Haiti	Aufnahme von Mitgliedern einer christlich-demokratischen Oppositionspartei	1258
1984	Nicaragua	Aufnahme eines Guerillaführers und seiner Anhänger	1259
1985	Nicaragua	Aufnahme eines Militärarztes und seiner Familie und früherer Rebellen – außerdem befinden sich frühere Regierungsmitglieder schon seit sechs Jahren in der Botschaft	1260
1986	Panama	Aufnahme eines Kolumnisten	1261

1254 Vgl. nur *Carrie*, S. 93 f. und *v. Pollern*, S. 98 u. 105.
1255 Vgl. *Carrie*, S. 116.
1256 Vgl. Financial Times v. 20.6.1984, S. 4.
1257 Vgl. *Carrie*, S. 115.
1258 Hierzu *Carrie*, S. 115.
1259 Vgl. Financial Times v. 20.6.1984, S. 4.
1260 Vgl. UPI v. 30.11.1985.
1261 Dazu Miami Herald v. 11.7.1986.

Jahr	Empfangsstaat	Bemerkungen	Quelle
1990	Panama	Aufnahme von ca. 80 früheren Regierungsmitgliedern in verschiedenen Botschaften, während einer Invasion der USA – bis auf fünf Personen, die wegen Mordes gesucht wurden, wurde den Flüchtlingen freies Geleit zugesichert - Cordoba, dem vorgeworfen wurde, politische Gefangene gefoltert zu haben, wurde die Aufnahme verweigert	1262
1991	Kolumbien	Aufnahme oppositioneller Gruppenführer, die eigentlich politische Verhandlungen wollten, dann aber das Angebot nach Venezuela ausreisen zu dürfen und dort zu verhandeln annahmen	1263

1262 Dazu The Canadian Press v. 9.1.1990; 30.3.; Hobart Mercury v. 11.1.1990; Chicago Tribune v. 10.1.1990, S. 2; Herald v. 10.1.1990; Los Angeles Times v. 10.1.1990, S. 6; The New York Times v. 10.1.1990, S. 12; Orlando Sentinel (Florida) v. 10.1.1990, S. A7; USA Today v. 10.1.1990, S. 1A.

1263 Vgl. Latin America Weekly Report v. 16.5.1991, S. 9.

Peter Lang · Internationaler Verlag der Wissenschaften

Christoph Mangold

Die völkerstrafrechtliche Verfolgung von Individuen durch internationale Strafgerichtshöfe

Frankfurt am Main, Berlin, Bern, Bruxelles, New York, Oxford, Wien, 2007.
XXII, 383 S.
Schriften zum Staats- und Völkerrecht. Herausgegeben von Gilbert Gornig, Burkhard Schöbener und Winfried Bausback. Bd. 126
ISBN 978-3-631-55449-4 · br. € 71.70*

Die Arbeit behandelt die völkerstrafrechtliche Verfolgung von Individuen durch internationale Strafgerichtshöfe. Sie zeichnet die lange Entwicklung dieses jungen Rechtsgebietes seit dem Beginn des 20. Jahrhunderts nach und spannt einen Bogen von den Nürnberger Prozessen über die UN-Tribunale bis hin zu den hybriden Strafgerichten in Sierra Leone oder Kambodscha. Besonders beleuchtet wird die völkerrechtliche Legitimation und Ausgestaltung der Gerichte. Im Mittelpunkt steht die Tätigkeit und Funktionsweise des seit 2002 bestehenden IStGH vor dem Hintergrund seiner Arbeitsaufnahme. Hier spielt insbesondere die Nähe zu den Vereinten Nationen eine wichtige Rolle. Zudem werden aktuelle Problemstellungen in der Arbeit der Gerichte sowie Fragestellungen hinsichtlich der Tatbestände aufgezeigt.

Aus dem Inhalt: Kurzer Abriss der Geschichte des Völkerstrafrechts im 20. Jahrhundert · Das Legitimationskonzept des materiellen Völkerstrafrechts · Exkurs: Verfolgung völkerstrafrechtlicher Verbrechen in Deutschland · Die Völkerrechtliche Legitimation der UN-Kriegsverbrechertribunale für das ehemalige Jugoslawien und Ruanda · Der Internationale Strafgerichtshof (inkl. das Verhältnis zu den Vereinten Nationen und der Haltung der USA) · Die Entstehung und Arbeitsweise der so genannten „hybrid courts"

Frankfurt am Main · Berlin · Bern · Bruxelles · New York · Oxford · Wien
Auslieferung: Verlag Peter Lang AG
Moosstr. 1, CH-2542 Pieterlen
Telefax 0041 (0)32/376 17 27

*inklusive der in Deutschland gültigen Mehrwertsteuer
Preisänderungen vorbehalten

Homepage http://www.peterlang.de

FSC
www.fsc.org
MIX
Papier | Fördert gute Waldnutzung
FSC® C083411

Kolibri 360 GmbH
Ferdinand-Jühlke-Straße 7
99095 Erfurt, Deutschland
produktsicherheit@kolibri360.de